当我们的努力放在正确的天赋之上的
时候，它产生的能量将变得更大。

如果我们都去做自己力所能及的事情，我们会让自己大吃一惊。

哈佛家训

一位哈佛博士的教子课本

文章◎编著

四川人民出版社

图书在版编目（CIP）数据

哈佛家训：一位哈佛博士的教子课本 / 文章编著
. -- 成都：四川人民出版社，2019.5
ISBN 978-7-220-11060-3

Ⅰ. ①哈… Ⅱ. ①文… Ⅲ. ①家庭教育－通俗读物
Ⅳ. ① G78-49

中国版本图书馆 CIP 数据核字 (2018) 第 239012 号

HAFO JIAXUN：YIWEI HAFO BOSHI DE JIAOZI KEBEN

哈佛家训：一位哈佛博士的教子课本

文章　编著

出 版 人	黄立新
策划组稿	张明辉
编辑统筹	罗晓春
责任编辑	薛玉茹
营销策划	张明辉
插画绘制	金版文化
封面设计	黄健民
责任校对	吴　玥
责任印刷	许　茜
出版发行	四川人民出版社（成都槐树街2号）
网　　址	http：//www.scpph.com
E-mail	sarmcbs@sina.com
新浪微博	@四川人民出版社
微信公众号	四川人民出版社
发行部业务电话	（028）86259624　86259453
防盗版举报电话	（028）86259624
印　　刷	深圳市雅佳图印刷有限公司
成品尺寸	135mm × 180mm
印　　张	14
字　　数	300千
版　　次	2019年5月第1版
印　　次	2019年5月第1次印刷
书　　号	ISBN 978-7-220-11060-3
定　　价	42.80元

前言

Preface

哈佛大学，是一座拥有300多年历史的著名学府，是世界各国学子们梦想的殿堂，哈佛在人们心中已经成为成功的标志。300多年来，哈佛大学先后出过8位美国总统、40名诺贝尔奖获得者和30名普利策奖获得者，培养了数以百计的世界级财富精英，为商界、政界、学术界及科学界贡献了无数成功人士和时代巨子。正如哈佛大学第23任校长科南特所言："大学的荣誉，不在它的校舍和人数，而在于它一代又一代人的质量。"哈佛靠什么打造了这些巨人？他们的教育中有什么深藏不露的秘密？从这些成功者身上我们不难看到，在哈佛收获的东西是他们获得如此成就的决定性因素，是哈佛精神始终鞭策他们向成功的顶峰攀登，是哈佛大学成功的教育理念缔造了他们辉煌的人生。

哈佛大学的巨大成就，关键不是因为它的规模宏大、学科众多，而在于它先进的办学理念、追求真理的可贵精神和300多年沉淀下来的闪光智慧。在人生的旅途中，大学只是一个短暂的历程，但哈佛让学生在这个短暂的历程中汲取了智慧的营养，教会了学生怎样做人，怎样做一个成功的人，并引领他们思考和感悟人生，为实现人生目标、取得成功做好积极而充分的准备。

当然，哈佛取得巨大的成就，并不完全是学校教育的成果，这其中也有学生家长的功劳。他们成功的教育方法和理念、他们培养孩子成才的坚定信心和严谨态度，以及他们将教育孩子作为人生重要目标的信念，都是哈佛精英教育的重要组成部分。

每个家长都渴望自己的孩子拥有成功的人生，要想成功，就离不开教育。

父母是孩子的第一任老师，家庭是孩子的第一个课堂，家庭教育在很大程度上决定着孩子的未来。但是，如何更好地教育孩子是家长们公认的一大难题。随着社会竞争的日益激烈，家长的教育职责也越来越具有挑战性，其教育理念和教育方法直接决定着孩子将会取得的成就。哈佛家训的成功案例告诉我们，正确的学习习惯和生活习惯是父母给予孩子的最大财富。

子女是父母爱情的结晶。生下他们，并不只是让父母感到愉悦，更重要的是让父母去教导他们，用正确的人生观念启迪他们，使他们真正成为人类智慧的精英，成为大地上生命的强者。父母要担负起这个责任，应该好好去履行做父母的职责。几乎所有的年轻人都渴望拥有成功的人生。然而，他们中的一些人因为缺少正确的指导，往往事倍功半，甚至不小心误入歧途。青少年时期形成的观念，会以不同的方式影响一个人的一生。所以，在人生开始的时候，应该让他们接受高尚的思想，修炼优良的操行，形成健康的习惯。

本书汇集了哈佛大学顶级的教育理念和哈佛家训的精华，从美德、梦想、信念、勇气、成功等多个角度，充分诠释了哈佛大学教育理念的精髓和哈佛家训的要旨，触及人生中最朴素的感情和人性中最本质的东西，挖掘成长路上最丰富的人生内涵，为成长中的孩子提供适合其心理需求的精神养分，铸就一个哈佛学子应有的优秀品质，并树立起明确的精英意识，学会在学习和生活中自我选择、自我塑造，为成长为社会精英打下坚实的基础。

本书是送给孩子的一份特殊的人生礼物。父母不仅要用牛奶和面包将子女养大，在他们成长的过程中，父母还要及时用完美的思想熏陶他们的灵魂。本书编选的每一个故事都具有丰富的教育功能和深刻的生活意义，不仅可以激发青少年对社会、对人生进行多角度的思考，还可以点燃他们内心深处的智慧火花，使他们见微知著，从一滴水看见大海，由一缕阳光洞见整个宇宙。通过本书，每个家长都可以与自己的孩子一同品味哈佛教育精华，帮助他们在成功的道路上迈出坚实的一步。对于孩子来说，这里没有冗长的说教，只有无穷无尽榜样的力量。对于成人来说，这里没有累赘的语言，只有深刻的人生哲理。

这是一部教子课本，也是一部成人的修身指南。许多望子成龙的父母，总是认为孩子应该这样做或那样做，他们自己却经常背道而驰。父母觉得自己比孩子高明，但事实并非如此。如果我们没有比孩子们做得更好，我们至少应该和他们一起成长。所有阅读这本书的读者，无论是涉世未深的青少年，还是经历过世事风雨的成年人，希望这本书中的某一个故事或者某一句话能改变你的人生，从而使你由平庸变得非凡、从失败走向成功。

目录

Contents

第一篇 美德：德行本身就是报酬

第二篇 梦想：行动让梦想变得神圣

第三篇 信念：有所信仰并坚持

第四篇 思维：生活可以在脑子里转弯

第五篇 创意：成功前需要异想天开

第六篇 正直：问心无愧是最舒服的枕头

第七篇 勇气：

比放弃更艰难的选择

第八篇 领悟：

接纳生命的天性

第十一篇 成功：

不是目的而是奋斗的过程

第十二篇 强大：强弱时刻在变化

第十三篇 修养：富人的气质，穷人的格调

第十四篇 处世：现实中跌倒后记得再爬起来

第十五篇 财富：
金钱是品德的行李

第十六篇 亲情：
父母是孩子最亲密的伙伴

第十七篇 真爱：

爱情是经历，不是结果

第十八篇 友谊：

朋友就是用来麻烦的

第十九篇 集体：

若不团结，任何力量都弱小

第二十篇 习惯：刻在身体上的规矩

第二十一篇 目标：明确接下来怎么走

第二十二篇 自信：人之所以能是相信能

第二十三篇 语言：说话产生的力量

第二十四篇 决断：

善待你的选择

第二十五篇 感恩：

回报所有的施予，包括痛苦

第二十六篇 成长：成熟不是年龄问题而在于理解

第二十七篇 失败：

摔倒也是生命的礼物

第一篇

美德：德行本身就是报酬

教育心理学家对在各行各业工作的1000个人进行了调查，让他们从下面这道选择题中选出大学期间自己最欣赏的名人，四个选项分别是：

A. 雨果

B. 莎士比亚

C. 贝多芬

D. 都不欣赏

并且在备注一栏，对这几位名人进行了简单的生平介绍。调查结果显示：

30%的人在大学期间欣赏雨果。

这些人大都在各自的工作领域做得颇有成就。这些人并不是什么高学历，能力也不是很出色，但是他们十分努力，做事勤恳，时间长了，才有了今天的成就。

20%的人佩服贝多芬。

这部分人大多数做到了公司的高层，掌握着公司的命脉。这些人一般在事业的起初经历了不少挫折，但是都坚强地挺了过来，最终坐上了公司的高位。

10%的人崇拜莎士比亚。

这些人一般都是社会的精英，他们的一个理念可能影响一个地区的金融动向。这些人睿智、有创新精神、敢于冒险，所以也成就了别人不能成就的大事业。

40%的人选择了都不欣赏。

这些人一般都处在社会的底层，做一些技术活，有些人甚至失业了。但是也有一些有所成就，这仅仅是少数。

教育心理学家对这个结果进行了解答：

在人的成长阶段，如果心中有一个崇拜的对象，那么他们很可能就把这个对象作为自己未来的榜样，从而朝着这个目标奋斗。

雨果是一个勤奋的作家，他每天不停地看书、写作，甚至深夜他房间的灯还亮着，并且他有一个严格的作息时间表，十几年如一日地遵守这个作息时间，所以他有了那么多的作品问世。

贝多芬的一生，不是很平坦，他先是经受了婚姻破裂的打击，而后又受到耳聋的困扰，但仍创作了伟大的音乐诗篇。

莎士比亚是一位才华横溢的剧作家，他的作品充满着青春的热情，散发着艺术的灵性。

这三位艺术家中，雨果勤奋努力，贝多芬坚强有恒心，莎士比亚睿智有激情。

成长悟语

世界上根本没有万能的人，那些看上去完美的伟人只不过是把一种品质发扬到了极致！

所以，我们不必既聪明又勤劳，不必既乐观又坚强，不必既冷静又热情，不必既诚实又敏捷……我们要做的就是选择其中的几个，然后不停地完善就可以了。

请为你的夸奖**道歉**

凯特到北欧参加学者交流会议，正好碰见了马克教授，他们几年前在纽约遇见过。

马克教授邀请凯特去他家做客，她欣然答应了。

到了马克教授的家，一番寒暄之后，凯特看到了马克教授的女儿。这个小姑娘金色的卷发，大大的眼睛，更神奇的是，那眼珠竟然如大海那么蓝，真是可爱极了。

凯特忍不住夸奖这个小姑娘说："亲爱的，你长得真好看，太可爱了！"

接着，热情地低下头，亲吻了小姑娘的头发。小姑娘高兴地道了谢，并在教授的示意下，一蹦一跳地上楼去了。

接着，马克教授严肃地对凯特说："你刚才的行为伤害了我的女儿，你得为你说的话和做的事道歉。"

凯特很震惊，不知道自己的行为为什么不合适，于是反问：“我哪里错了？请您告诉我。”

马克教授说：“第一，你夸我的女儿长得好看，这样做很不好。孩子还小，不会分辨是非，她会认为漂亮是她的资本，那样她就会渐生骄傲，以后就会渐渐看不起长相平庸的孩子，这对她来说是一个很大的误区。”

马克教授继续说：“第二，你未经我女儿允许，亲吻了她的头发。这使她以为一个陌生人在未经她同意的情况下，可以随意抚摸她的身体，这样以后她就没有安全的意识。这也是不良引导。”

凯特此时觉得，刚才自己做得很不合适，于是问：“我该怎么做，才能弥补自己的这个过失呢？”

马克教授说：“你跟她道歉，并且可以夸奖她的微笑和礼貌，这些都是她通过努力应该得到的赞扬。”

凯特郑重地向小姑娘道了歉，并且夸奖她刚才的礼貌。

成长悟语

并不是所有赞美的话，都对别人的成长有好处。而肯定对方内在的品德，却一定会强化他的善意。

游戏中的**绅士风度**

圣诞节后，巴顿与8岁的儿子乘火车出去旅行，到车站的时候，火车已经快开了，乘客们都已经上车，座位也满了，巴顿只好和儿子在过道里站着。

过了一会儿，儿子问巴顿："他们为什么不等我们到了，再上车？"

巴顿说："因为谁先到了，谁就可以早上车啊！"

儿子问："为什么先到就能先上？我玩游戏的时候，最先到的士兵都是等在外面，等大家都到齐了，才一起上坦克的呢。"

经儿子这么一说，巴顿想起来最近他和儿子在玩一款士兵打仗的游戏。其中，有一种叫"战斗要塞"的坦克游戏，职责就是接送士兵去前线，并且正如儿子所说，那些士兵在进入坦克之前，并不是先到的士兵先进去，而是等5个士兵都到齐了之后，按照后到先进的原则，一个个鱼贯而入。

现在，巴顿对于"为什么先到的先上车"这个问题，实在没法回答，因为现实生活中就是这个常理啊！但在游戏世界中，公平的游戏规则就是先到的等后到的，大家一起上坦克。

于是，他反问儿子："你说游戏中为什么先到的士兵不先上坦克？"

儿子笑着回答："这是个很明显的问题啊，这是士兵有绅士风度！"

巴顿沉默了。

成长悟语

懂得贵族礼仪，不一定能够成为绅士。但是，在最危难的时候，依旧发扬着美好德行的人，一定是一个心灵上的贵族。

飞机检修员

在美国空军某部队有一个飞行员团体，他们的飞行技术非常高，每次军事演习都能获得非常好的成绩。这些飞行员也因为能在这个优秀的团体而自豪。

这天一次试飞回来，像往常一样，飞行员将飞机停稳后就离开了。这时另一个检测维修团体走过来，他们带着仪器和工具开始仔细检查飞机的每一个部分，这是他们的主要工作。飞机在飞行过程中可能出现的任何情况他们都要考虑到，并对潜在危险做出预警处理。

这天，检修到了最后一步，一个检修队员发现机翼的一个螺丝掉落了。机翼的螺丝每一个都很重要，必须保证紧紧地拧在机翼上，可找遍了工具包却没有合适的螺丝。没办法，检修队长只好回到宿舍找，等找到了螺丝安上，早已错过了晚饭时间。

可以说，飞机可以安全返航有他们一半的功劳。他们总是在飞行员离开后默默地检修，等到再次执行飞行任务时，他们早就离开了。同属于空军，他们却没有飞行的权利。一次成功的飞行，人们看到的和赞扬的都是飞行员的名字，而他们总是站在背后。

有人问检修队的队长："同样是空军，你不觉得这样有些不公平吗？"

"不公平？"检修队长爽朗地笑道，"工作不分贵贱，只要做到最好就行。也许鲜花和掌声不属于我们，但是每一次的成功，我们都会在心底为自己鼓掌。"

成长悟语

美德喜欢沉默，它不想让人们去评价它，它渴望平静的生活，它喜欢出现在不被人发现的角落。其实，美德犹如耳鸣，是一种声音，只要自己听到就足够了。

剪线头的裁缝

艾克是保尔先生楼下一家西服店的裁缝。

艾克是个地道的新泽西州小伙子，因为保尔先生每天都要从店前路过，所以两人渐渐熟了。保尔先生每次去艾克店里总能看到这样的场景：每次西服挂完里子要封口时，艾克总要费力地把衣服从里到外整个反过来，然后拿出一把小剪刀，仔细地剪掉上面的线头。因为线头有很多，所以艾克要剪很久。其实他完全可以用剪线头的时间做点更有意义的事情，保尔先生心里这样想。

终于，有一天，保尔先生忍不住了，他对艾克说："伙计，那些线头何必剪呢？把封口封住，直到这件衣服穿旧扔掉也没人能看到里面。”

没想到艾克回答：“虽然别人看不到，但我能看到啊，这件衣服是我做的，要是不剪我心里就不舒服，我想也会有人和我一样的，所以我要尽力把它做好。”说完，艾克又开始手法娴熟地剪另一件西装的线头。

成长悟语

能够学会不辜负别人，关乎一个人的品行。

或许，我们未必能得到回报，但是，这种行为却能够让我们问心无愧。不辜负别人，其实也就是不辜负自己的心。

和上帝共进午餐

阿尔曼是一个10岁的小男孩。他对上帝充满了好奇，他决定去见上帝。

阿尔曼听妈妈说过，要想到达上帝居住的地方要走很远的路程。

阿尔曼背着装满食物的书包踏上了旅程，他也记不清走过了几个街区，当来到一个公园时，他决定进去休息一下。

他准备在一个休闲椅上坐下来，但椅子上已经坐了一位老太太。

阿尔曼挨着她坐下来，打开书包，拿出饮料正要喝，这时他注意到老太太看上去很饿，于是，他给了老太太一块巧克力。老人家感激地接受了，微笑地望着他。她的笑是那么

完美，阿尔曼想再看一次，因此又给她一瓶饮料，再一次看到了她的微笑，阿尔曼高兴极了。

阿尔曼和老太太一个下午都坐在那里，他们边吃边笑，但是却没有一句对话。

天渐渐黑下来，阿尔曼决定回家。但是没走几步，却又返了回来，他忘记和老太太道别了。于是，他又跑回到老太太身边，紧紧拥抱了她，老人家又给了他一个微笑。

阿尔曼到家时，他的母亲正在做晚饭，他主动帮助母亲做饭，母亲看到儿子的脸上充满着快乐，她感觉有点奇怪。

妈妈问他：“亲爱的阿尔曼，你今天为什么这么高兴？”

阿尔曼答道：“妈妈，我找到上帝了，并与她共进午餐了。”

他的母亲更加惊奇了：“我的孩子，你竟然见到了上帝？”

他接着说："妈妈，你知道吗？她给予了我最美好的微笑！"

与此同时，老太太也容光焕发地回到自己的家。

她的女儿为她脸上洋溢着安详平和的表情所惊异。她问道："妈妈，你今天干什么了，这么高兴？"

老太太答道："我在公园里与上帝共同吃了巧克力。"在她女儿作出反应之前，她又解释道，"你知道吗？上帝比我想象中的要年轻得多。"

成长悟语

上帝，可能是一个天真活泼的小孩，也可能是一个慈祥、有着亲切笑容的老婆婆。上帝可以是你，上帝也可以是我，我们每个人都可以做别人的上帝，只要拥有一颗爱心、一份真诚即可。

一句诺言

在新西兰，有两个家庭都经营着奶牛场，一个家庭是日本人，另一个家庭是苏格兰人。他们每天早晨给顾客送牛奶。在30年时间里，他们的牛奶一直很受欢迎。

一直到他们的孩子们接管了农场。这时，两个家庭中的其他成员都加入了新西兰国籍，但是日本家庭中的父亲拒绝成为新西兰人。

1941年底，日本轰炸了夏威夷群岛。新西兰所有的人都一致抵制日本人，由于日本家庭的父亲还是日本国籍，他的家庭也因此受到了拖累。他们被流放到一个遥远的地方，他们居住的地方被铁蒺藜织成的网围着，并且还有全副武装的士兵把守，被拘禁了好多年。在日本家庭被带走时的混乱状况下，苏格兰家庭坚定地告诉日本家庭：自己一家人会照顾他们的农场和奶牛，并保证就像爱自己的家那样爱他们的家。一年过去了，又一年过去了，第三年……当日本家庭还在拘留地时，苏格兰家庭没有忘记照顾邻居家的农场，有时候，实在太累了，坚持工作16～17个小时，也不愿放弃对邻居家农场的照顾。

直到有一天，日本家庭终于结束了拘禁生涯，他们可以回家了。苏格兰家庭前去火车站迎接他们的朋友回家。

当回到自己的家，日本家庭全惊呆了：那里的苗圃完好整洁，奶牛健壮并且比他们离开之前多了好几倍。家中的所有物品都保持着原来的样子，房间也被收拾得干净、整洁。

随后，邻居又把银行存折交到日本家庭的父亲手中，他们还在自家客厅的桌子上看到几杯洁白的牛奶，这是一个朋友送给另一个朋友的礼物。

成长悟语

英格兰家庭用行动践行了诺言，这是信义的力量。不分民族不分国籍，仅仅因为是“我的邻居”。这是德行带给自己和别人最好的礼物。

谦虚是什么

18岁那年，马克竞选学生会主席，被问及是否对这次竞选有信心时，他说：“我做好了失败的准备，因为‘学生会主席’一职对我来说的确是一个挑战。”他的回答让他与这一职位失之交臂。

几年后，他正是因为没得到学生会主席一职，而与知名企业——通用公司擦身而过。通用公司选择了一个在校期间曾经担任过学生会主席的人，因为通用公司觉得，竞选做过学生会主席的人，才更加具备团队精神和凝聚力，具备一定的领导能力，做事也更加自信。

马克的才能还是没被埋没，他最终凭借绝对的优势，进入另一家知名企业——惠普公司，但是他仍旧对没进入通用公司这件事感到沮丧。他反思并得出一个结论：自己被所谓的“谦虚”迷惑，失去了绝佳的机会，“谦虚”应该是在不否认自己能力的前提下低调地做事。然后，他开始在惠普踏踏实实地工作。

之后，马克出任了惠普的CEO，在一次董事会被问及：“你有信心把惠普做得更好吗？”

马克给出了与竞选学生会主席时不同的回答：“不容置疑，至少我能保证，情况不会像现在这样糟糕！”事实上，马克·赫德，这个全球知名的成本控制专家、企业经营高手，能力是不容置疑的。

成长悟语

社会尊崇谦逊。但是谦逊也是一把双刃剑，一旦使用不慎，往往会断送了“谦逊者”的成功之路。

热情的力量

在美国西雅图有一家叫“派克”的鱼铺，它乍看上去很不起眼，只有30平方米大，铺内腥味四溢，商品摆放杂乱。

但是，来这里采购的顾客每天络绎不绝，甚至很多世界500强企业的CEO和著名政治人物都赶来问道取经。

他们都很好奇这个小小鱼铺何以在10多年间将平均售价每公斤仅几美元的海产品的利润跃升了10多倍。

其实，“派克”鱼铺的店面布局、存货质量、运货方式、货物调配等，并没有比其他家做得更好，但是，当这些CEO和政治人物实地观察“派克”鱼铺的运营时，很快就发现了这家店的特色——热情。

首先，这家鱼铺绝不是平常所见的不灰不白，而是五彩缤纷。

店里工作人员的围裙是明艳的大红色，手套是鲜亮的翠绿

色，装鱼筐是醒目的黄色，赠给顾客的购物袋也是五颜六色的。置身其中，只觉得五彩缤纷，充满活力。

其次，这家鱼铺的营业员非常热情。

不少鱼铺的员工卖鱼时像鱼一样闷不作声，非常呆板。但是“派克”的员工从来不会这样，他们总是精力充沛、神采奕奕，在销售时不忘大声“呼叫”，比如一边包装称好的鱼一边朗声叫道：“这条大鲑鱼要和这位漂亮太太回家去啦！”“这6只螃蟹要装进这位先生的袋子里啦！”等等。

这些“呼叫”能让顾客感受到店家的热情，感觉自己受到了真诚而热烈的礼遇。

尤其是顾客多的时候，这些此起彼伏的喊声，常常引诱过路人也要走进来一看，并且不少人由走进来的“一看”变成了走进来的“一买”。热情改变了工作时的状态，从而改变了工作时员工的心态，脸上同样也有了笑容与活力。

成长悟语

当你有信念时你就充满活力，而你质疑时就会老去；当你自信时你就充满活力，当你畏缩时你就会老去；当你满是希望时你就充满活力，当你绝望悲伤时你就会老去。失去活力，它损伤的不仅是你的肉体，还有你的灵魂。

认识并不断**完善自我**

5岁的小切尔西出身于贫苦家庭，在学校里，别的小孩老是瞧不起他、欺负他。

这一天放学后，小切尔西又遭到了同学们的欺负，回到家便伤心地问爸爸："爸爸，为什么同学们都不喜欢我？"

爸爸没有立即回答小切尔西的问题，而是拿来一颗用木头做的骰子，骰子的每一面都刻了"一点"。

"孩子，我们来做个小游戏吧。这里有颗骰子，如果你摇到的是一点，那就说明我们的小切尔西是个可爱的孩子，值得人人喜欢。"

说完，爸爸就摇起了骰子，而且每一次都能够摇到一点。

小切尔西破涕为笑，抓过骰子自己摇时发现了骰子的秘密，便摇头道："爸爸，你耍赖，这每一面都是一点啊！"

爸爸说道："对呀，你看这个骰子，它自己给自己定了'一点'这个评价，不管别人怎么摔打它，它都不会因此而改变。我们也应该像这个骰子一样，明确对自己的正确认知，并勇于坚持，那么，不管外界对我们的评价是怎样的，我们都不会受影响，永远都听得到自己内在的声音、真实的想法。"

成长悟语

我们的优势和美德不会因为别人的摔打和流言而消失，多花时间完善自己，少花时间去苛责别人。

第二篇

梦想：行动让梦想变得神圣

一生的志愿

20世纪著名的探险家约翰·戈德，他出生于一个农场。在很小的时候，他的祖父送给他一幅世界地图，可以说就是这幅地图萌发了约翰·戈德走遍全世界的理想。现在，这张世界地图已经被摩挲得卷了边，但是约翰·戈德依然会在自己闲暇的时候把它拿出来，看着地图上标注的城市发呆。

约翰·戈德在自己15岁那年，写下了不属于他这个年龄，但是气势不凡的计划书——《一生的志愿》：

“要登上珠穆朗玛峰、乞力马扎罗山和麦金利峰；主演一部《人猿泰山》那样的电影；驾驭骆驼、大象、鸵鸟和野马；探访马可·波罗和亚历山大一世走过的道路；驾驶飞行器起飞降落；读完莎士比亚、柏拉图和亚里士多德的著作；写一本书；谱一部乐曲；拥有一项发明专利；要到尼罗河、亚马孙河和刚果河探险；给非洲

的孩子筹集100万美元捐款……”

在这一本《一生的志愿》中，约翰·戈德列举了将近127项人生的宏伟志愿。很多人看过他的“志愿”后，都一笑置之，甚至有人认为这只不过是一个孩子异想天开的梦想而已，而这些梦随着时光的流逝，很快就会烟消云散。因为这些志愿遍及全球，不要说做到，就是看一看，就足够让人望而生畏了。

然而，约翰却不这样认为，他的理想随着自己《一生的志愿》而荡起风帆。最终，约翰·戈德用了44年的时间去完成自己的志愿，曾经在梦中登上的乞力马扎罗山巅峰早已被他踩在脚下，登上峰顶时的豪迈无以言表；而在脑海中构思的尼罗河，自己也曾和猎民一起在上面漂流赏景；还有埃及的金字塔、意大利的比萨斜塔等，每一个在地图上的景观几乎都有他的足迹……

毫无疑问，他长途跋涉的一生是壮丽的，也是一场异常艰难、令人难以想象的生命之旅。他把别人心中近乎是空想的夙愿变成了一个个活生生的现实，他也因此一次次地品味到了梦想实现的喜悦。

127项志愿，约翰·戈德最终完成了106个。

成长悟语

身体到达不了的地方，眼睛可以到达；眼睛到达不了的地方，心可以到达。所以，我们可以让心灵先到达那个地方，然后只需要沿着心灵的召唤前进。

投资一盒饼干

女童军组织已经有百余年的历史，以培养女孩的自信自立为使命。玛奇塔就是其中优秀的一员。

玛奇塔的父亲在她8岁时抛下了她和妈妈。妈妈选择了在酒店做服务生来养家。妈妈的愿望就是尽力把女儿养大并且接受好的教育。

妈妈不愿让女儿觉得自己的工作非常辛苦，时常打趣地说：“我要努力赚钱让你上大学，等你大学毕业后，你就负责赚足够的钱带我环游世界，好吗？”

对玛奇塔而言，这不是玩笑而是她的梦想。

玛奇塔13岁了，偶然的机会她从女童军杂志上获悉，饼干卖得最多的童子军可以带另一人免费环游世界。她突然觉得梦想离自己很近：我要缔造史无前例的女童军饼干销售纪录。

接下来就是列举计划了。妈妈还建议她：“服装随时随地要合宜，穿上代表你专业精神的行头。做生意时，就要穿得像生意人。”挨家挨户推销饼干成了玛奇塔放学后的主要工作。她总是穿上女童军制服，脸上随时面带微笑，即使遭到拒绝的时候。玛奇塔不止推销饼干，还推销梦想。通常她会对开门的人说：“我有一个梦，如果能推销更多的饼干，可以为我和我妈妈赢得免费的环球之旅，你要不要投资一打或两打饼干？”多数人都不会拒绝她的梦想推销。

那一年，玛奇塔几乎敲遍了这个城市的每一个房门，卖了3526盒女童军饼干，并赢得了她和妈妈的环球之旅。

成长悟语

没有人会拒绝帮助一个有梦想的女孩。追求梦想让玛奇塔变得自信且坚定。许多人也有梦想，但大都在尚未开始前就放弃了，总是在别人有机会拒绝之前，就因为害怕被拒绝而先否定了自己。为梦想实现而做的努力都是值得尊敬的，没有行动，梦想仅仅是空想。

碧凤蝶的启示

碧凤蝶是一种个头很大的蝴蝶。它天生丽质，但不像其他大型蝴蝶那样或栖于高山，或隐于山林，而是在城乡边缘生活、繁衍，大方地展示它的华丽。然而，它破茧成蝶却并不容易。

碧凤蝶的卵一般产在竹叶椒的叶片上，这里有它喜欢的食物，但很多蛹还未孵化成蝶就成了其他动物的食物。但是，碧凤蝶的数量并没有因此而减少，反而有不断增长的趋势。原来，碧凤蝶的幼虫在成蝶之前，会毅然决然地离开食物充足的栖息地，长途跋涉，爬到高出地面2米多、叶形和自己形状大小相似的刺槐树上，而刺槐树上的尖刺也是一道有力的屏障，为碧凤蝶的蛹提供了绝妙的隐蔽处，可以安然地等待自己破茧成蝶的那一刻。

成长悟语

这些勇于离开的碧凤蝶幼虫是智慧的，它有意无意地掌握了身边事物的规律——选择丰饶的栖息地，那么等待它的将是死亡。而拒绝诱惑，选择艰难地爬到高树上，它最终才会实现自己的美丽梦想。很多时候，人们应该像碧凤蝶幼虫一样，为了生存、为了梦想，勇敢地做出选择——或者安逸地等死，或者勇敢地离开。

快乐做自己

森林里有一只小猪，快乐地在泥塘里打滚。

有一天，小猪忽然开始思考："鸟儿在天上飞，猴子在树间跳，鱼儿在水里游，我能做什么呢？"小猪发现自己什么都不会。它变得异常焦虑，觉得自己非得摆脱猪的身份不可了。

它来到水塘边，观察鸟儿怎样起飞。"哦，原来它们这样扑腾翅膀。"小猪恍然大悟，赶紧找来坚韧的草丝和芦苇叶，编成两个巨大的"翅膀"。它把"翅膀"绑在自己身上，双臂用力扑腾，甚至还加上了助跑。它累得气喘吁吁，“翅膀”都被扑腾散了，还是没有飞起来。

小猪沮丧地来到树丛，它想：“做猴子应该比做鸟容易些吧。”它看着猴子们悠闲自得地在树丛间跳来跳去，羡慕极了。小猪小心翼翼地爬到树上，思考该怎样从这根树枝跳到那根树枝。它颤巍巍地看着脚下，不禁发起抖来。它还从来没有爬过这么高呢。

一只猴子跳到对面的树枝上，小猪也鼓起勇气跟着跳过去，可没跳多远就掉到了地上，鼻子都摔出了血。

小猪难过极了，擦掉鼻子上的血，决定做最后一次尝试。它跳进水塘里，决心做一条鱼。结果可想而知，小猪呛了好几口水，幸亏一群好心的鸭子游过，把它救上了岸。

小猪躺在草地上，看着蓝蓝的天空，它忽然明白了，硬要做别人是不行的，还不如轻松快乐地做自己。于是，它回到泥塘，快乐地打起滚来。

成长悟语

实现梦想的最好方法就是让它醒过来。

不是每一个梦想都能实现，关键是我们要明白这个梦是否有做的价值，是否有醒的必要。

我的梦想和你无关

琳达·斯塔福德从小就梦想成为一位出色的作家。但她第一次把这个梦想告诉别人时却遭到了嘲笑。

那年她才15岁，她还记得当时是在上英文课，老师让大家以“我的梦想”为题做3分钟的即兴演讲，琳达第一个举手作答。但是当她第一句“我的梦想是成为一名优秀的作家并出书”刚出口，教室里马上一片哄堂大笑。

她觉得无助又委屈，本能地转向老师，希望她能给自己安慰，没想到老师也是一副冷冰冰的表情，不仅没有安慰她，还批评她说：“梦想要贴合实际，只有有天赋的人才能成为作家。”而她这个总是拿D的差生已经用成绩证明了她的资质。一时之间，她第一次明白了什么才是孤立无援，除了哭，不知道自己还能做什么。

回到家里，琳达的心情依然很糟糕，她写了一首悲伤的小诗排解自己的郁闷，并把这首诗邮寄给了一家周报。令人惊喜的是，这家报纸不仅让她的小诗变成了铅字，还付给她2美元的稿费。

她迫不及待地把这个好消息告诉老师，老师还是冷漠地回答道：“每个人都有经历天上掉馅饼的时候。”琳达的热情虽然被浇熄了一些，但她并没有反驳老师，而是淡淡一笑，继续朝着自己梦想的方向前进。

后来的两年里，她尝试过各种体裁的写作，诗歌、短文、笑话，甚至菜谱也有尝试，她把它们都卖给了报社。等到从高中毕业的时候，她已经发表了满满一剪贴本的作品。

这期间她再也没向任何人透露过写作这个想法。

成长悟语

一个人的梦想只是自己的事情，和其他人无关。特别是刚刚萌芽的梦想，更没有必要让别人看到它的身姿，因为它很可能被反对的口水淹没，从此夭折。与其跟这些梦想破坏者理论，不如把自己建设成为梦想的缔造者。哪怕全世界都对你的梦想说不，你也可以成为那唯一肯定的声音。

你想要一座**什么样的房子**

在英国大作家查尔斯·狄更斯心目中，有一座意义非比寻常的山庄——格德山庄。

当他还是个小男孩时，有一天，他和父亲在肯德郡散步时，正巧路过格德山庄。这个山庄修建得高大而宽阔，给人一种神秘而庄严的印象。高耸的墙上爬满枝枝叶叶，绿意盎然，整个山庄就像是掩藏在森林深处一般，又像是高悬于缥缈的仙境之中。小查尔斯使劲仰起头，仔细打量着这个诱人幻想的府邸，眼睛里流露出无限的羡慕。可能在他幼小而好奇的心里，这里就是一个理想的宝殿。

父亲看到儿子一动不动，就猜到了他的心思。他张开宽厚的手掌抚摸着儿子的头，和蔼地对他说："只要你努力而且坚持不懈，总有一天，你会走进这个房子，拥有它。"

这只是不经意间说出的一番鼓励的话，并不是父亲留给儿子的座右铭，但这番话却走入到小查尔斯的心中，他记住了这个场景。后来的日子中，查尔斯遭遇了重重磨难。12岁时，他的父亲因债务问题入狱，一家人也随着父亲迁至牢房居住，他被送到伦敦一家鞋厂当学徒。在鞋厂中，他每天至少需要工

作10个小时，吃不好，住不好，休息不够，还要受尽工头的欺负，但是小查尔斯并没有放弃。他还惦记着父亲的话和那座绿色的格德山庄，因此，他努力克服了这些困难。

慢慢地，小查尔斯的家庭状况有了好转，他得到了重新回到学校读书的机会。从学校毕业后，他又进入一家律师行工作，后来又转入报馆，成为一名报道国会辩论的记者。格德山庄的梦依然在激励着他。在这个岗位上，他不断磨炼自己，不辞辛苦地采访了大量的政策辩论，还时常在全国环游，采访各种选举活动。长期的积累日见成效，他在报纸杂志上发表的文章越来越多，并最终收集成《博兹札记》出版。后来他又相继写出了小说《匹克威克外传》《雾都孤儿》《尼古拉斯·尼克贝》和《老古玩店》等，成了享誉世界鼎鼎大名的作家。在36岁那年，他终于买下了格德山庄，然后在那里终老一生，一直住到他辞世的一刻，一个梦从童年做到老。

成长悟语

在现实中，我们做事之所以会半途而废，往往不是因为难度较大，而是因为觉得成功离我们较远。确切地说，我们不是因为失败而放弃，而是因为倦怠而失败。

开创苹果时代的**乔布斯**

乔布斯是享誉世界的传奇人物，他让电脑变得跟电话一样简单、易用；他把手机变得丰富多彩；最后，他还彻底改变了阅读、改变了人们享受音乐的方式。然而，在乔布斯成名之前，他却走过了一段相当曲折的混沌岁月。

少年时代的乔布斯玩世不恭却又才华出众，他极力推崇美国“垮掉一代”文学的代表人物托马斯·戴蓝；在16岁那年，他还用齐肩长发的造型来宣布自己正式成为嬉皮士的一员；大学一年级就被退学，到印度朝圣……他总喜欢通过一些另类的行为来彰显自己的与众不同。

但他同时又是硅谷的先知与狂人，“我要改变世界”是那个时候的他经常挂在嘴边的疯狂愿望。为此，21岁时，他就和伍兹尼克在车库里创立了苹果计算机公司，并用“你要继续卖更多糖水给小孩子呢，还是要改变全世界”，成功游说百事可乐的史考利出任苹果计算机的执行长。遗憾的是，好景不长，因为乔布斯脾气暴躁、狂妄自大、横行霸道，是公司最大的麻烦制造者，在1985年，他被董事会踢出了他一手创建的苹果公司。随后，他自创品牌的NeXT计算机也一败涂地，投资皮克斯动画公司也不被大家看好。

就在世人要将他遗忘时，皮克斯的《玩具总动员》计算机动画一炮而红，这为乔布斯赚进了3亿多美元。而相比之下，苹果公司却已濒临绝境。乔布斯于苹果危难之际重新归来，在短短的几年内，他靠着极具创意结合计算机与音乐的iPod和

iTune，领导与创新个人计算机市场，让苹果计算机起死回生，股价涨了七八倍。

1997年，重返苹果的乔布斯为了推出新产品iMac拍了一段电视广告——“非同凡想”：爱因斯坦、毕加索、希区柯克、金恩、伦农、葛兰姆等十多位创意名人的黑白画面交错出现，再配上一个中年男子的沧桑旁白：“致疯狂的人。他们特立独行，他们桀骜不驯。他们惹事生非，他们格格不入。他们用与众不同的眼光看待事物。他们不喜欢墨守成规。他们也不愿安于现状。你可以认同他们，反对他们，颂扬他们或是诋毁他们。但唯独不能漠视他们，因为他们改变了寻常事物。他们推动人类向前迈进。或许他们是别人眼里的疯子，但他们却是我们眼中的天才。因为只有那些疯狂到以为自己可以改变世界的人……才能真正改变世界。”

可以说，这个广告创意几乎是乔布斯这个疯狂、特立独行、桀骜不驯、惹是生非者生命的写照。乔布斯这一生虽然大起大落，但到最后，由于他的胆大妄为、一意孤行或者说意志坚定，他并没有被世界所改变，而是他改变了世界。

此后的故事就众所周知了，乔布斯开创了苹果时代，他本人也成为IT界的一个“奇迹”。

成长悟语

我们要是没有疯狂的精神和行为，就没有疯狂的成就。要追求自己的极限梦想，疯狂比理智更适宜。

没有行动，梦想只是泡影

安妮就要踏上她人生的第一场演出了。

百老汇舞台后面的化妆室里，她穿上人生中第一双红鞋的时候，谁也不会相信，一个月之前她还在大学的演讲中，说自己的梦想就是来到百老汇，并占有一席之地。只不过这个梦想居然提前两年就实现了……

时光倒退到一个月前，大学三年级的安妮在演讲中说道：“我有一个最为璀璨的梦想，大学毕业后，先去欧洲旅游一年，

然后要在纽约百老汇中占有一席之地。”

当天下午，安妮的老师找到她，问了一句：“你今天去百老汇和毕业后去有什么不同？”

安妮仔细一想："是呀，大学生活并不能帮我争取到去百老汇工作的机会。"

于是，安妮决定一年以后就去百老汇闯荡。

老师接着问："你现在去跟一年以后去有什么不同？你下学期去跟今天去，有什么不一样？一个月以后去跟今天去有什么不同？"

安妮激动不已，情不自禁地说："好，给我一个星期的时间准备一下，我就出发。"

老师再问："所有的日常生活用品在百老汇都能买到，你一个星期以后去和今天去有什么差别？"

"我已经帮你预订好明天的机票了，如果你愿意为你的梦想付诸行动，就不要犹豫。有时候一旦犹豫了，这件事就永远地搁浅在那儿了。"老师说。

第二天，安妮就飞赴到全世界最巅峰的艺术殿堂——美国百老汇。

成长悟语

幸运降临给下定决心且行动的人，什么时候开始懒惰，幸运就会消失。能够给自己的生活添加力量的，就是即刻去做自己想要做的事情。同时，我们还要意识到，当我们做完后，结果不一定是我们想要的，但是，如果我们不做的话，就一定连结果也没有！

特别的**案件**

芝加哥法院曾经接到过一份特别的诉状，一位名叫伊万达·史密斯的中年男子上诉，他想要赎回自己去埃及旅行的梦想，于是把自己的小学同学吉米告上了法庭。

在法庭上，伊万达先陈述自己的状词，他告诉法官，很多年前，伊万达·史密斯和吉米就读于同一所小学。

有一天，老师布置作业，让大家说出自己的梦想，全班同学都非常积极，尤其是伊万达·史密斯，他一口气说出了两个梦想：一个是拥有一辆属于自己的摩托车，一个是去埃及旅行。但是班里一个名为吉米的男孩想不出自己的梦想，老师就让伊万达以5美分的价格把自己的一个梦想卖给吉米。伊万达欣然同意，于是就把“去埃及旅行”的梦想卖给了吉米。

转眼间40年过去了，伊万达去过世界很多国家，如瑞典、丹麦、希腊、阿富汗、中国、日本……伊万达爱上了旅行，只是他唯独没有去埃及。

自从他卖掉去埃及的梦想之后，他就从来没忘记过这个梦想。但是，他不能去埃及，因为他已经把这个梦想卖掉了。

所以，现在他想买回这个梦想，心安理得地踏上自己曾经向往的那片土地。

另一方面，吉米也在法庭上陈述了自己的观点：吉米想要告诉所有人，这个梦想对于他和他的家人有着重要的意义。

小时候，吉米的家境非常穷困，穷到他都不敢拥有自己的梦想。

然而，自从在老师的鼓励下，用5美分从伊万达那里购买了一个梦想之后，吉米彻底改变了，他的心灵变得富有了。为了实现这个梦想，他不再浪费光阴，一直在努力学习。

最终，吉米怀着这个梦想考进了华盛顿大学。他把自己现在的成就——在芝加哥拥有总价值超过3000万美元的6家超市，都归功于自己曾经花5美分买到的这个梦想。

经联邦法院认定，最早的5美分大约是吉米1/30的财产，那么现在伊万达需要拿出自己财产的1/30去买回这个梦想，也就是说这个梦想已经价值100万美元。

成长悟语

穷人并不只是指身无分文的人，而是指没有梦想的人。所以，无论梦想怎么模糊，它总潜伏在我们心底，使我们的心境永远无法宁静，直到它成为事实。这个时候，我们别说自己办不到，这个世界上，很难说什么是办不到的事情，因为昨天的梦想，可以是今天的希望，并且还可以成为明天的现实。

有天赋的杰克

杰克个子矮小，在学校的成绩也不好。很多人认为他不会有什么成就，甚至他的爸爸也觉得自己的儿子不是很聪明。

可是杰克有个好妈妈，她始终觉得自己的儿子很聪明，不比别人差。

一天，杰克和小伙伴放学回家，从大道一路经过稻田跑了回来，妈妈发现，杰克比别的小伙伴跑得快多了。

于是她觉得杰克擅长跑步，那么她为什么不支持他发挥这一特长呢？

杰克在母亲的鼓励下，每天都坚持跑步练习。不久，他参加了学校的田径比赛，竟然得了第一名。

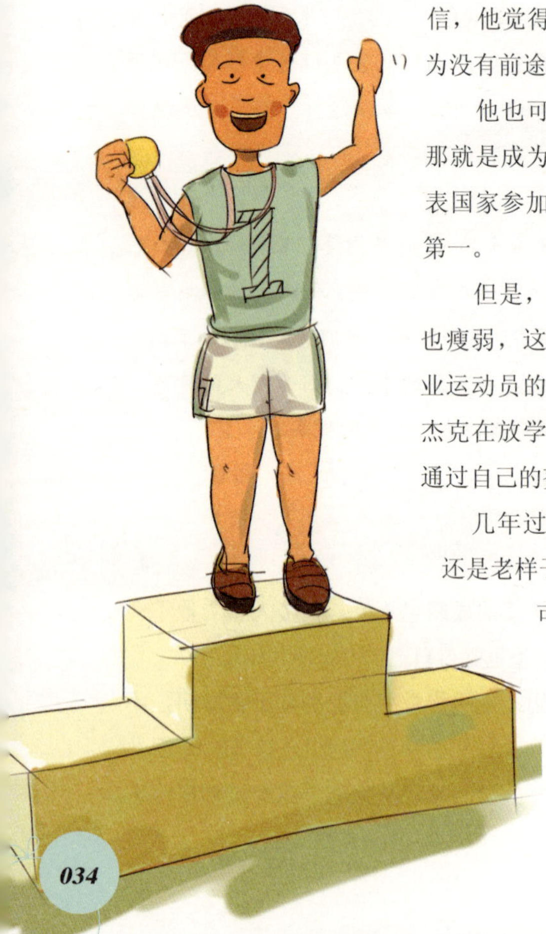

从这以后，杰克内心充满了自信，他觉得自己不再是那个被人认为没有前途的孩子了。

他也可以成就自己的理想——那就是成为一名职业运动员，并代表国家参加世界级的比赛，去赢得第一。

但是，杰克个子太矮了，身体也瘦弱，这样的体格离成为一名职业运动员的标准还差得很远。于是杰克在放学之后，坚持跑步，希望通过自己的努力增强体质。

几年过去了，杰克的学习成绩还是老样子，没有什么提高。

可是他的跑步能力显然有了很大的进步，更加令他高兴的是，他变得强壮了，他的肌肉很发达了。

高中毕业之后，杰克没能进入大学。但是，他也没有为此感到伤心，因为他有自己的梦想，他参加了各种田径比赛，每次都能取得不错的成绩。

最终，他被国家田径队录取了，实现了自己成为职业运动员的梦想。

成长悟语

努力为什么能够获得好结果？因为它事先遇见了天赋。杰克的努力很重要，但是，拥有一个成为田径运动员的天赋却更重要。当我们的努力放在正确的天赋之上的时候，它产生的能量将变得更大。

我们每个人都必须给自己的天赋一个机会，然后努力发挥自己的这个天赋，让它成为我们人生道路的发展方向。

不要等到条件成熟再去行动

1973年，来自英国的科莱特考入了梦寐以求的哈佛大学，他很兴奋，对即将开始的大学生活充满了期待。很快，他就结识了一位志同道合的好朋友，一个18岁的美国小伙子。他们常常一起听课，一起泡图书馆，还一起研究计算机程序，这是他们共同的爱好。大二这一年，这位小伙子突然提出了一个非常大胆的想法：退学。他跟科莱特说："我们退学创业吧，一起开发32Bit财务软件，反正新编的教科书里已经解决了进位制路径转换问题。"

科莱特非常惊诧，因为他从未想过退学创业。他是个英国人，有着这个民族固有的保守天性。在他的观念中，学生就应该按部就班地学习知识，做好充足准备后才能迈向社会。再说Bit系统非常复杂，老师才教了点皮毛，要开发Bit财务软件，不学完大学的全部课程是不可能的。他委婉地拒绝了好朋友的邀请。

在那之后的10年时间里，科莱特一直勤勤恳恳，按部就班地攻读学位，终于成为计算机系Bit方面的博士，而那位退学创业的小伙子在10年间却进入了美国《福布斯》杂志亿万富翁排行榜。1992年，科莱特拿下了博士学位，而他好朋友的个人资产在这一年已达到65亿美元，仅次于华尔街大亨巴菲特，成为美国第二富翁。1995年，科莱特终于为研究和开发32Bit财务软件做好了充足的知识储备，而那位小伙子直接绕过Bit系统，开发出Eip财务软件，它比Bit快1500倍，并且在两周内占领了全球市场，这一年他成了世界首富。一个代表着成功和财富的名字——比尔·盖茨也随之传遍全球的每一个角落。

成长悟语

等到所有准备都充足再去做，当然是谨慎的表现。但是，条件的成熟不是等来的，而是自己走出来的。就好像一公里外的樱桃树，在它还没有成熟的时候，你一天走几步，等走到树下时果实可能就成熟了，你可以做第一个品尝果实的人。但是，当你期待着它成熟之后才开始走向它，早到的人谁还会给你留下一点果子呢？

第三篇

信念：有所信仰并坚持

餐桌下的**蛇**

一对美国夫妇举办了一场丰盛的宴会，地点设在他们家宽敞的餐厅里。客人中有军官、政府官员、科学家和他们的夫人等。

午餐时，一位年轻女士同一位上校进行着热烈的讨论。女士的观点是女人们可以非常镇定地面对发生的事情，而上校则认为，女人需要得到男人的保护，她们面对危险只会尖叫。自然学家没有加入这次辩论，他只是默默地坐在一旁。突然，宴会的女主人眉头微微皱了一下，向身边的男仆递了一个眼色，男仆随后轻轻地走到男主人的身边，在男主人耳边小声地说了句什么就出去了。

看得出男主人有些惊慌，但很快就镇定下来，然后一动不动地向大家说："我想试一试在座诸位的控制力有多强。我从1数到300，这会花去5分钟，这段时间里，谁都不能动一下，否则就罚他50美元。预备，开始……"

男主人不紧不慢地数着数，餐桌上的人都像雕像似的一动不动，在男主人数数的同时，男仆端了一碗牛奶放在门外。就在男主人马上数完数的时候，刚才那位男仆飞快地跑到门前，紧紧地闭上了房门。看着大家不解的眼神，男主人缓缓说起刚才发生的事："刚才男仆告诉我，餐桌下有一条蛇。不过大家别担心，蛇已经爬出门外了。刚才谢谢大家的配合！"

这时上校说："看吧，男主人已经充分证明了我的观点，正是这个男人，刚才给我们做出了从容镇定的榜样。"

这时男主人问女主人："亲爱的，你是怎么知道餐桌下有蛇的呢？”女主人缓缓地回答：“因为刚才那条蛇从我脚背上爬了过去。”

成长悟语

女主人的处变不惊使大家顺利渡过了险境。如果没有这种镇定，很难想象这个故事的结局会怎么样。

真理是超越了性别的智慧，所以，别用性别作为真理是否存在的理由。

一株蒲公英

春天来了，湖边长出一株小蒲公英。一个住在湖边的小女孩天天来给它浇水。

小蒲公英张开嘴巴大口大口地喝，下定决心努力生长，等到秋天飞到世界各地去。

可是夏天刚刚到来时，小女孩就和她的家人一起搬走了。小蒲公英焦虑地想：“天哪，这可怎么办？没有人来给我浇水，我不是要渴死了吗？”

突然，它看到了附近的湖泊，“太好了，我可以把脖子伸长一点，把嘴巴伸进湖里喝水。”

然而，无论它怎么努力，身体只能伸长一点点，离湖还远得很，喝湖水的计划泡汤了。

阳光越来越强，小蒲公英觉得自己的花苞在一点点萎缩，再喝不到水它就真的要枯萎了。

突然，小蒲公英想起自己还是一粒种子的时候，在潮湿的地下，不断吸取清甜的水分。“对了，地下水！我应该吸取地下水！”

小蒲公英努力伸展自己的根须，一点一点向下扎，终于，在几天几夜的努力后，一股清流涌进它的身体。

小蒲公英贪婪地吸取水分，叶子重新饱满起来。

在第二天的早晨，它就开出了花，花凋谢之后，结出了种子。当第一缕秋风吹来的时候，小蒲公英已经结好一个大大的绒球在等候它。

“嘿，小蒲公英，你要跟我去旅行吗？”“是的，风先生，请您带我到远方去旅行。”

在一阵快乐的眩晕中，小蒲公英越升越高，它俯视着慢慢变小的湖泊与木屋，鼓足精神向远方飞去。

成长悟语

人有了信念和追求就能忍受一切艰苦，适应一切环境。这就像是敲门，我们敲得越久，敲得越大声，成功就醒得越早。

弹钢琴的卡萨尔斯

卡萨尔斯被公认为20世纪以来最伟大的大提琴家，他拥有惊人的演奏和表现才能，在音乐领域做出了卓越的贡献。

在卡萨尔斯90大寿前不久的一天，他的私人医生卡曾斯去探望他。这时的卡萨尔斯已经非常衰老，多病缠身。他有严重的关节炎，穿衣服必须要人协助；还患有肺气肿，呼吸都是很费劲的一件事；四肢也有退化的症状，双脚走路时颤颤巍巍，头不时地往前颠；双手有些肿胀，十根手指像鹰爪般勾曲着。总之，他已经是一个在风烛残年中飘摇欲倒的可怜老人。

然而，早餐前，他还要别人搀扶着他靠近钢琴，那是他擅长的几种乐器之一。他吃力地坐上钢琴凳，颤抖地把那勾曲肿胀的手指放到琴键上。霎时，神奇的事情发生了，那个行动都无法自理的老人不见了，眼前完全是个神采飞扬的钢琴家。

卡曾斯描述说：“那鹰爪般的手指缓缓地舒展开了，移向琴键，好像迎向阳光的树枝嫩芽；佝偻的背脊直挺挺的，呼吸也似乎顺畅起来。”他的整个身心完完全全被弹钢琴

的念头占据了。巴哈的《Das Wohltemperierte Clavier》被他弹奏得纯熟灵巧，丝丝入扣。随后他奏起勃拉姆斯的协奏曲，手指在琴键上像游鱼一样轻快地滑着。“他整个身子像被音乐融解，”卡曾斯说道，“不再僵直和佝偻，取而代之的是柔软和优雅，他不再为关节炎所苦。”演奏完毕，离座而起时，卡萨尔斯仿佛脱胎换骨一般：站得更挺，看起来更高，走起路来双脚生风。他飞快地走向餐桌，大口地吃着早餐，然后走出家门，漫步在海滩的清风中。

成长悟语

信念是一种指导原则和信仰，让我们明了人生的意义和方向。信念是人人可以支取，且取之不尽的；信念像一张早已安置好的滤网，过滤我们所看到的世界；信念也像大胆的指挥中枢一样指挥我们的脑子，让我们按照所相信的去看事情的变化。

抹在面包上的果酱

莱恩是一家面包厂生产线上的普通职工，他在这个岗位上已经工作了20年。当时面包的制作工序是将面包烘烤好了之后再往面包表面抹上果酱。可20年的工作经验告诉莱恩，在烘烤之前就抹上果酱或者和面的时候加入糖会比现在更加香甜，味道也会更加均匀。但是，工厂早已把“最后抹果酱”当作生产果酱面包的信条，因而莱恩的想法显得非常超前。

莱恩将这个想法告诉了当时的生产线负责人。负责人听完莱恩的讲述后根本没放在心上，反而满脸不屑地看着莱恩："莱恩，我不知道你从哪儿学到的制作方法，我可不敢用，你还是赶快去工作吧！"

莱恩看到负责人这样的态度，就私自在烘烤之前往几个面包上抹上了果酱。这几个面包烘烤完后没有出售，而是被莱恩拿回了家给家人品尝。家里人品尝之后都说这样做的面包比之前的好吃多了。

有了家人的肯定，莱恩更加有底气，就将越来越多的面包在烘烤之前抹上了果酱。终于有一天，负责人看到了莱恩的行为，不由分说就将莱恩解雇了。

回到家后，莱恩越想越气愤，他想找负责人评理。可他的妻子却说："亲爱的，既然你已经掌握了更先进的烘烤方法，为什么我们不自己开一家面包房呢？顾客觉得好吃自然会来买的，不是吗？"莱恩想了想，采纳了妻子的建议。

面包房很快就开业了。莱恩按照自己的想法烘烤面包后，先免费送给人们品尝。品尝过的人都对莱恩的面包赞叹不已，纷纷掏钱购买这种"新式面包"。之后，莱恩凭借真诚的态度和对顾客负责的经营理念将面包房越做越大。

成长悟语

我们可以学着换种方式坚持自己的真理。

想要说服一个人接受自己的意见是困难的，当我们在这方面碰了钉子的时候，何不换种方式坚持自己的真理？当一切柳暗花明的时候，那个不接受你意见的人也自然会意识到自己的错误。

铅笔的用途

在美国有一所小学，据统计，该校毕业生在当地警察局的犯罪记录最低，这是为什么？原因听起来似乎特别怪异——因为该校的学生都知道铅笔有多少种用途。

丹尼就是这所小学的一个学生。据丹尼回忆，他入学后上的第一堂课是：一支铅笔有多少种用途？当老师提出这个问题后，同学们都开始踊跃地回答："必要时能用来做尺子画线！""作为礼品送人表示友爱！""当作商品出售获得利润！"……如此种种，整堂课学生们都在讨论这样一个话题。下课后，同学们都了解到：原来一支小小的铅笔竟然有这么五花八门的用途。事实上，有一次丹尼就用到了铅笔的"另类用途"。

一次，丹尼在学校补课，下课后天已经很黑了，丹尼一个人走在回家的路上。突然发现迎面走来一个醉醺醺的酒鬼，手里还拎着喝剩的酒瓶子。这个酒鬼一瘸一拐地向丹尼走来，好像随时要扑到丹尼身

上。果然，在他和丹尼擦肩而过的瞬间，他一把抓住丹尼的肩膀要丹尼交出所有的钱。“不然我就打断你的鼻子！”酒鬼说着挥舞起了拳头。

丹尼看到酒鬼狰狞的表情，害怕得不知如何是好。这时，丹尼的手伸到书包里，摸到一支削尖的铅笔。丹尼紧紧握住铅笔，猛地刺向酒鬼的大腿，酒鬼被这突如其来的“武器”刺得哇哇大叫，飞快地跑开了。丹尼终于松了一口气。

现在，丹尼已经毕业多年，并且成了这所小学的老师。他在每年新生入学的第一堂课都会向学生们讲一支铅笔的用途。

成长悟语

我们要有一个信仰：上帝赋予我们生命，这个生命就一定有存在的价值。

无论如何，从本质上来说，事物都有真实存在的意义。铅笔就好像每一个人，在不同的时间和场所有不同的身份，做着不同的事情，可能有不同的性格和行事方法。

上帝观看**足球赛**

上帝在天上闲着无事俯视下面的人类，发现很多人为了足球疯狂，于是来到凡间看足球赛。

上帝坐在看台上，激情澎湃。这次的比赛是新教派和保守教派的较量，开赛不久，保守教派凭借一记远射，率先进了一球，上帝跟着球迷们欢呼，疯狂地吹着自己手上的加油喇叭。

不一会儿，年龄较大的保守教派队员，渐渐显示出弱势，防守出现了松懈，这时新教派渐渐赶超，把比分拉到了2：1。上帝这次又欢呼起来了，并且摘下自己的帽子抛上了天空，以表示自己激动无比的心情。

坐在他旁边的球迷们，对于上帝的这一行为很不解，于是拍了拍上帝的肩膀，问道："这位老先生，你到底在支持哪个队啊？一会儿欢呼这个队，一会儿又欢呼那个队？"

"我吗？"上帝一脸兴奋地回答，说，"我哪个队也不支持，我只是在欣赏比赛而已。"

于是提问的球迷对上帝嘲讽说："哦，原来你哪个队都不支持，是个不支持者啊。"

赛后，上帝和信徒们在天上谈论此事，信徒们问他是不是一直有不支持任何一方的习惯。

上帝回答："我支持的是人，而不是信仰；我支持人类，而不是安息日。"

成长悟语

不坚持信仰本身，而坚持信仰的人。坚持是一种坚守，信仰源于信念。每个人坚持自己信仰的同时，也不要随便去评价别人。

冲咖啡的智慧

一个小男孩在学校和同学吵了起来，回到家后他马上向爸爸讲述了白天发生的事情。

爸爸什么也没说，而是给小男孩冲了一杯咖啡。

爸爸特地选用了家里最名贵的咖啡，热水冲上咖啡，马上飘起一阵香气。

爸爸把咖啡端到小男孩的面前，让他品尝。

小男孩尝试着喝了一口，但马上吐了出来。

“爸爸，好烫啊！”小男孩皱了皱眉头。

爸爸坐下来和小男孩讲：“你不要着急，水有些烫，咖啡也有些苦，但刚冲的咖啡往往是不能喝的。你需要等待一段时间，咖啡的味道才能充分散发出来。”

爸爸接着说：“所以不要急躁，不要想马上就品尝到美味的咖啡，那样只会烫到你的舌头，不是吗？”

小男孩愣了一下，心里有一种被触动的感觉。

他望着爸爸的眼睛，问道：“那么，要多长时间咖啡才能喝呢？”

爸爸笑了，说：“很快的，5分钟后，空气将会带走咖啡的温度，咖啡的香气也融入到了水中，这时将有一杯极品咖啡出现在你面前，只要你等5分钟就够了，难道你不愿意等吗？”

爸爸顿了顿，说道：“其实不只是喝咖啡，生命中的任何烦恼只要你稍微等一下、思考一下，也许没有你想得那么糟糕。”

爸爸又微笑着说：“我只是在教你怎样冲咖啡，顺便和你讨论一下冲咖啡的方法是不是也可以调配出美味的人生。生活就是这样，只要你静下心来，耐心地等待，美好的生活会不期而至的。”

成长悟语

与其烦躁不安，不如耐心等待。就像故事中父亲说的那样，生命中的任何烦恼，只要你稍微等一下、思考一下，也许没有你想得那么糟糕。只需要一个简单的信念，生活的样子会变得十分不同。

啄木鸟的鹦鹉嘴巴

大金刚鹦鹉在亚马孙流域很受鸟类的欢迎，它们不仅有多彩的羽毛，而且嘴巴也很伶俐，能发出各种美妙的声音，有时还能模仿人类说话。相反地，啄木鸟就不那么受欢迎了，每次它在树林里啄食树干中的虫子，那刺耳的“梆梆”声总会惊扰别的鸟儿。为此，啄木鸟很沮丧，它想自己要是有一个鹦鹉的嘴巴该是多好啊！

啄木鸟于是找到森林智者猫头鹰，向它请教：“我怎样才能拥有鹦鹉的嘴巴？”

猫头鹰戴上自己的眼镜，仔细观察了啄木鸟的嘴巴，发现它的嘴巴太长了，要磨掉一部分才能和鹦鹉的嘴巴差不多。于是猫头鹰建议啄木鸟：“你回去找个树干，专心磨自己的嘴巴吧。只要磨得和鹦鹉的嘴巴那么短，兴许就能发出像鹦鹉那么好听的叫声了。”

于是，在以后的日子里，每天都能听见啄木鸟磨自己嘴巴的声音。

“吱嘎！”

“吱嘎！”

“吱嘎！”

这样过去了几个月，啄木鸟的嘴巴不知流了多少血，终于磨短了，从外形上看似乎很像鹦鹉的嘴巴。啄木鸟高兴极了，于是试着鸣叫，结果自己的声音仍旧和原来的一样。它有点沮丧，但是更可怕的事情发生了，因为啄木鸟的嘴巴磨短了，不能伸进树干中捉虫子了。

不久，这只“鹦鹉嘴巴”的啄木鸟就饿死了。

成长悟语

随和可能伴随着自卑，好胜可能伴随着骄傲，谦虚可能伴随着平庸，坚定可能伴随着武断。优点和缺点就像是一对双胞胎，没有缺点的人往往优点也很少。

有些我们自认为的缺点比美德更能清楚地证明一个人的优秀品格，学会坚持我们自己的不完美，这才是生命的本质。

墨迹

在美国斯坦福大学生物系，曾经发生过这样一个令人称奇的故事。

有一天，一个叫尼森的学生在图书馆埋头攻读一本名叫《生物变种遗传基因研究》的书。他认为这本书写得非常好，读了很多遍依然爱不释手。

奇怪的是，这一次他读书时，总有一种异样的感觉，觉得这本书里似乎有什么自己没有透彻领悟的东西。于是，他又从头到尾细细地读了一遍，不放过书中任何一个细节。果然，他发现了一个非常有趣的现象：书的内文中共有73处出现了阿拉伯数字，但有9处数字下面出现了模糊的墨迹。这些小小的墨迹，如果不特别留心，根本就不会发现。

尼森把这9个数字挑出来，并按出现顺序连起来，就是

741256921。为什么是这一串数字呢？尼森认为其中肯定有秘密，他决心揭开这个谜底。他发动所有的亲朋好友，分赴各个图书馆寻找这本书，并按照他提供的页数查看有无相同的印迹。结果发现，这本著作尽管现存很少，但都存在着相同的情况。自己的发现得到了证实，尼森非常兴奋，他迫不及待地找专家鉴定排版问题。然而，专家鉴定是墨迹不是排版的问题，而是人为用笔尖点在纸上留下的。

人为所致？尼森的兴趣更浓了。他开始深入地调查这本书的来龙去脉。原来这本书是由劳腾斯出版社于1928年出版的，是威斯康星大学教授皮尔先生在61岁时出版。3年后，皮尔教授就因病去世。此书只印了一版，只有420册，数量极少，现今美国各图书馆总共收藏也仅有十几本。

那皮尔先生留下的这组号码是什么意思呢？经专家帮助和互联网确认，这组号码被认定为一家银行地下保险库中一个私人保险箱的密码。而这个保险箱的主人竟然是皮尔先生！

更令人惊异的是，保险箱里只有一封用蓝色丝绸包着的长信。在这封长达11页的信中，皮尔教授满怀伤感地回忆了自己默默无闻的一生，记录了出版这本书的艰难过程。他说，外界对这本书的淡漠使他伤心至极。因此，在每本书的9个阿拉伯数字下面，他都用笔尖点一滴墨水，并将这9个数字连起来，作为这个保险箱的密码。如果有喜爱这本书的人发现这个秘密，他就把存放在这家银行里的36.34万美元遗产全部赠送给这个人。信封还有一张银行的提款单和其他相关证明。按法律规定，尼森可以获得这笔钱，而且当时的本息相加是274万美元。

就这样，尼森一夜之间变成了百万富翁。

成长悟语

你可以想象，如果你是尼森，你会对书上的一点小墨迹产生兴趣吗？即使产生了兴趣，你是不是会像他这样想方设法地寻求真相？如果你和他一样，那么你就已经有了足够的应变力面对偶然性极强的机遇了。

摆在尼森面前的是一个巨大的机会，我们已经看到了他是以怎样的灵活大脑为自己赢得了机会。

第四篇

思维：生活可以在脑子里转弯

充气式自行车轮胎的发明

19世纪七八十年代，这个时候自行车刚刚发明不久。那时的轮胎是不充气的，只是用铁片做成圆形，裹在车轮上。

有一天，邓禄普的儿子所在的学校举行骑自行车比赛，比赛获得冠军的选手将有丰厚的礼品。邓禄普的儿子本来就是一个喜欢自行车的男孩，一听说自行车比赛，马上就去报名参加。

回到家后，儿子告诉了邓禄普比赛的事情，并在家里勤奋地练习骑自行车，儿子想让自己的速度和稳定性都超过其他同学。可是当时的自行车非常笨重，骑起来也很费力。与其让儿子苦练，不如自己改装一下自行车，让它

彻底变得轻便起来。邓禄普这样想。

邓禄普围着自行车转了几圈，也没想到什么好方法，苦思无果的他去浇花。他像往常一样，捏紧水管的一端，水流一下就浇到了远处的花。邓禄普灵光一闪，能不能把水管充水后裹在自行车轮胎上呢？这样不是会轻便很多吗？

邓禄普将想法告诉了儿子，儿子双手赞成。父子两个很快截下一截水管，绑在了车轮上。邓禄普试着骑了一圈改装后的自行车，他惊奇地发现，自行车这样改装后轻便多了，而且在不平的路面上也不再颠簸得那么厉害！邓禄普和儿子欣喜若狂。

结果可想而知，邓禄普的儿子轻而易举地获得了冠军。后来，邓禄普又对轮胎进行了研究，慢慢将水管换成了性能更好的橡胶管，充水的方式也换成了充气，这样性能比以前更好了。这就是充气式轮胎的雏形。

成长悟语

思考是上帝赋予人类特有的技能，人类也正是因为有了思考而创造出文明。

思考是人类的天性，它是一座让人类通向新知识的桥，人类社会的发展是先人们思考的结果。人类的大脑只有通过不断思考才不会僵化，如果一个人没有了思想，那么剩下的只是一副皮囊而已。

一次难忘的**面试**

费昂纳接到摩根士丹利公司最后一轮面试的通知，带着紧张不安的心，她来到摩根士丹利公司的人力资源部。

一位人力资源主管面无表情地接待了她，简单地寒暄了几句，便不动声色地进入主题，问道："如果公司录用了你，薪水为一年12 000美元，但是有两种支付方式，一种是一次性全部给你，另一种是按月支付。你会如何选择？"

她非常镇定地说："这取决于现在的实际利率。如果实际利率是负数，我则选择按月支付；如果是正数，我则选择一次性支付；如果实际利率为零，那么选择哪一种都是一样的。当然，选择的同时，我还要考虑机会成本，如果有好的投资机会能带来更多回报，即便实际利率是负数，我还是会选择第一种。"流畅地说完这一长串的答案，费昂纳对自己的表现很满意。

"不错，考虑得很周全，一般人都说选择第一种。"但是HR并没有就此罢休，马上出击，"那实际利率你又应该怎么得出呢？"

"呃，名义利率减去通货膨胀率。"

"那么现在的联储基金利率是多少？通货膨胀率在什么水平？"

"呃……"这一次，费昂纳被问住了。但是，费昂纳没有选择敷衍，而是老老实实地回答，"对不起，这个我真的不知道，不过如果需要，请允许我回去查清楚，我会第一时间马上打电话告诉你。”

主管没有理她，而是继续快速地提问，不给费昂纳任何放松的机会：“有9个硬币，其中一个重量和其他的不一样，那么你用两只手，最多几次可以找出这枚特殊的硬币？”

“三次。”费昂纳飞快地回答。

“同样9枚硬币，你只需要改变其中的一个条件，就可以两次找出这枚特殊的硬币，如何修改这个条件？”

“告诉我这枚特殊的硬币比其他的硬币重还是轻。”费昂纳再一次以飞快的速度给出了正确答案。

这时，主管终于低声说了句：“很好！”然后在费昂纳的评定一栏里写了：“不惜代价，一定要雇用！”

成长悟语

很多时候，相对于答案本身，思考的过程更被人看重，而回答问题的原则性态度也非常重要——不懂的千万不能装懂，不知道的更不能胡编乱造。真正有水平的人，不仅要专业过硬，还要有让人不惜代价去雇用的能力！

自由女神像的**垃圾**

一位伟大的哲学家曾经说：“思维是智慧的花朵。”美国麦考尔公司的董事长卡尔·麦考尔的经历简直就是这句话的最佳注解。

卡尔是犹太人，小时候他和父亲一起被德国纳粹党人抓到奥斯维辛集中营。父亲当时就对他说："孩子，我们唯一的财富就是我们的智慧，在别人那里，一加一等于二，但是在我们这儿，那不够，我们要多动脑子让一加一大于二。"后来，卡尔父子活了下来。

1946年，卡尔跟随父亲来到美国休斯敦，父子俩开始做铜器生意。一天，父亲问卡尔："一磅铜的价格是多少？"卡尔答说："35美分。"听到这个答案，父亲并不满意，他严肃地对卡尔说："对，全得克萨斯州的人都知道每磅铜35美分，但你要记住你是犹太人的儿子，你应该说3.5美元。不信你把一磅铜做成门把手，它比3.5美元还多。"多年以后，父亲去世了，卡尔独自经营铜器店。这些年他时刻谨记着父亲的教诲，做过铜鼓、瑞士钟表上的簧片、奥运会的奖牌，曾把一磅铜卖到3500美元，不过，这时他

已是麦考尔公司的董事长。

不过，真正使卡尔扬名天下的，并不是铜器，而是纽约州的一堆垃圾。

1974年，美国政府大规模地翻新了自由女神像。整个施工过程中产生了大量废料，为了清理它们，政府只好向社会广泛招标。但是，一来政府出价太高，二来纽约州对垃圾处理有严格的规定，稍微弄不好就会受到环保组织的起诉，导致几个月时间内，竟无一人应标。卡尔当时正在法国旅行，听说这件事后，他马不停蹄地乘飞机返回纽约。看过自由女神像下堆积如山的铜块、螺丝和木料，他喜出望外，未提任何条件，当即就揽了下来。

明明是一桩吃力不讨好的赔本买卖，竟然真有人揽了，许多人都为这个人的愚蠢举动暗自发笑。面对冷言冷语，卡尔充耳不闻，他紧张地组织工人对废料进行分类，指挥他们熔化废铜，铸成小自由女神像；把水泥块和木头加工成底座；甚至把从自由女神身上扫下来的灰尘都包装起来，出售给花店。短短3个月的时间，这堆遭人嫌弃的废料已经在卡尔手中创造出了350万美元的利润。这时，卡尔可以骄傲地对天国的父亲说：“我让每磅铜的价格整整翻了一万倍！”

成长悟语

伟大不只在事业上惊天动地，它时常表现在不声不响的深思熟虑中。思维世界的发展，在某种意义上说，就是对惊奇的不断摆脱。

会计助理的**职位**

安吉拉坐在休息厅中，准备应聘助理会计这一职务。

休息厅中还有五个人，也是来应聘这个职位的求职者。

安吉拉看着他们自信的神情，心中不免打鼓：“自己能从这几位求职者中脱颖而出吗？”

半个小时过去了，没有人来通知面试。

一个小时过去了，还是没有消息。

求职者们纷纷开始了闲谈。

一位正在评论世界几大会计事务所的优劣，另一位正在预测未来半年股票的走势，休息厅顿时陷入热烈的讨论中。

安吉拉没有发表见解，她仔细听着别人的话，从中分辨对错与优劣。

看到大家面前的水杯都空了，她就一一拿到饮水机那里去添水。

添满之后又逐一放到相应的位置上，供大家饮用，然后，继续听大家在那里高谈阔论。

这时，五人中的一人突然站起来，对安吉拉说：“恭喜你，你被录用了。”

安吉拉和另外三个人都惊愕不已，他们不知道该如何理解眼前发生的一切。

原来，这位先生是会计事务所的负责人，他故意安排了这场“测试”来选拔要聘用的人。

负责人对安吉拉说：“会计助理这个职位，专业知识固然重要，但是能不能胜任助理的工作更为关键。”

负责人对安吉拉说：“一个好助理要有统观全局的观察力，要有甘当配角的胸怀，你是最适合这个职位的应聘者，因此我们决定聘用你。”

成长悟语

知识固然可以帮助你成功，但是，能力却让你更容易被人发现。知识是把外界的东西放进脑子里，而能力是把脑子里的东西拿出来！

完美的**战争**

1500年前，马六甲海峡位于两大洋之间，其中苏门答腊岛的地理位置最重要，它是交通咽喉，地处险要，水路繁忙，很多国家的商人、船只都要经过这里，所以这里的归属权就成了各国争夺的焦点。爪哇国和马来西亚这两个国家都想占领这个小岛，所以两国之间战争不断。

两国的战争断断续续地持续了几年，牺牲的士兵太多了，两国的指挥官都怕战争再这样持续下去，死伤会更多。于是双方商量，想了一个办法解决苏门答腊岛的归属权问题。

他们各自挑选了两只水牛，把它们拉到空阔的场地上争斗，谁的水牛胜了，归属权就归谁。斗牛开始了，显然马来西亚的水牛勇武多了，它一开始就如离弦之箭般把对方的牛掀翻在地，然后用自己的角顶在了它的肚子上，使对方的牛在开始

就失了先机。但是对方的牛也不示弱，几个回合下来，双方的水牛都不同程度地受了伤，最终爪哇国的水牛流血过多，倒地而亡。苏门答腊岛的归属权解决了，但是这次却没有用掉一颗子弹，没有牺牲一个士兵。

爪哇国的指挥官没有拿到苏门答腊岛的拥有权，回到国内肯定会受到国王的处罚，轻则丢掉自己的官职，重则被国王砍掉脑袋。但是他甘受惩罚。

他到国王那里接受惩罚。国王不但没有惩罚他，而且还奖赏了很多黄金，并且任命他为使臣去马来西亚，共同商定把苏门答腊岛改为“美南卡巴岛”，意思是“水牛的胜利”。至今，岛上的居民仍旧称苏门答腊岛为“美南卡巴岛”。

成长悟语

战争，可以用任何方式，如果能够做到不流血、不牺牲就能达到目的，我们为什么不这样做呢？生活，也像一场战争，如果有了通往成功的好方法，我们为什么不试试呢？有时候，方法比知识更重要。

喜欢做**勤杂工**的校长

每个人都有自己的爱好，当做这些事情的时候，我们的心灵会无比放松。

然而，有一位著名的大学校长，却有一个怪癖——做勤杂工。

在某个夏日的清晨，这位大学校长向助手交代了一些事务，声称要进行一次长达3个月的旅行，就带着简单的行李出发了。

大家满心以为校长会去埃及、马来西亚这种地方度假，其实校长背着大家偷偷跑到了南方，而且是南方的农村。校长在南方农村的一个牧场里做了一名勤杂工。

每天早上，校长和其他工人一起喂奶牛，打理牧草，收拾牛粪。

在清理各种杂物时与伙伴们高声谈笑，搭讪路过的挤奶女工，偶尔背着老板在厂房外偷懒吸烟。

所有这些在勤杂工看来再普通不过的事，都给了校长莫大的新鲜与刺激。他乐此不疲地模仿勤杂工的一言一行，认为世界上简直没有比这更快乐的事。

校长每周都给家里写一封信报平安，这种背地里偷偷做勤杂工的行为就像一个孩子在做恶作剧。

终于，在将近3个月旅行结束的时候，校长被老板辞退了。

这天，他像往常一样在用餐室刷盘子，老板走过来对他说：“老伙计，你干得实在太慢了，我不得不辞退你了。”

校长又回到了大学。然而，令他意想不到的是，他坐了几十年的办公室如今竟变得如此新鲜。他像一个刚入职的新人一样对工作充满好奇与热情，对他来说，每项工作都是全新的享受。

校长为期3个月的“旅行”结束了，然而，这次“旅行”给他带来的益处却远远没有结束。

此后，每年校长都会不定期进行一次“旅行”，体验各种各样的生活，在各种经历中重新面对世界，像一个新生儿一样体会这个世界的新鲜与乐趣。

成长悟语

改变一下现状是对思维最好的调整。生活就像是一座雕塑，你不能老是拿着凿子凿一个地方，否则你得到的就只能是一个大洞，你要做的应该是细心地雕刻出每个部位的不同形状。

停下你的“校长生活”，去尝试做一下“勤杂工”吧！

独特的眼光比知识更重要

有一位知名的校长，他从一位远方亲戚那里继承了一片广袤的土地。但是他一点也不高兴，因为这片土地非常贫瘠，不能种植大豆或玉米等庄稼，也没有矿产或其他贵重的附属物，甚至也没有多少具有商业价值的树木。总之，这块土地不能为他带来任何收入。相反，他还要交付土地税，凭空多出来一笔开支。因此，校长非常希望将这片土地转手他人。但是大家都清楚这是一笔赔本的买卖，谁也不愿意做这个冤大头。终于，一个未受过正规教育的年轻人看上了这块不毛之地，以每亩10美元的价格，买下了全部的50亩土地。大家都觉得不可思议，有人更是刻薄地说："没读过多少书就是不行，这可是明摆着吃亏的生意！"

对于这些冷嘲热讽，年轻人并没有放在心上，他对自己的判断非常有信心：第一，这块地正好位于山顶上，在这里可以观赏到四周连绵的美景。政府也在这里修了一条公路，将来来这里旅游的人只会越来越多。第二，这块地上虽然没有名贵的树种，但是长满了小松树及其他树苗，小树长大后也是一笔可观的财富。年轻人不仅在心中清楚地计算这块土地的价值，还准备大干一场，一步步实践心中的蓝图。

第一年，他在靠近公路的地方盖了一间独特的木造房屋，并附设一间很大的餐厅，在房子附近又建了一处加油站。并在公路沿线建造了十几间单人木头房屋，以每人每晚3美元的价格出租给游客。餐厅、加油站及木头房屋，使他在第一年净赚15万美元。

第二年，他将木屋增建到70多栋，每一栋木屋最少三间房间。然后将这些房子出租给附近城市的居民作为避暑别墅，租金为每季度150美元。而建造房子的材料就是这块土地上生长的树木，他没有花一分钱。同时，这些用原始木料做成的小房子连成一片，就像童话中的小村庄一样，神奇而有趣，是景区的最佳广告。

第三年，年轻人又在距离这些木屋不到五公里处买下了一处占地150亩的农场，每亩价格25美元，这个价格让这座古老而荒废的农场主人非常满意。农场到手后，年轻人马不停蹄地建造了一座100米长的水坝，把一条小溪的流水引进一个占地15亩的湖泊，在湖中放养许多鱼，然后把这个农场以建房的价格出售给那些想在湖边避暑的人。这样简单的一转手，使他共赚到了25万美元，而且只花了一个夏季的时间。

第四年，可想而知，这个有远见及想象力而未受过正规教育的年轻人已经是坐拥千万财富的大富翁了。

成长悟语

再高的学历也战胜不了一颗出众的头脑。一颗出众的头脑必定拥有丰富的知识，但是这些知识不一定有一张书面证明。人们最伟大的力量，往往是在没办法证明的地方。

五星级擦鞋匠

源太郎曾经是日本一家化工厂的失业工人，为了糊口，他做过各种各样的零工，不过这最多能保证不饿肚子，日子还是过得很窘迫。源太郎非常渴望学到一门专业的技能，那样他就可以有稳定的收入，过上稳定的生活。

一次偶然的机会，他从一个美国军官那里学会了擦鞋。他第一次发现，原来擦鞋也有这么多学问：不同的鞋子要用不同的鞋油，有不同的擦法，不同的保养方法；同一种鞋子根据穿的时间长短也有不同的擦法；不同的鞋油可以自行混搭调配；就连擦鞋的顺序也是有讲究的。他被这些复杂细致的技法震撼了，再也不像原来那样把擦鞋看成是一件简单的粗活，而是开始怀着专业精神深入研究。

从此，只要听说哪儿有好的擦鞋匠，他就千方百计地赶过去请教，虚心学习，回来后不断试验。

日积月累，源太郎的技艺越来越娴熟，一双双早已失去光泽的旧皮鞋在他手中变得焕然一新、光可鉴人。而且他还有创新的擦鞋方法：不用鞋刷，而用木棉布绕在右手食指和中指上代替，使用的都是他自行研制调配的鞋油。

但是，源太郎并不满足于此，他还专门去研读相关的书籍，加上细致的观察，他的造诣日益深厚，与人擦肩而过时便能知道对方穿何种鞋。

从鞋的磨损部位和程度，就可以说出这个人的健康状况和生活习惯。

炉火纯青的技艺、一丝不苟的精神、非同凡响的效果，因此，源太郎赢得了众多顾客的青睐，他的名声越来越大，无数国外人士慕名而来，期待着一睹“五星级擦鞋匠”的风采。后来，位于日本东京霞关街附近的一家四星级饭店专门为他建了一间独立工作室。很快，源太郎成了这家酒店的金字招牌。演艺界的各路明星一到东京就在这家饭店住，就是为了享受一下该店“定点”擦鞋匠源太郎的“五星级服务”。五星级擦鞋匠的名声真正远扬国际了。

成长悟语

把看似最简单、最卑微的事情做到极致，也是一项非常伟大的成就。这就在于你如何思考这个问题。

世上的事情本来就没有复杂和简单之分，没有高尚和低劣之别，最大的区别只有做得好和做得不够好。

“聪明的”阿西莫夫

阿西莫夫，一位世界知名的科普作家，一生中撰写了400部书。他在《智力究竟是什么》的文章中讲述了一个关于自己的故事。

阿西莫夫从小就是一个聪明的孩子，学东西非常快，成绩也一直名列前茅，经常受到大人的夸奖。

年轻时他曾多次参加“智商测试”，得分基本都在160分以上，属于“天赋极高者”，看来科学都证明了他的聪明。他一直为此而扬扬得意，颇为自负，觉得没有什么问题可以难得倒自己。

有一天，他遇到一位汽车修理工，这位修理工也听过阿西莫夫的大名，很想刁难一下这位公认的“才子”。

修理工对阿西莫夫说：“嗨，聪明人！我出一道思考题，来考考你的智力，看你能不能答出来。”

阿西莫夫觑了一眼修理工油渍点点的衣服，心里想着：小小的修理工能提出什么有难度的问题，我才不怕他。

于是，他昂起头，一脸傲慢地回答道：“你问吧，随便问。”

修理工便开始说思考题：“有一位聋哑人来到五金商店买钉子，他对售货员做了这样一个手势：左手两个指头立在柜台上，右手握着拳头做出敲击的样子。售货员见状，先给他拿来一把锤子。聋哑人摇摇头，指了指立着的那两根指头。于是售货员就明白了，聋哑人想买的是钉子。聋哑人走出商店后，紧接着进来一位盲人。这位盲人想买一把剪刀，请问：盲人将会怎样做？”

阿西莫夫心想，这太简单了，随口答道：“盲人肯定会这样——”他伸出食指和中指，做出剪刀的形状。

汽车修理工见状大笑起来：“哈哈，你这笨蛋，答错了吧！盲人又不是不能说话，他想买剪刀，只需要开口说‘我买剪刀’就行了，他没必要做手势呀！”

成长悟语

知识和常识的增长并不总是成正比的。知识再丰富的人，都有不小心犯下常识性错误的时候。为自己的聪明感到骄傲的人，很多时候会败在自己的聪明上。

受排挤的眉毛

眉毛长在脸上，可它并不受小伙伴的欢迎。一天，眼睛、鼻子和嘴巴在一起开会。它们都对眉毛表示抗议。

眼睛说：“我多重要啊，有眼睛才能看见东西，我要是看不见，连路都走不了。眉毛有什么用处？就是一点点缀而已。凭什么可以在我上面？”

鼻子听眼睛这样说，深有同感。它叹了一口气，说：“我不是一样吗？鼻子感觉最灵敏，可以嗅到香和臭，眉毛算什么？它凭什么可以站在最上面？”

嘴巴早就对眉毛有意见了。听了眼睛和鼻

子的抱怨，气鼓鼓地说：“脸上我才是最重要的！我不吃不喝了你们谁也活不了。可是我却在最下面，我是最委屈的。我和眉毛的位置应该互换一下才对，眉毛最没用，他应该站在最下面才对！”

眼睛、鼻子和嘴巴都在互相争执，对眉毛发出愤愤的抗议。

眉毛受到同伴的攻击和抱怨，并没有生气，而是心平气和地对他们说：“既然你们都以为自己最有用，那我就在你们的下面吧！”

说着，眉毛先走到眼睛下，然后走到鼻子下，最后走到嘴巴下，结果别人觉得这张脸真是难看极了，只好决定让眉毛回到原处去，那儿看起来才比较适合。

成长悟语

火车如果脱离了轨道，就有可能倾覆；飞机如果不受航线的约束，就有可能坠落；植物如果不依四季生长，就有可能衰败。有一只无形的手总在摆弄着我们。

所以，人们要想得到预期的结果，一定要使自己的思想符合客观规律。这就好像一支没有规律的队伍，你又怎么能够期望它拥有合作的战斗力呢？

垃圾场花园

纳克·昌德是印度一个平凡的公路巡查工，他的任务是管理一个公路附近的占地两英亩的垃圾场。印度城市化进程很快，这个不起眼的垃圾场渐渐成了一座肮脏不堪的垃圾山。

面对着如此庞大的垃圾山，纳克犯愁了：自己不过是一个小小的巡查工，如何改造这座垃圾山呢？苦思冥想之后，还是没有好办法。有一天，他忽然想道："谁说垃圾就一无是处呢？我完全可以换个思维方式，发挥自己爱美的天性，在这些人们弃之不要的东西中创造我心中的美景！"

说干就干，纳克开始一心一意地在垃圾场中建造花园，全然不顾旁人的冷嘲热讽。在纳克看来，这个垃圾场完全具有建成一个理想的岩石花园的先天条件。

首先，在这块七高八低的垃圾场的地下，有一股注入苏卡纳湖的暗流。其次，地上还有几股小水流朝着一个方向汇成一条小溪。这些水流完全可以滋养一个美丽的花园。按照这些溪流的方向，纳克用碎玻璃、陶瓷片及五颜六色的鹅卵石和石块为原料，拼成镶嵌的图案把这块地方打扮起来。而且，纳克还参照古希腊厅堂中独特的拱廊设计和纵横交错的弯曲通道，为花园设计了精心的拐弯。这些拐弯形态各异，层次分明，每一个都给人以新奇的感觉，让人忍不住驻足观看。巧妙的构思和

完美的布局，使这些原本遭人嫌弃的垃圾和无生命的石块充满了活力，搭配起来浑然一体，有一种不可更改的整体美。平凡的巡查工一下名声大噪，摇身一变而成为一名推销商，经常应邀到国外去举办废品艺术展览。

成长悟语

当我们对美还有追求的时候，最普通、最简单，甚至是最肮脏的东西，也会成为我们革新的力量！

并不是所有的“垃圾”都一无是处，它只是放错了地方。如果改变不了“垃圾”，那就改变放“垃圾”的地方。

胆小与谨慎

比利是个胆小的男孩子，他不敢像瓦里那样从墙上跳下去，不敢像吉米那样用嘴含灭一根燃烧的火柴，甚至不敢像汤姆那样到池塘里捉青蛙。小伙伴们都跟在比利后面“胆小鬼、胆小鬼”地讥笑他。

比利很苦恼，整天闷闷不乐。这天，他坐在詹姆斯爷爷的花园门口叹气，詹姆斯爷爷走过来问：“怎么了，我亲爱的小比利？你为什么不开心呢？”

比利说：“詹姆斯爷爷，我是个胆小鬼，小伙伴们都瞧不起我。其实，我自己也瞧不起我自己，但是我就是改不了。”

詹姆斯爷爷坐在比利身边说：“你觉得胆小是个被人瞧不起的缺点，可我觉得这是个了不起的优点。”

"优点？为什么是优点？"比利迷惑不解地问。

詹姆斯爷爷说："胆小还有另外一个名字——谨慎。如果你不做危险的事是出于对安全的考虑，那你就不是胆小，而是谨慎了。谨慎和勇敢好比银子与金子，银子也很好，只不过因为金子更闪光，人们的注意力就全放在金子上了。但事实上，银子也同样具有价值。"

比利点点头。詹姆斯爷爷继续说："你喜欢说话啰嗦的人吗？"

比利摇摇头说："当然不喜欢，我的妈妈说话就很啰嗦，每天都数落我。"

詹姆斯爷爷说："可大作家巴尔扎克就是一个啰嗦的人。你去看他的小说，每一个人物、每一个场景，甚至每一个物品都不厌其烦地描写。而他小说的特色就在这里。他把啰嗦运用好了，啰嗦就成了他的优点。"

比利兴奋地问："那我也可以把胆小变成我的优点吗？"

詹姆斯爷爷点点头，说："当然可以。只要你多读书、多思考，不断拓宽见识，考虑的事情越来越周全，那你的胆小就会变成优点——谨慎。"

成长悟语

所谓的缺点，最多不过是个营养不良的优点。如果你是位战士，胆小显然是缺点；如果你是司机，胆小肯定是优点。你与其想办法克服缺点，还不如想办法增长自己的学识、才干，当你拥有见识、视野的时候，即使你想做个懦夫，也很困难了。

第五篇

创意：成功前需要异想天开

解放孩子的**双手**

有一次，艾利尔把父亲十分喜欢的一块表给拆开了，虽然表最近出了点毛病，但父亲仍然想把它拿去修一修。而这时，表的零件散了一地。

他的父亲知道后立即暴跳如雷。他愤怒地说道：“艾利尔，你太调皮了，你不知道这块表对我很重要吗？你这是想干什么？”

母亲看到这种情景，赶紧上前制止了父亲的行为。父亲更加生气地说：“你还护着他！你看他把我的表弄成什么样子了。”

母亲说：“他是弄坏了你的表。但是你要知道，是表重要还是自己的孩子重要。”

就在这时，艾利尔哭着说：“我没弄坏表……我……我只是想要拆开看看它哪儿出毛病了……”

听了艾利尔说的话，父亲一时竟不知该说什么了。

母亲接着说道：“不管孩子是修表还是拆表，你都不应该吼他，恐怕又一个‘爱迪生’就这样被你给‘扼杀’了。”

父亲愣了一下：“真有这么严重吗？”

母亲对父亲分析说：“孩子的这种行为是创造力的一种表现，你不该对他发脾气，要解放孩子的双手，让他从小就有动手的机会。”

后来，母亲找到了一个补救的方法，让父亲和孩子一起把表送到钟表铺，让孩子站在钟表匠的身边，亲自看一看表的内部结构，以及钟表匠是怎么把表修理好的。

成长悟语

别一边折断天使的翅膀，一边责怪天使飞不起来。

创造力是人类最原始的基因，它是否生成和发展，在于是否有人为它提供一种引导和环境。当然，这个故事也告诉我们，发掘创造力的过程，不一定要这么粗暴，而是可以更理性。

特殊的**作战思维**

美国军人有几项不同寻常的作战规定，据说在战场上非常管用。

第1项：有时候重要的事反而简单；

第2项：如果敌对双方都觉得自己快要失败了，很有可能他们都是对的；

第3项：你急需火力支援的时候，也是无线电最容易断掉的时候；

第4项：声称能燃烧5秒的手榴弹引线一般会在3秒内烧完；

第5项：时刻牢记军队里的武器可都是由那些出价最低的承包商们制造的；

第6项：越平坦的路越可能埋藏着地雷；

第7项：再周详的计划，遇到敌人后也不会被完全实施；

第8项：不要和比你勇敢的人待在一个掩体里；

第9项：作战时，假装自己是个无用的人(因为弹药有限，敌人会用来击毙重要人物)；

第10项：不引人注意的敌军部队可能才是需要去攻打的主力；

第11项：记住，你不是超人；

第12项：越简单的事情越难完成；

第13项：假如你发现作战异常顺利，很抱歉，你可能中了埋伏；

第14项：如果你缺少一切，就是不缺少敌人，那说明你一定在交战中；

第15项：子弹有道路优先权，挡它的路你就死定了；

第16项：不要因为敌人进入你的射程而沾沾自喜，因为你也进入了他的射程；

第17项：需要配套使用的武器装备通常不会一起送来；

第18项：不要强出头，那样容易引来危险；

第19项：我们可以预测职业军人的行为，可是奈何到处都是业余选手；

第20项：比敌人的子弹更恐怖的是友军的炮火；

第21项：做任何事情都可能为你招来致命的子弹，当然任何事情也包括什么都不做；

第22项：如果一个方法被认为是愚蠢的，但只要它能解决问题，就不愚蠢。

成长悟语

当规则行不通的时候，那就把它换掉。因为这时只有打破规则，才能建立更适合当时当地的新规则。

所以，想要成功的人，不要总是走别人已经踩踏过千百遍的道路。

OSPOP和解放鞋

班·沃特斯走进纽约市的一家商场，拿起一双OSPOP的最新款鞋，看了看标价：75美元，满意地笑了，如果换到几年前他怎么也想不到，自己偶然从中国带回的几双解放鞋会给自己带来人生的又一桶金，要知道，在中国一双解放鞋的售价仅仅2美元。而自己只不过是让设计师在原有的基础上稍加改动，然后换了个名字：OSPOP，One Small Point of Pride，一丁点儿的骄傲，居然让价格变为原来的37.5倍。

事情要回到2003年，沃特斯因公事来到中国的上海。一个偶然的机会在四处闲逛时，他发现在工厂打工的劳工们，下井劳作的矿工们，包括在田里劳作的农民们，大多都穿着同一款鞋，这款鞋设计极为简单，上面印有“工”的标志，这一点引起了沃特斯的兴趣。

沃特斯经过了解后才知道，这款鞋叫作“解放鞋”，最早是生产给中国解放军穿的，所以从材料和制作上来讲简单大方，但是它的耐磨性、结实的程度甚至不亚于一些名牌的登山鞋。在沃特斯眼里，这仿佛是中国人韧性和坚强的代表，也是一种中国劳动者的“流行色”，最后他怀着一种敬意买了几双带回美国。

随后，沃特斯脚下的解放鞋受到很多随行同事的认同，这让沃特斯想道：自己可以重新在美国生产解放鞋，让欧美民众也青睐它！于是沃特斯付诸行动，他认为解放鞋虽然不贵，但是代表着中国人的骄傲，没想到在中国很多人都忘记的解放鞋会成为欧美的时尚潮流……

成长悟语

“世界上并不缺少美，而是缺少发现美的眼睛。”这句话似乎永远都不会过时。眼光和眼界是财富的导航仪，变废为宝、从贫困走向财富，往往不需要什么大智慧、大发现、大投资，需要的就是一双独特的眼睛从沙砾中看到金子，然后有足够宽广的眼界把这粒金子放到它应该存在的地方。

创意很多时候就是一种眼光。

用冰做管子

一支探险队历尽千辛万苦来到了南极，准备在那里过寒冷的冬季。他们用船从日本运来了汽油，准备用输油管道将这些汽油运到南极的基地里。

在队长的指挥下，队员们冒着寒冷，齐心协力把一根根铁管连接起来，管道在延伸，眼看就要接通了，突然，大伙儿发现铁管不够用了！

在南极基地，也没有备用管子，如果现在再回国运输，最快也要两个多月。这可怎么办呢？大家一时也想不出什么好办法来。于是队长向国内请示，并准备返程。

有一名队员喝水的时候，无意中把水泼洒在一张卷成筒状的报纸上，在南极那样超低温的条件下，报纸自然很快就结成了冰。队长恰好拿起了这张报纸，发现它非常坚硬而且光滑。队长突然灵机一动，说："我有办法找到备用的输油管了。"

"什么办法？"大家都焦急地等待着。

"用冰做管子！"队长胸有成竹地说。

"用冰做管子？"众人疑惑不解。

队长解释说："冰在南极是最丰富的东西，我们不是有医疗用的绷带吗？就把它缠在铁管上，上面淋上水让它结成冰，然后拔出铁管，这不就成了冰管子了吗，然后把它们一节一节连起来，要多长就有多长。"

队长讲完后，大伙儿一拥而上，动手工作起来。很快，一根根冰管连接起来，一直通到了探险队的南极越冬基地。

成长悟语

队长的聪明之处在于，以已知的东西为参照，将许多毫无关系的要素组合起来，再制造出新的物件。

巧借其他的力量以达到自己的目的，这是一种智慧。所以，当我们自己的力量还不够时，最好利用好现有的条件来帮助自己做事。

你选择哪一种方案

在一个暴风雨的晚上，杰克开着一辆车在路上行驶。当他经过一个站点时，看到有三个人正在等公共汽车：

一个是奄奄一息的老人，病得让人可怜；

一个是医生，正好是杰克的救命恩人，曾经在一次手术中把濒临死亡的他挽救了过来，杰克做梦都想报答这个恩人；

一个是漂亮的女孩，从她的外貌和举止来看，她特别符合杰克心目中完美妻子的形象，他想，也许今天晚上是上天安排他遇到这个女孩，他可不想错过。

但杰克的车只能坐两个人，如果你是当事人杰克，将会如何选择？

方案一：帮老人，毕竟他是个老人。

这个老人在世上的时间可能已经很少了，

让他多感受一些人世间的温暖。

方案二：帮医生，毕竟他救过自己的生命，一直就想好好报答医生，这是一个很好的机会。

方案三：让那位漂亮的姑娘上车，也许这就是一场美丽的邂逅。

哪种方案好像都不妥，无论选择哪一种方案都会丢下另外两个人。那到底应该怎么办呢？

杰克灵机一动，有了主意。他马上把车钥匙给医生，让他带着老人去医院，而他正好留下来陪那个女孩一起想办法回家。

这样，杰克既救了可怜的老人，也报答了医生的救命之恩，又可以借机认识那个女孩。可谓是一举三得。

成长悟语

人们总是习惯性地只想到利用自己的优势来处理问题，结果往往手足无措。正如我们从未想过要放弃自己手中已经拥有的优势（车钥匙），如果我们能巧借劣势搭建一个解决问题的平台，我们可能会得到更多。

黑白照片的启迪

法国波莫瑞香槟酒公司的广告部经理尼克真是寝食难安，伤透了脑筋。原来，公司自从决定在杂志上刊登广告以来，尽管投入了巨额资金，但一直收效甚微，老板为此大为恼火，扬言要是尼克再想不出一个好法子来，就让他收拾东西走人。

最具创意的广告策划，最专业的平面广告设计团队，最有影响力的品牌杂志，究竟是哪里出了问题呢？尼克百思不得其解。他毫无头绪地翻看着整本杂志，色彩明艳的各色广告不停地涌入他的脑海，几乎使他无法思考。

突然，尼克快速翻阅杂志的手慢了下来，紧接着又迅速往回翻，一张上世纪的黑白照片出现在眼前。尼克取出照片，看着照片中小时候的自己，骑在父亲的肩上，笑得那样无忧无虑，可是现在，他的事业遇到瓶颈，而已经去世的父亲却再也无法给他指点迷津了。想到这里，尼克几乎要绝望了。忽然，盯着手中的这张黑白照片，尼克有了一个有趣的想法，他决定放手一搏。

一周后，新一期的杂志面世，而随着杂志销量的上升，尼克公司的香槟酒销售业绩也节节攀升，老板对尼克大加赞赏，追问尼克究竟是怎么想出这么别致的广告创意的。

尼克谦虚地笑了笑，拿起一本杂志，在一片五颜六色的彩照中，轻易地翻出一张大气的黑白照片，这幅黑白的香槟酒广告，在五颜六色的广告中显得格外素净典雅，自然让消费者过目不忘。

成长悟语

当所有人都在追求五颜六色的所谓丰富的生活时，你回归了黑白却显得更加独立和自然。你只需要坚持自己心中的简单，不需要去追求别人的多彩。

聪明的跟跑者

MBA课堂上，黑板前的多媒体机在播放着幻灯片，幻灯片里是一群人在参加马拉松比赛，前边领跑者大汗淋漓地奔跑着，后面给到几个特写，跟跑者在身后蓄势待发，随时准备着超越领跑者。

伍德教授指着幻灯片里的场景，缓缓说道："在赛场上，领跑者需要承受更大的心理压力，而且往往战术意图容易被对手识破，相反，聪明的跟跑者往往以逸待劳，战术意图不容易被发觉，随时准备发力超越领跑者。"

随即伍德教授停顿了一下，打开了下面一组幻灯片。

"经商也是如此，和马拉松比赛有许多相似之处，我们来看下面的案例，日本的日产汽车公司动用大量人力物力开发出'SANI'大众化汽车，丰田汽车公司却欣喜若狂，因为借助日产汽车铺天盖地的宣传攻势，人们对汽车的兴趣越发增强，丰田公司适时推出了'卡罗拉'系列汽车，推出后产品供不应求，节省了大笔前期研发和广告费用，获得了丰厚的收益。"

伍德教授看着下面若有所思的学生，总结道："作为一个跟跑者，看似起步比较慢，然而，如果能紧跟领跑者的步伐，逐渐积累自身优势，后来居上者的优势比比皆是。经商也是如此，作为一个成功的企业家，我们的着眼点要放在企业的长期规划与发展上，在企业缺乏核心竞争力的情况下，可以不计较一城一池的得失，暂居人后是为了韬光养晦，以便厚积薄发，只要我们保持积极的心态，做一个商场上的跟跑者也不失为一个好的选择。”

成长悟语

跟着巨人跑，他永远都会为你挡住前面的风沙，别把力气放在跟跑的时候，而是应该放在最后冲刺的阶段。你可以在一开始不做第一，但是，在最后你可以争取冠军。

喷着香水的假向日葵

路易十四是法国最为奢华的几位国王之一。有一次，他为了能穿到更精致华美的衣服图案，便把宫廷里两个最顶尖的裁缝叫了过来：“我现在要看看你们两人谁的本领更高，我就奖赏他1万个金币！这样吧，3天后你们用同样的材料绣出一朵向

日葵来给我看。”

3天后，两名裁缝带着绣好的向日葵来到宫廷。两位裁缝的技艺可谓是不相上下，这可难坏了国王和大臣们，因为他们二人绣出的向日葵实在是太逼真了，真的很难判断谁上谁下。

正在国王和大臣们都发愁的时候，大臣中有人说了一句：“干脆就将这两块绣好的向日葵放在外面，如果哪个能够吸引蜜蜂、蝴蝶，那就说明哪个造型更逼真，手艺更好！”听到这个提议，众人都赞成。

于是众人带着这两朵向日葵来到了宫廷前的一片草地上，没过多久，空旷的草地上飞来了蜜蜂、蝴蝶，而它们竟然都三三两两地落在了第二朵向日葵绣花上。

有了蜜蜂和蝴蝶的认证，国王自然将1万个金币赏给了第二位裁缝。这位裁缝领赏时，国王问道：“你们两人的技艺明明不相上下，为什么蜜蜂、蝴蝶却偏偏喜欢你绣的向日葵呢？”

“其实很简单，尊敬的陛下，”裁缝说，“因为我在绣好的花上喷上了花香味的香水，散发着香味的‘花’自然会吸引来蜜蜂和蝴蝶啦！”

考虑好一方面并不难，难的是全方位都考虑到。你要比别人做得更好，就要比别人想得更多。这就好像你要从上帝的手里接住苹果，当别人都伸出左手的时候，你如果两只手都伸出来，那么，你势必比别人拿得多。

低价的智慧

贝蒂和布兰特是热恋中的小情侣，今天是周末，两人相约来到亚特兰大石头公园游玩。周末的游客很多，人们有条不紊地排队等着买票。布兰特排队的时候，看到前边售票处张贴着一张醒目的价格表：

通票售价：每人次8美元，可以玩遍公园内所有设施；

缆车票售价：每人次16美元，只能用于乘坐缆车使用。

开始的时候，布兰特以为是自己看错了，再次仔细看了一遍，发现票价确实是这么规定的。布兰特赶紧指着前面的价格表，对贝蒂说道："亲爱的，你看前面的票价多奇怪啊，是不是价目表弄反了？"贝蒂看了一下，也是一头雾水，这时候已经排到他们买票了，他们决定购买通票，发现价格竟然真的只有8美元。

布兰特和贝蒂进入公园开始游玩，他们花费了一天的时间，几乎玩遍了公园内的所有游乐项目，中午饭也是在公园内的餐馆里解决的，看着天色渐晚，两人打算再买一些纪念品然后回家。

购买纪念品后，两人粗略地计算了一下，一整天在公园内的花费竟然超过了100美元。

这时候，他们看着那些单独买缆车票的游客经过，才恍然大悟，原来公园的经营者才是最精明的，通票看起来不合情理低了很多，但是正是因为通票的吸引使游客在公园内逗留的时间大大延长了，加上吃饭、购物等消费，收益不可小觑；而那些买缆车票的游客，乘坐时间很短，收入也就只有那固定的16美元了。

在追求利润最大化的常规经营中，有些时候，以少胜多的创举不仅让人眼前一亮，而且让人回味无穷。

成长悟语

对于利益来说，重点不在于你当下能够获得多少，而在于长远下来哪个得到的更多。

利益通常都有两面，有些人看到的是双手能够碰触的正面，而有些人却能够看到反面。

神奇的**沏宝模式**

2006年德国世界杯期间，几个百无聊赖的南非球迷走在柏林街头，四处张望打算找个地方打发时间。眼前出现了一座咖啡厅，招牌上写着沏宝咖啡店，于是他们推门走了进去。店里面显得有些凌乱，除了提供咖啡，竟然还售卖手机、充值卡、手表之类的东西，甚至还能提供办理签证服务。几人喝着香浓的咖啡，目光看到前方柜台上摆放的最新款手机，走过去随手把玩一番，然后掏钱买了下来。

这就是传说中的沏宝模式，类似的场景在沏宝一千多家连锁店里每天上演着。

“难道将一些不相干的东西放在一起卖，就能起到意想不到的效果？”沏宝咖啡店就是面对着类似的非议开始探索自己的新方法的。沏宝的经营者认为，联合营销的方式能够充分发挥产品的整合效应。一位顾客来到咖啡店喝咖啡，走的时候却购买了一张充值卡；另一些消费者在购买手机的时候，难耐咖啡的诱惑，忍不住也会来一杯。沏宝用现实行动回答了人们的质疑。

由于沏宝咖啡店遍布德国的大街小巷，它根据消费潮流和人们对现代科技的预期，独创了一种新的营销模式。沏宝以“每周一次新体验”为主题，每周限量推出15件特选商品。这一创新的营销手段使原本普普通通的产品销售变成了独特的个性化体验，一件普通的商品，上架一周之后如果不能购买到，就再也买不到了，这样就激起了顾客内心深处的购买欲望。

成长悟语

资源整合从某种程度上来讲，就是各种领域之间的渗透，这是一种很有趣的行为和思维模式。你可以把哲学的思考放到动物学上，可以把动物学的信息引申到营销学上，可以把营销学的概念放在文学上，可以把文学的观点用在社会学上，可以把社会学的想法结合到数学上……

这些渗透或许会出现一些新鲜的东西，也说不定。

第六篇

正直：问心无愧是最舒服的枕头

建游乐场的**默克**

默克是德国人，他经营一家建筑设计公司。

马萨里小城的游乐场招标，他以绝对的优势中标了。但是，游乐场建成后，因为工期延长、经费过多、设计繁复等问题，市民对这个游乐场总感觉不尽如人意。之后，这个小城的一些招标项目，也没有请默克参与。

而临近的瀑布镇，最近几年也完成了一个游乐场项目，这个建筑公司用了默克公司一半的时间和资金，却完成了同样的项目，而且在布局上显得更为完美。

马萨里小城的市民更觉得请默克设计这个游乐场，实在是笔亏本的买卖。

有一年的雨季，瀑布镇的游乐场被大水淹没了，损坏了很多设备，造成了很大的损失。而马萨里的游乐场却安然无恙，因为默克在设计这座游乐场的时候，在地下铺设了排水管道，地面也垫高了几英尺，这样游乐设备就不会受到雨水的侵蚀。

炎热的夏季，瀑布镇的游乐场为了显示整体布局的整洁，没有栽树，只是在一个地方设计了遮阳的凉亭，但这些凉亭在

人多的时候，并不能容纳很多人。而马萨里的游乐场，绿树成荫，人们不仅可以游玩，也可以观赏这里的风景，而这些绿树，曾经一度被指责成多余的累赘，差点被叫停。当地人曾一度认为，德国人做事太死板，愚笨至极。

现在看来，德国人的做法是对的。默克在设计时考虑到了天气与季节、地理与环境等因素。为此，默克的很多同行问默克：“你怎么会这么精明？”默克回答：“我只是实在，并非精明，精明的倒是你们。”

成长悟语

聪明反被聪明误的道理，大多数人都懂得，但是在生活中我们仍然常犯这类错误。我们在人际交往中，总以为耍点小聪明，就能从对方那里占到便宜。我们往往忽视了一点，你只要有这样的心态，别人也可能用同样的方式对待你。所以，我们不管做什么事，都要真诚，这才是成功最重要的条件。

我们心里有眼睛

伯特是一位享誉北欧的著名建筑师，在设计上从不投机取巧，在同行中口碑极好。而且他非常自律，亲朋好友把房地产界的一些内部股票信息透露给他，即使胜券在握，他也会婉言谢绝。有一次记者发布会上，当有人问到他如何达到如此境界，伯特动情地讲述了下面的故事：

伯特出生于有着“千湖之国”美誉的芬兰，童年时期的他最喜欢的就是到湖中小岛的别墅里度假。

那里四面湖水环绕，树木葱郁，花香飘溢，是绝佳的钓鱼圣地。那里还有一个盛大的鲈鱼节，只有这个时候才能垂钓，热闹非凡。

10岁那年，他们一家又来这里暂住。尽管鲈鱼节马上就要开幕，但他和父亲决定提前过过钓鱼的瘾。于是，他们扛着钓竿，在节前的午夜，来到了湖边。

这一晚月色如洗，星光灿烂，湖面波光粼粼，呈现出一片银色的世界。

突然间，小伯特觉得有东西沉甸甸地拽着渔竿。父亲吩咐他沉住气并赞赏地看着他慢慢地把钓线拉回来，那条用尽了力气的鱼被小伯特小心地拖出水面——这条鱼足足有70多厘米，是一般鱼的两倍大，这也是他们见过的最大的一条鲈鱼了！

父子二人欣喜异常，但是猛然间，父亲好像想起了什么，他擦着了火柴，看了一眼表说："10点，再过2小时鲈鱼节才开始，把鱼放回去吧。"

"爸爸……"小伯特一听要把鱼放回去，委屈地、大声地哭起来。

"这里还有别的鱼嘛……"

"但是没有它那么大。"他比着手势，希望父亲能够同意。

此时，月色依然明澈，湖面上万籁俱寂，四周也没有任何人和船，似乎还有一丝希望。

小伯特不哭了，眼巴巴地恳求着父亲，怯生生地说："爸爸，这里没有别人，没有人会看到的。"

"可是我们心里有眼睛。"父亲坚定地说。

成长悟语

心里的眼睛就是我们的良心。一颗真实的良心，能够抵得上千百个见证者。它天生就在我们的心中，生来就带着智慧和仁慈。

真相，不一定要让别人知道，别人也不一定能够知道，只要自己知道并能够心安理得，这就足够了。

诚实的人和小偷

上帝要处罚一个小偷下地狱。小偷不停地辩解，说自己是逼于无奈才起了贼心。上帝却告诉小偷，对他进行处罚并不是因为他做了小偷，而是因为他对自己不够诚实。

小偷愤愤不平，上帝为了让小偷服气，就和他打了个赌。于是，上帝给小偷一个非常诚实的朋友，让小偷回到人间，如果小偷能让这个诚实的人也偷东西，那么上帝就不会责罚他了。回到人间，诚实的人和小偷做了朋友，经常在一起，但是小偷好吃懒做的品行实在是难以改掉，又怕回到上帝那里再次受罚，于是小偷就想尽一切办法，让这个诚实的朋友陪自己偷一次东西。

这天，小偷和诚实的人晚上一起来到一家钟表店的门口，他压低声音和诚实的人说："朋友，我进去一下，如果你发现有人来了或者看见我了就喊我。"然后小偷打开门溜进钟表店，开始行窃。不一会儿，诚实的人就喊道："朋友，有人看到你了！"小偷吓得马上跑出来，向四周看了看，但是一个人也没有看到。

小偷又带着诚实的人来到一家服装店，还是让诚实的人把风，但依然是刚刚溜进大门，诚实的人就喊："朋友，有人看到你了！"

于是小偷再次失败了。

最后，小偷带着诚实的人来到一家金店，依然让他把风。不出意外，诚实的人又在小偷刚刚进店的时候喊道："朋友，有人看到你了!”

可是这次小偷没有落荒而逃，而是偷了东西再出来，并且讥笑诚实的人：“我就知道没人，你怎么老说有人看见我？”诚实的人无奈地说：“上帝看到了你所做的一切。”

成长悟语

每个人的心中，都应该有一双眼睛，它的名字叫作“良心”。良心会告诉你什么事情该做，什么事情不该做。因为总有一双眼睛在盯着你，是上帝的，也是你自己的。

小乞丐

罗伯特是一个货车司机。

一天，他正从乡村运送一车鱼到市区，为了保持整车鱼的新鲜，罗伯特决定抄近路、赶时间。他要走的近路是一片人烟稀少的树林，这条路只有一些经验丰富的司机才知道。因为这片树林离闹市有一段距离，所以只会偶尔遇见一些伐木工和流浪的乞丐。

意外发生了，罗伯特的货车走到一半的时候，一个轮胎爆了，而他也没有备胎可以替换。

罗伯特郁闷地走下车点上一根烟，考虑自己是该在原地等待路过的车，还是把车扔在这里自己去最近的电话厅找拖车。

这时候，罗伯特看见了一个小孩子，那是一个小乞丐。他希望小乞丐能够去最近的公共电话厅打电话叫来拖车，可惜罗伯特身上没有零钱能给眼前的小乞丐，最小的面值也是一张50美元。内心挣扎了一会儿，罗伯特决定信任小乞丐，于是把50美元给了他，看着小乞丐离开。

等了几个小时，天也慢慢黑了下来，罗伯特开始为自己的轻信感到懊恼，幸好这时候有一辆路过的车帮助了罗伯特，一整车的鱼最终还是安全地送到了目的地。罗伯特与朋友说起自己的经历，也遭到了讥笑。

一个月后，罗伯特和朋友一起运货，再次走那条近路。走到一半，罗伯特看到路边一个小孩子朝着自己的货车招手，罗伯特停下车才看清楚这就是当时那个小乞丐。

原来那天小乞丐真的是去找公用电话，只不过原来有电话的地方拆除了，想找人借手机反而被一群孩子打伤，再回到这里的时候罗伯特已经走了。

小乞丐记得罗伯特的样子和车牌，一个月来只要有时间小乞丐就在这里等着，希望能再见到罗伯特把钱还给他。

说着小乞丐把一张皱皱巴巴的50美元塞给罗伯特，开心地走了。

成长悟语

也许，生活可以庸俗地把人分为三六九等。但是，我们应该相信，“良心”作为一种古老的品质，可以让任何一个人发出天使一样的光芒，同时也照亮别人的人生。

一棵树什么最重要

有一个哲学家名叫科恩，他在哲学界和教育界都享有很高的声誉。

这一天，他像平常一样上完哲学导论课，突然一名女学生向他提了这样一个问题：“科恩教授，我想问您一个问题，对一棵树来说，什么是最重要的？”

听到这个问题，科恩若有所思地问学生们：“大家觉得一棵树什么最重要？”

学生们有的说是树枝，可以输送养分；有的说是叶子，能进行光合作用；还有的说是花朵，甚至是果实。答案各不相同，且各有各的道理。

这时，科恩教授说：“很遗憾，现场没有一个答案是对的。”

“那一棵树什么最重要呢？”同学们困惑地追问道。

“大家想想看，树靠什么获取养分和水分的？”

“树根。”一个同学大声答道。

“对了。所以，对于树来说，根是最重要的。一棵树如果没了根，它就会枯萎死亡。而树身上最重要的根却长在了我们看不见的地里。同样的道理，世界上最重要的东西往往也隐藏在生命的深处，平时我们很难发现。”

成长悟语

最重要的东西往往都在看不见的地方：

要裁定一个家庭的幸福程度，就看他们关上门都发生了什么；

要挖掘一个团队的合作态度，就看他们在彼此身后的评价都是什么；

要发现一个国家的能力和素质，就看最底层人民的生活都是什么。

三轮车

格鲁受雇于一个吝啬的商人。

商人每天都要坐人力车往返市场和自己的仓库，所以每天都要花费一美元用来运输货物和自己，这让吝啬的商人非常心疼。于是商人就叫来了格鲁，询问他是否会骑车，没想到格鲁竟然会骑，这让商人非常开心，商人给了格鲁12美元去买一辆车，让格鲁每天载着自己和货物往返市场和仓库。

格鲁空手而归，告诉商人："亲爱的老爷，您给的12美元最多只能买三个轮子，根本无法买一辆车。"吝啬的商人想了想，三个轮子就足够了，随便组装一下，只要能动起来载着货物就行，自己走路也更能省钱。于是商人就让格鲁买回三个轮子，格鲁就组装起一台摇摇晃晃的三轮车，从第二天开始，格鲁就骑着三轮车运货，货物多商人就走路，货物少，商人也会坐在车上。

毕竟这辆三轮车是组装的，从一开始就摇摇晃晃，总有一天会发生意外。

这一天原本和平常没什么区别，格鲁骑着三轮车载着货物到市场，今天载的都是鸡蛋，因为货物不多，所以商人也在车上。眼看就要到市场门口了，三轮车的一个后轮脱离了车身，格鲁无法掌握车把，前轮撞到了路上的一个老人，而且所有的鸡蛋都摔碎了。

商人看着自己的鸡蛋，还有被撞伤的老人，知道自己即将损失一大笔赔偿费，于是只有拿格鲁撒气。"格鲁，你这个笨蛋，你撞伤了人，是要负责赔偿的，还有你把我的货物全打烂了，你也要赔偿我！”说着，三个人就来到了法庭。

商人一再向法官申明都是格鲁的错，法官问道：“按照法律来说，车子出现问题，要追究车子主人的责任，你们谁是车子的主人？”商人立马喊道：“是格鲁，我只买了三个轮子，只有三个轮子是我的，整辆车都是格鲁组装的！”

法官问被撞的老人：“请问是车撞了你？还是轮子撞了你？”

老人回忆道：“是轮子，尊敬的法官，我身上还有轮子的印记！”

法官于是说道：“是你的轮子撞伤老人，所以需要负责的人是你。另外，所有人都看到，是后轮先掉了才引起这场事故，所以要追究后轮的责任，也就是说，你还要赔偿格鲁的车子！”

成长悟语

人的品质和德行，往往只能在对别人的态度上体现出来。想要忽视自己人性弱点的人，往往都可能受到惩罚。

一个混乱的故事

有一个哲学家在一本少儿故事书上看到了一个让他想不通的故事：

很久很久以前，有三个猎人一起去打猎，两个枪法好的猎人没有带枪，一个带枪的猎人枪法不好。他们在打猎的过程中碰到了三只兔子，两只中弹的兔子逃走了，一只没有中弹的兔子被抓住。猎人们提起逃走的两只兔子往前走，在一家没门、没窗，也没有墙壁的屋子里要了一只没有底的锅，在生不了火的炉子上煮了逃走的兔子，美美地吃了一顿。

哲学家琢磨了很久，终究没明白故事是什么意思。于是，他找来了自己的哲学家朋友，准备就这个话题开一个讨论会。

会议上，大家各抒己见，最终得出结论：这是一个逻辑严重错误的故事，其一，中了弹的兔子怎么能逃走，没中弹的兔

子又如何会倒下？其二，既然兔子逃走了，猎人如何能将它煮着吃？其三，没底的锅怎么能煮熟逃走的兔子，且美美地吃了一顿？得出这个结论后大家都很满意，仿佛哲学家们有了自己的研究成果一般。

这时，一个在整个讨论中并没有说多少话的人发言了：“我们何必为这个故事如此大费周章呢？或许这个故事只是想告诉孩子们：有很多可能的事会成为不可能，不可能的事却会成为可能，仅此而已。”

成长悟语

别告诉自己这个世界上有不可能发生的事情，也别告诉自己这个世界上一定会有绝对会发生的事情。

世界很复杂，有颠倒黑白，有不符逻辑，有偏颇公平，重要的是，我们自己知道真相，然后问心无愧地做事，而不要被混乱的现象带着走。

第七篇

勇气：比放弃更艰难的选择

拒绝将军命令的士兵

三名将军谈论起什么是真正的勇气。

第一位将军说："我告诉你们什么是勇气。"说完他招来两个士兵。"你们其中一人头上顶一个苹果，另一人开枪射击，要求一定要打碎苹果！"

两位士兵想都没想，马上准备好苹果和枪支。"嘭"的一声后，任务完成。

"嗬，真出色！"第二位将军称赞说。他对自己的两位属下命令道，"你们其中一人头上顶上一个柠檬，另一人开枪射击，要求一定要打碎柠檬。"

这两位属下非常出色地执行了命令。

"啊，先生们，这真是一次令人难忘的表演。"第三位将军说，"但我现在要告诉你们，什么才叫真正的勇气。"

他命令两位士兵："你们其中一人头上顶一颗樱桃，另一人蒙上眼睛射击，要求一定要打碎樱桃。"

"什么？要我们去干这种事？长官你一定神经错乱了！"这两位士兵瞪大眼睛叫了起来。

"瞧，先生们，"这位将军得意地说，"这才是真正的勇气。"

勇敢的士兵敢于拒绝，那么，真正的男人就应该是懂得反抗的人。

成长悟语

勇气如果没有智慧帮忙，那么它一定会成为一场闹剧。

当智慧与勇敢携手合作，人生才会精彩。所谓蛮力之勇并非真正的勇敢，真正的勇敢来自于一个充满智慧的心灵。

左手和右手

在一所乡间小学里，艾米丽老师每次提问题的时候，小奥瑞克总是积极举手。但是当艾米丽老师让他回答问题的时候，他总是吞吞吐吐，不知所云。显然，小奥瑞克实际上并不知道问题的答案。可是他为什么每次都举手呢？

下课的时候，艾米丽老师把小奥瑞克单独留下了，并耐心地问他："为什么不知道问题的答案，还那么积极地举手？"

小奥瑞克怯生生地回答说："我不想当傻瓜。"

原来，如果在班上他不举手的话，其他的同学就会在课下叫小奥瑞克傻瓜，并且还一直拿这事讥笑他。于是艾米丽老师想出了一个办法，他跟小奥瑞克约定：如果他真的知道问题答案就举起左手，不会的时候就举起右手。

几个月过去了，小奥瑞克举起左手的次数越来越多，回答课堂问题也准确到位。老师满意极了，小奥瑞克也成了一个积极乐观的孩子，别的孩子再也没有讥笑过他。

成长悟语

其实，每个人都有很优秀的一面，只是有的人不善于表现罢了。只要你记着，当你真正优秀的时候，把你的左手举得高高的，让所有的人都看到你的能力。

种苹果的**木村**

木村是日本北海道果农，他不施肥、不洒农药，却培植出了令人惊奇的苹果。以他的故事为原型的书蝉联日本亚马逊图书榜首50周，为他录制的节目在电视台播放不下100遍。对一个果农来说，这几乎是创造了神话。

真正的神话是从1978年开始的。

那时候，木村偶然见到一本农业杂志，封面上写着“不施肥、不洒农药的农业，原始的生态农业”。木村像触电一样被这句话击中，他决定践行生态农业，在不使用任何肥料、农药的情况下培育出优质苹果。

最初几年，由于营养不良和害虫侵蚀，木村的苹果树根本结不出苹果，木村一家过着衣食不给的日子。白天，木村带着家人在果园里除草、捉虫；晚上，木村就去商业街的居酒屋打工赚钱。

然而，木村凭着对种植生态苹果的信念，渡过了最初这艰难的几年。经过不断改良土壤和苹果园的生态，在停止使用农药的第八年，木村的苹果园里开出了七朵花。这七朵花中有两朵结了果子，而这两个果子好吃得出奇。

如今木村已经生态种植苹果三十多年了，有人问他成功的原因，他说：“我只想着，做个一心往前冲的傻瓜就好。不要瞻前顾后，不要害怕困难，像个傻瓜那样什么都不想，坚持做下去就能成功。在我之前，肯定也有人尝试过生态种植，但种了四五年不成功就放弃了。而我，像个傻瓜一样一直种，最后苹果树受不了我，只好开出花来了。”木村还说，“人总得为一件事疯狂，直到有一天，你从中找到了答案。”

成长悟语

世界上对勇气的最大考验是忍受失败而不丧失信心。生活就是一种艺术，它提供给我们许多不充分的前提，但是，还是有人得出了充足的结论。

按自己的想法努力

杰西卡是从亚拉巴马州到纽约闯荡的少女。她从小就爱好流行与时尚，希望自己能成为一名发型师引领时尚潮流。

杰西卡很快在一家理发店找到了工作，她每天勤奋地为客人洗头、染发，在给理发师打下手时观察他的手法、技巧。

闲暇时，杰西卡就在练习用的假发上进行修剪。店长非常喜欢这个勤奋的小姑娘，经常额外给她一些指导。

这天，店里来了一位客人，她拿出一本时尚杂志，要求按照封面模特的发型来剪。

那是时下流行的齐耳短发，适合尖长脸形的女性，而这位客人腮部较宽，并不适合。店长请这位客人坐下，让杰西卡过来帮她修剪。

客人坐下后就闭着眼睛睡着了，杰西卡拿着杂志仔细研究了一下，觉得这位客人如果剪齐耳短发会显得腮部更宽。

于是，在修剪的时候，杰西卡把客人两鬓的头发留长，遮住了腮部。

很快，服务结束了，客人一觉醒来发现发型与自己期望的不同，就大发脾气，指责杰西卡擅作主张。

店长过来询问清楚情况，为客人免去了这次理发的费用。在客人气呼呼地离开后，杰西卡终于忍不住哭了出来。

这是她第一次为客人剪发，而且自己真的非常用心。这时，店长安慰她说：

“我觉得你做得很棒。你的想法非常正确，而且你也按照自己的想法努力了，不是吗？”

一个月后，那位大发脾气的客人又回到这家理发店，找杰西卡为她剪发。原来，她上次的发型受到了朋友们的一致好评。

杰西卡在这件事中获得了莫大的鼓励，此后她更专心于对发型的研究，并不断努力。

在她30岁的时候，杰西卡已经在纽约拥有一家备受好评的理发店。

成长悟语

当你停止尝试的时候，你就完全失败了，成功常常取决于对尝试的坚持和自信。而且，也只有那些有耐心圆满完成简单工作的人，才能够轻而易举地完成困难的事。

最重的门

从前，在地中海沿岸有一个独特的小镇，这个镇上的人尚武好勇，每年都会举办盛大的格斗赛事来评选出最勇敢的人。这个小镇的年轻人都以参赛夺冠为荣。

这一年，赛期如期而至，家家户户开始推选代表家族出征的勇士。戈登一家也是如此。戈登年轻的时候曾经连续两年获得格斗比赛的冠军，他非常希望儿子能延续这份荣光。但是，三个儿子都很优秀，选哪个参赛呢？

冥思苦想之后，戈登终于找出了一个考验大家的办法。他把儿子们带到镇上教堂里的一扇巨大无比的门前，对他们说："这是教堂中最大的门，也是最重的门。你们三个谁能把它推开，谁就有资格参加今年的格斗比赛。"

儿子们都知道，这扇门过去从没打开过，所以，他们觉得父亲是在开玩笑。但是，父亲神情那么严肃，那么认真，并不像在开玩笑。谨慎的大儿子考虑了一会儿，觉得这是个不可能完成的任务，无奈之下只好放弃。聪明的二儿子怕父亲说自己不争取，就装腔作势地走上前去看一阵，但并不动手。他猜想，父亲或许另有用意，静观其变才是最稳妥的态度。

这时，平时有些鲁莽的小儿子向大门走了过去，只见他双手猛力向大门推去，门被豁然打开了。原来，这扇门本来就是虚掩着的，没有锁也没有插栓，任何人都能轻易地推开它。

于是，小儿子获得了参赛的资格。

成长悟语

在人生的道路上，每一扇门都应该去推一推，因为你永远不知道那扇看上去沉重的大门是紧闭着还是虚掩着。即使发现它推不开，这也是人生的一种成功。

勇敢面对自己的恐惧

黛比的家住在瀑布镇的郊外，每天她上学都要经过一大片麦田。一天，黛比回家比较晚，等她回去的时候，天色已经渐渐黑了下来，她经过那片麦田的时候，发现里面有一个黑色的人影站在那里，身体似乎还在左右摆动。

刚开始她以为是这片农场的主人沃伦叔叔，于是她朝着那个黑影喊："沃伦叔叔，是你吗？"

可是没有得到回答。那个身影还在摇摇晃晃，似乎朝着自己这边扑来。黛比吓坏了，觉得那肯定是一个魔鬼，于是尖叫起来，拔腿朝着自己的家奔跑。她摔倒了，鞋子也掉了，却赶紧爬起来又往前狂奔。黛比跑了一段，似乎听见自己的身后有“嗒嗒嗒”的响声，那声音分明是那个魔鬼在追赶自己。黛比更加恐惧了，她吓得大哭了起来。

到家的时候，她样子狼狈，满脸泪痕，头发凌乱，膝盖也被磕得出血。妈妈问她发生了什么？黛比惊慌地说：“有一个魔鬼在追我，我不小心摔倒了，我没有怕疼，只是拼命跑回来了。”妈妈微笑着安慰黛比，说：“世界上没有魔鬼，你看到的可能是树的影子罢了！”之后，黛比每次经过那片稻田都不敢抬头看，只管低头迅速地跑过。就这样，黛比在整个小学期间，都不敢往那片麦田瞧一眼，那个魔鬼始终住在她心中。

其实，那片麦田里哪有什么魔鬼，只是沃伦叔叔为了驱赶那些可恶的、破坏他的麦穗的乌鸦，在稻田里安了一个稻草人而已。

成长悟语

恐惧是一面哈哈镜，它那夸张的力量把一个十分细小的、偶然的筋肉悸动变成大得可怕、如漫画般清楚的图像，而人的想象力一旦不小心被激起，就会像脱缰的马一般狂奔，去搜寻最离奇、最难以置信的各种可能。

四个兄弟

一个小岛上住着四兄弟，当他们长大时，四人便决定去外面的世界看一看，寻找自己的理想之地。

四人划着小船便出发了，无际的海面上风平浪静，四个兄弟在船上谈笑风生，好不快活。

突然，海上狂风大作，电闪雷鸣……

年纪最小的老四首先就被这样的景象吓呆了，抱着手中的船桨，战栗地说："赶快回去吧！快点掉头，前面还不知道有什么更大的风险呢！"

老三同样也被吓得发抖，结结巴巴地说道："快改变方向，去别的地方吧！前面太危险了！"

而一旁的老二则一直蜷缩着身子，躲在船舱里不敢出来。

只有老大还坚定不移地手握船舵，仍然向着目的地不断前进。

正在此时，一个巨浪打来，将小船劈成了碎片，兄弟四人全部葬身大海。

过了一阵，太阳出现，海面恢复了平静，而奇怪的景象发生了：

老四变成了一尾虾，喜欢向后退着游走；

老三变成了一只蟹，总是横着爬行；

老二变成了一只鳖，时时躲在甲壳里面；

只有老大，变成了一条大鱼，始终迎着风浪，面向阳光，义无反顾地勇往直前！

成长悟语

遇到挫折，你可以选择后退逃避，也可以选择另辟蹊径，还可以选择躲避起来……这无可厚非，但是，一旦这样做了，你就永远不可能知道，你勇往直前后可能获得的伟大成就。

你可以说义无反顾地勇往直前是一种鲁莽，但是，这种鲁莽却是蒙上眼睛的果敢。

聋子和盲人过桥

在美国亚利桑那州的一处大峡谷，有一座连接两岸的桥。这座桥由铁索组成，两旁有铁索扶手，桥下是湍流迅疾的深涧。几乎没人能安全从这座铁索桥上通过，因此这座峡谷也被人称作“死亡峡谷”。

一天，两个人来到桥的一端，他们两只手相互紧握，另一只手抓住旁边的扶手，一步一步向前行进。速度虽慢，但走得很稳，眼看就要走完整座铁索桥。

哈利是住在铁索桥一端的村民，是个冒失的小伙子，他见两个陌生人走过去了，就大着胆子走上铁索桥。

每走一步，桥都会随着步伐上下晃动，谷风从耳边呼呼地吹过，哈利感觉脑袋一阵眩晕。

走到桥中间，哈利彻底崩溃了，桥下的流水奔突翻涌，像要把他卷下去。

就在他试图转身的时候，一个大浪打来，桥身剧烈地晃动，哈利吓得闭上了眼睛。

风在耳边呼呼地咆哮，哈利觉得耳朵要被风胀破了，就伸手去堵耳朵。这时又一个大浪打来，哈利不幸被激流卷走了。

两岸观看的人们吓得大喊大哭，高呼上帝之名，然而无济于事，哈利已经被浪头卷走了。

人们想起刚刚安全走过铁索桥的两个陌生人，赶紧蜂拥上前问他们有什么秘诀。

“这是‘死亡峡谷’，没人能安全通过，你们是怎么做到的？难道不怕湍急的流水和咆哮的狂风吗？”

“什么？这里是‘死亡峡谷’，天哪，上帝保佑！”其中一个回答说，“我是个瞎子，根本看不见水有多急、桥有多险。”同时指了指另一个人说，“他是个聋子，虽然看得见路，但根本听不到可怕的水声和风声。”

人们纷纷感慨，没想到安全通过“死亡峡谷”的竟然是聋子和瞎子，而像哈利那样耳聪目明的人，却正因为耳聪目明而葬身于此了。

成长悟语

拇指大的恐惧在进入心里之后就变成了巨人。有时候，我们在不必要的时候，浪费了太多的敏感度去感受不必要的事情——恐惧、悲伤、痛苦、脆弱……当我们越关注这些，它在我们心里的形象就越扭曲，而它带给我们的畏惧感也就越强。

第八篇

领悟：接纳生命的天性

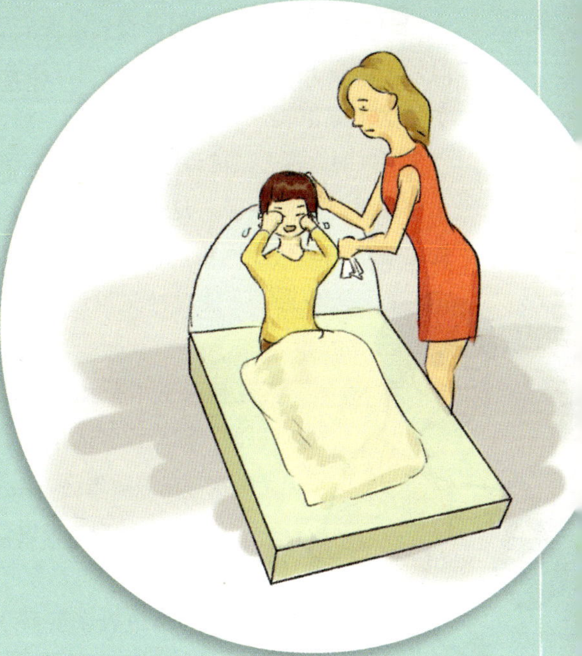

《圣经》与竹篮

一位神父和他收养的小男孩住在一个简陋的小教堂里。每天早上，神父都会坐在厨房的桌边读《圣经》。

一天，神父正在火炉边煮晚餐，小男孩突然拿着一本《圣经》跑了过来，满脸沮丧地对神父说："神父，我每天都读《圣经》，但是很多时候，我却并不明白里面的意思。那我读它还有什么用呢？"

神父安静地将篮子里的最后几块煤投进了火炉，然后把篮子递给小男孩说道："你拿着这个篮子去提一篮水回来！"

但是，篮子哪里能够盛得住水呢？小男孩将水打上来的时候，水漏了一地。等他回到教堂，篮子里的水早就已经漏光了。他十分沮丧，这样做根本就行不通。但是，神父却说："你可以的，再去试试。"

小男孩又照做了。这一次，小男孩加快了速度，从水里提起篮子就赶快往回跑，但是篮子里的水依然在他回来之前就漏光了。他对神父说道："用篮子打水是不可能的。"

无论他漏了几次水，神父总是鼓励他，对他说你可以的，你应该多试几次。他每次都加快速度，但是每次都以失败告终。

"神父，这根本没用！"

"真的没用吗？你再看看这个篮子！"

小男孩看了看篮子，发现它已经因为

多次提水变得十分干净了。“我的孩子，《圣经》的智慧，你可能现在不懂，但是，它却可以在无形之中帮你洗涤灵魂，这样，你还能说读它没用吗？”

成长悟语

我们每一个人都应该有一本心灵的《圣经》，即使我们未曾记住一句话、一个字，却依然会受益终生。因为，它会让我们的心灵如泉水般清澈、纯净。竹篮打水虽然行不通，但是也并不是一场空。很多事情我们努力了，即使没有得到预期的结果，但是也总会有意外的收获。

不必大惊小怪

夏天到了，汤米老师组织孩子们去海边游泳。一到海边，孩子们纷纷跳入水中，奔跑着、欢呼着，玩得开心极了。

一天的欢乐时光很快就过去了。汤米开始呼喊孩子们上岸，一定要在天黑之前确保他们平安回到学校。

就在这时，他突然发现，几个小女孩可能是因为衣服湿了黏在身上，让她们感到不自在，便在大庭广众之下脱下了衣服，开始拧起来。汤米惊呆了，他刚想大喊一声制止她们。

可是他犹豫了，此刻除了他自己，别人似乎并没有注意到这些女孩的“异常”行为，男孩子们没有觉得这有多么稀奇，也没有因此而大惊小怪。女孩们拧干衣服，然后穿好。大家依然欢声笑语，你追我赶，仿佛刚才不曾发生过什么特殊的事情。

汤米不禁为自己的正确决定暗自庆幸，如果他当时大声制止女孩们，会发生什么呢？男孩们会大声嘲笑她们，其他女孩也会奚落她们，脱衣服的女孩们会为此羞愧不已，甚至留下终生的阴影，这次游玩会在孩子们心里贴上“尴尬”“不堪回首”的标签。

成长悟语

有些事情，如果不被大惊小怪地提出来，就不会有人认为有什么不妥，就不会有人认为这是一件很严重的事情，从而也不会引发一连串的问题。

被蝎子蜇了以后

一天夜里，士兵托巴和桑尼一起站在城堡边上站岗。突然，不知道是什么东西爬在托巴的脖子上，桑尼一把拍上去，托巴突然被蜇了一下，疼得他直冒汗。

原来是一只蝎子，托巴气得咬牙切齿，他刚想把蝎子踩死，就被桑尼拦下了。桑尼说：“不要杀死它，它也不是故意的，它以为你要伤害它，不得已才反击的。怎么说也是一条生命，放过它吧。”听了桑尼的话，托巴把蝎子放了。

过了几天，两个人又一起站岗。桑尼站累了，准备靠着墙休息一下。不过，当他准备扶墙的时候，突然被蜇了一下。他脱下鞋来，把蝎子弄到地上，紧接着就是一顿乱砸。

等他回过神来一看，蝎子已经被打得稀巴烂了。这时桑尼开口说道：“这个忘恩负义的东西，那天托巴要打死你，我还替你求情呢，今天居然来蜇我！”

成长悟语

当灾难发生在别人身上的时候，我们可以做一个十分冷静的评述家，甚至是道德家。我们奉劝着别人应该如何释怀、如何重新开始、如何学会原谅……

但是，当同样的事情发生在我们自己身上的时候，旁观者的立场即刻消失，那种装模作样的冷静，自然也消失了。剩下的只有对自己受害者身份的悲悯，和对加害者的诅咒。这并不可耻，因为，很多时候，这就是人性。

扔掉金子

理查德和妻子珍妮，厌倦了城市的喧嚣，于是到一个乡村的小溪边定居了下来。

这里有溪流、山雀、青天、绿树。

他们用原木搭建了一个房屋，上面用巨大的松柏树枝遮盖。

在屋子的后面，他们挖出一个圆形的池塘，在里面种上了睡莲，养了鱼。

在屋子的前面开垦出一片菜地，可以在那里种自己喜欢吃的各种蔬菜。

傍晚的时候，他们在院子的空旷地带点上篝火，两个人互相依偎着躺在摇椅上，猎狗乖巧地躺在他们的脚边。

一天，理查德去小溪中捉鱼，在水中发现了一块金子，足有2公斤重。

夫妻二人兴奋极了，毕竟他们的生活也不富裕，要是拿到城里卖掉，就能过上富裕的日子。

可是，他们转念一想，如果卖掉金子，很多人就会知道金子的事情。

不久，有大批人就会到这里来淘金，他们现在的美好家园就会被毁掉，他们不想毁掉现在自由、幸福的生活。

一个完美的弧度，这块金子被丢进了屋后的池塘中，理查德和妻子看着金子没入了水中。

他们也放下了悬着的心，他们觉得自己的美好生活总算保住了。

他们觉得，扔掉的只是一块黄色的金属罢了，相反，保住的却是他们生命中最宝贵的“金子”。

成长悟语

一旦我们学会了真实而平静地对待自己的生活，感受到真正的人生需求时，我们就会承认贪欲、痛苦、恐惧、退缩的存在，而这时，我们已经踏上了精神之旅。我们不为那些负面感觉的存在而感到羞耻，我们不为此诡辩，不为此谴责，只是单纯地允许它们的存在，就像是金子默默地沉入池塘里一样。

为自己添脚的蜈蚣

传说蜈蚣刚被上帝创造出来时，是没有脚的，但是它仍然可以爬得和蛇一样快，这是它非常骄傲的一点。

有一天，蜈蚣伏在树枝上休息，它看到羚羊和梅花鹿在赛跑，它们矫健而有力的四肢纵情伸展着，跑得非常快，激起的尘土像大地给出的热烈回应。没有脚的蜈蚣深受刺激，它又观察了几天，发现其他很多有脚的动物都跑得比它快，心里很不舒服，便嫉妒地说："哼！有什么了不起，脚愈多，当然跑得愈快。"

于是，满怀委屈的蜈蚣跑到上帝面前控诉说："上帝啊！你为什么没有给我脚呢？我要拥有比其他动物更多的脚，我要跑得最快，谁也别想追上。"

上帝一言不发，他只是把好多好多的脚放在蜈蚣面前，任凭它自由取用。

蜈蚣看到这么多脚，非常高兴，迫不及待地往身上贴起来。一只一只又一只，直到全身上下，从头到尾再也没有地方可贴了，它才依依不舍地停下来。

看着满身是脚的自己，蜈蚣终于满意了，心中暗暗窃喜："现在我可以像箭一样飞出去了！"可是，等它要迈开步子时，才发觉自己完全无法控制这些脚。这些脚噼里啪啦地各走各的，顾前就不能顾后，顾左又无法顾右。它非得全神贯注，才能使一大堆脚不致互相绊跌而顺利地往前走。

这样一来，它走得比以前更慢了。

成长悟语

欲望是人遭受磨难的根源。诚然，欲望可以使人得到欢乐和幸福。但欢乐、幸福的背后却是苦难，乐极是要生悲的。一切欲望实现之后，却也免不了灾难。

鲜花哲学

颜色淡的花几乎都很香，颜色越艳丽的花越缺少芳香。人也一样，外表越质朴单纯的人，内在越丰富有内涵。

清晨的莲花才美丽，因为早晨是莲花盛开的最好时机，如果清晨不开，那中午和晚上就更不会开。人也一样，如果年轻的时候没有朝气，那到了中年，甚至晚年就很难成大器。

玫瑰虽美丽，但身上却长满了刺，如果想拥有它，就要避开刺。人也是一样，每个人都有自己的个性，就像一根根的刺，如果两个人想拥有彼此，既不要被对方刺到，也不要伤害对方。

越是价格昂贵的花，越容易凋谢。这就告诉我们，一定要珍惜青春，因为青春是最宝贵的时间，也最容易凋谢。

其实，夜来香白天晚上都很香，只是因为白天人心浮躁，没有人能闻到。这就告诉我们，只要沉下心，就能发现别人发现不了的美妙。

成长悟语

人类的行为都要遵循某些道理。为什么呢？

因为人类行为本身是具有超越性的，或者说，是有预见性的。它总是在“现在”就开始孕育，然后朝着特定的方向发展，如果一直正面地坚持，就有可能走向原计划的未来的结局。

让孩子哭出来

埃利12岁的时候，就已经是英国著名的芭蕾舞童星了，但是在这一年，她不幸患上骨癌，需要截肢。

每一个来探望埃利的人都在鼓励她，这里有埃利的亲人、朋友甚至是喜欢她的观众。

有人说：“你一定是个坚强的孩子，这只是上帝给你的考验，我们都在为你祈祷，一切都会好起来的。”

也有人说：“放心吧，现在医学这么发达，而且医疗中的奇迹屡屡发生，也许过不了几天医生就会告诉你，你已经康复了！”

对于这些人的鼓励，埃利知道他们都是对自己好，所以埃利都回以坚强的微笑。

媒体采访埃利时问她有什么心愿，埃利说她非常想见一下戴安娜王妃，因为王妃曾经赞美过她的舞姿，说她像一只“洁白的小天鹅”。媒体报道后，戴安娜王妃真的抽时间来探望埃利，只不过探望的过程出乎所有人的意料。

戴安娜王妃没有像其他人一样劝解埃利，也没有鼓励她，而是对她说：“亲爱的孩子，如果你想哭，就在我的怀里哭出来吧！”

接下来的十几分钟，埃利真的是在王妃的怀里放声痛哭，那似乎是在宣泄自己一直以来的坚持。

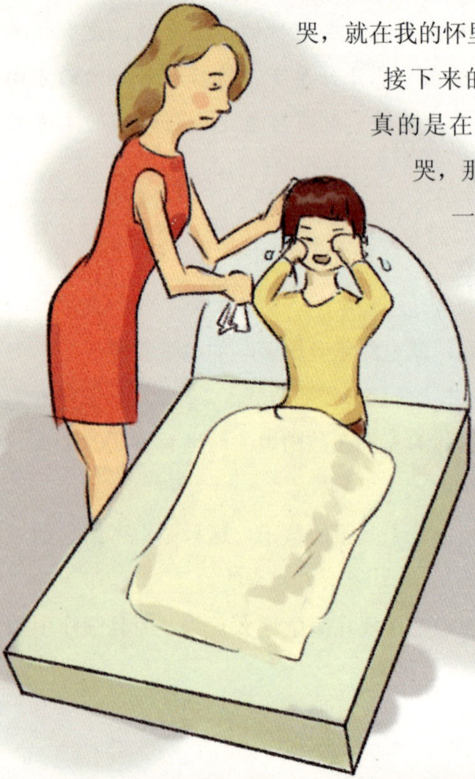

成长悟语

眼泪的存在，是证明悲伤不是一种幻觉，也是宣泄内心承担的重量。当一个人遇到坎坷和磨难的时候，如果我们帮不上忙，那些看起来华丽的安慰之言，也许会成为对方心里的负担。在苦难中一直坚持着的人，他们最需要的往往是一个痛哭的机会，一个真正可以用来宣泄痛苦的依靠。

泰格与山洞

调皮的泰格在村庄后的山上独自玩耍，这时他发现了一个山洞。

泰格好奇地走进山洞，他站在山洞中间大喊："谁在那里？"

山洞将泰格的声音反射回来："谁在那里？"

泰格并不知道那是回声，气呼呼地想，明明是我先问的，他不回答还反过来问我！于是，他气愤地大喊："你这个笨蛋，快点回答我！"

响亮的回声立刻从山洞里传来："你这个笨蛋，快点回答我！"

泰格听到回声十分生气，大吼道："我要咬死你！"

然而，山洞仍旧将同样的话反射了回来。泰格愤怒地扑到山洞里，用力地吼叫，可是山洞里一片漆黑，只有碎石和一些枯草，灰头土脸的泰格气鼓鼓地回家了。泰格的妈妈看到狼狈的泰格，问他发生了什么事，泰格生气地把山洞的事告诉了妈妈。妈妈抚摸着泰格，没有告诉他回声的秘密，而是说："孩子呀，是你有错在先。如果你恭恭敬敬地对山洞说话，相信他也会十分礼貌地对待你。"妈妈看了看懵懂的泰格，说："你以后不论遇到谁，你对对方好，对方便对你好；如果你自己没有礼貌，就绝不会得到友善的对待。"

泰格低下了头，说："妈妈，我知道该怎么做了，我以后不会这么粗鲁了。"于是第二天泰格再次来到山洞，对里面大喊："你好！我是泰格，我想和你做朋友……"山洞同样回应这样有礼貌的话。

成长悟语

世间的一切都像是一面镜子，它给你的全部都是你给它的一切。朋友是一面镜子，他给你的友情和信赖是你对他的礼貌和教养的折射；家庭是一面镜子，它给你的温暖是你对这个家庭的付出；薪水是一面镜子，它的数字是你对整个工作的努力的量化……我们活在一面一面的镜子面前，看到的一切其实都是自己的一面。

第九篇

独立：模仿你自己

我们变得**不认识自己了**

爱德华的整个童年，似乎总是缺少父亲的陪伴。这并不怪父亲，他之所以没有时间陪孩子们，是因为他们家太穷了，父亲没有什么能力，只有靠在码头干体力活才能勉强养活一家人。那时，爱德华就发誓，自己要是有了孩子，一定要多陪着他们。

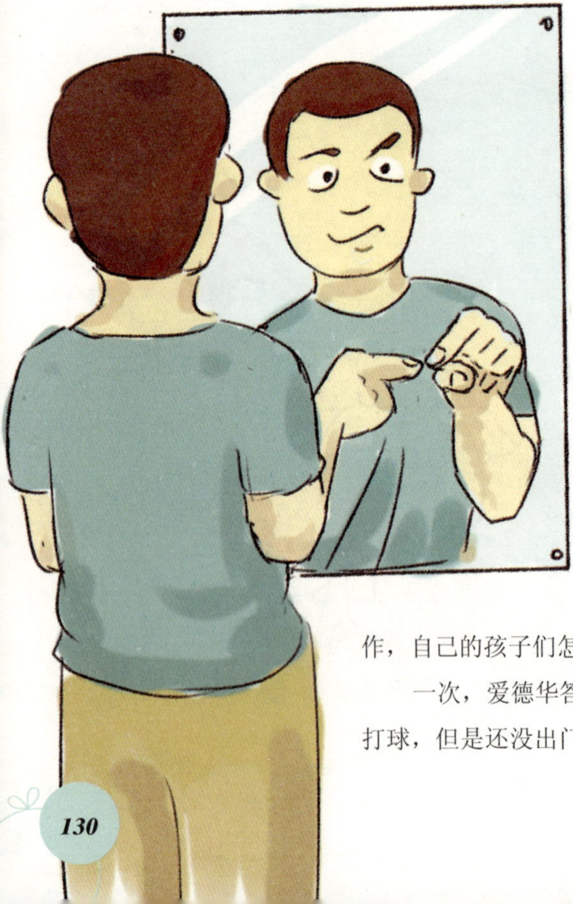

现在爱德华是一个拥有三个孩子的父亲，他的事业也很成功。他每天很早就出门，那时候孩子们还没起床，等晚上回来的时候，他们都睡了。因为公司的事情太多了，他不得不这样忙碌。他也习惯了这样的生活，他觉得要是自己不这样拼命工作，自己的孩子们怎么有幸福的生活。

一次，爱德华答应陪三个孩子一起去打球，但是还没出门，秘书告诉他一个重要的客户到了，要他去商谈。可是三个孩子怎么办？妻子也因为工作忙没法照顾他们。于是爱德华把孩子们反锁在家里，让他们自己玩，而他则匆忙赶去和客户谈事情。

傍晚，等他忙完了事情回到家，面对熟睡的孩子们，他突然觉得自己好像当年的父亲，没时间陪孩子和家人。他觉得自己很陌生，似乎不认识自己了。

成长悟语

我们拼命地赚钱，到底是为了什么？又有多少人还记得最初奋斗的理由？

我们有多久没有和父母通过电话？我们有多久没有和孩子们开过玩笑？我们有多久没有和妻子进行一次烛光晚餐？我们有多久没有和丈夫在公园散步？我们是否还能记得当初的理想？

布莱迪的偶像

布莱迪10岁了，他觉得自己是个大人了，并且应该做一个有思想的人，他已经为自己选了座右铭，现在他还缺少一位偶像。

他的第一个偶像是自己的爸爸。爸爸高大威猛，让他很有安全感，而且爸爸会修理各种电器和交通工具，布莱迪觉得爸爸是一个无所不能的人。可是有一天，他发现爸爸竟然背着妈妈偷偷地吸烟，布莱迪失望极了，他觉得自己看走了眼，爸爸竟然背弃曾经许下的诺言，他是个不讲信用的人。

他的第二个偶像是音乐老师。老师弹琴非常好听，总是对他们微笑，和老师一起上课的时候是他一天中最快乐的时光。可是有一天，布莱迪的朋友朱迪告诉他，音乐老师非常严厉，那天把朱迪叫到办公室训斥了一番，仅仅是因为朱迪说她长得丑。布莱迪难过极了，他是那么喜欢音乐老师，没想到她是这么小气又严厉的人。

布莱迪的第三个偶像是邻居莫奇哥哥。因为那天别人欺负布莱迪的时候，莫奇帮他出了气，他顿时觉得莫奇就是自己心中的英雄。可是莫奇却因为布莱迪拒绝把自己的零花钱给他，而对布莱迪大打出手。

一个个偶像在布莱迪心中崩塌了，他感到一切都黯淡无光。他问奶奶："为什么这些偶像都靠不住，是不是自己永远都找不到偶像了？"

奶奶说："别担心，我的孙子。不是他们不够优秀，而是人本来就没有十全十美，你不能只看到他们的缺点，而要把他们的优点当作榜样。"布莱迪听后恍然大悟。

成长悟语

一个人即使再能干，他也只有一双手；一个人本事再大，他也有许多的事情做不了。每一个人都有自己认识的局限性，谁都不敢保证自己的所知是最多的；每一个人都有失误的时候，谁都不敢保证自己是永远的成功者；每一个人都有缺陷的一面，谁也不敢保证自己是最完美的。

我只想**跑第三**

小弗兰克个子矮小，体格瘦弱，但是他想参加学校的赛跑比赛。

同学们中体格高大的孩子都嘲笑他，说："你那个小个子，还想跑第一？真是做梦吧！"

小弗兰克却说："我就是想参加，我不想得第一，我只想跑第三。"

同学们很奇怪："比赛不都是要得第一吗？你为什么非要得第三名？"

小弗兰克说："第三名的奖品是一双好看的鞋子，我想跑第三名。这样我的妹妹就不用光着脚上学了。"

同学们沉默了，其中几个还为他能跑第三加油！其实，他们内心觉得小弗兰克太弱小了，跑第三对他来说也是一个很大的挑战。

比赛开始了，其他的学生们都迅速地跑到了他的前面，他奋力地紧跟在后面。好不容易，他超过了几个同学，可是他却被别人推倒了。他的手和膝盖都磨破了皮，可是他心里非常想要那双鞋子，于是爬起来再跑。

这次，他仰着头，拼命地往前跑，鞋子掉了，他也丝毫不顾，最终他跑了个第一名。站在高高的领奖台上，小弗兰克接过了校长递给他的一件球星签名的T恤，台下的学生都兴奋地高喊，可是小弗兰克却难过得流下了眼泪。尽管第一名有着很高的荣誉，能得到比第三名更好的奖品，但他想要那双并不贵重的小鞋子。可是，他不但没有得到，而且还把自己唯一的一双鞋子跑掉了。

成长悟语

很多时候，我们真正需要的东西是在退而求其次的地方，不是永远跑在前面就是最好的。别人的幸福感是第一名获得的T恤，并不能说明你第三名获得的鞋子就不重要！自己想要的就是最好的！

比分数更重要的事

约翰学习很优秀，成绩几乎都是A，可是老师艾米还是很担心他，因为他似乎把分数看得太重了。他不善与人交流，行事还霸道。

一次，艾米打算调整一下座位，她让约翰和个子相对矮小的杰森调一下位置，因为约翰个子高，已经挡了坐在他后面的杰森看黑板。可是约翰不愿意，他觉得自己的位置靠近黑板，便于自己学习。艾米百般劝说，他始终不肯把位置让给杰森，并觉得调了位置，影响自己的分数怎么办。

艾米觉得是时候跟约翰谈谈了。

艾米问他："你考完试之后，打算做什么？"约翰一脸茫然，显然对这个问题没有什么概念。

艾米接着说："这个问题，你还没有概念的时候，别的孩子已经开始在想同样的事情了。有些年龄与你同岁，有些甚至还比你小。他们在生活中，互相友好地交往，有了需要，也互相帮助，你如果不跟他们交往，不帮助他们，等将来你需要帮助的时候，如果没人帮助你，你怎么去和别人竞争？”

约翰显然有点急躁起来，艾米说：“现在，杰森因为个子矮小需要你调换一下位置，其实并没有对你造成多大影响，你却不愿意帮忙。杰森的棒球球技很棒，如果你想让他教你，那么就很难。”

后来，约翰与杰森调换了座位，也常常帮助同学，朋友也渐渐多了起来。

成长悟语

学习成绩永远不能说明一个孩子的德行和聪慧，那只能说明，他们可能在某一方面很擅长。我们要做的，就是帮助他们在为人处世方面加强自己的修养，只有全面发展，才是真正独立、健全的人。

郁金香皇后

麦考林夫人独自居住在一座已有百年历史的古屋里，她年过七十，唯一的亲人就是远房侄子霍尔。霍尔深知姑妈的孤独，他劝姑妈搬出来和自己居住。然而无论怎样劝说，麦考林夫人都不肯离开。霍尔没有办法，只好请一位著名的心理医生前去游说。

心理医生到达麦考林夫人家，麦考林夫人彬彬有礼地接待了他。医生开始参观这座百年古屋，他发现，麦考林夫人的处境比霍尔描述的还要凄惨。

这座古屋有十几个房间，大部分都紧锁着，似乎几十年没有打开过。屋里光线非常昏暗，墙角散发出潮湿的霉气。当医生走到麦考林夫人的卧室时，他发现卧室的窗台上摆放着几盆郁金香。这是从荷兰运来的极其珍贵的品种，没有人能种得好，而麦考林夫人这里的几盆却格外有生气。

医生问："尊敬的夫人，这些郁金香都是您种的吗？"麦考林夫人回答："是的，我没有其他事情做，每天就是侍弄这些郁金香。"医生想了想，对夫人说："您为什么不多种一点呢？教堂有婚礼或圣洗，您可以送一些给他们。"

麦考林夫人听从了医生的话，她在后院开辟出一块园地，精心种植郁金香。她的郁金香鲜艳饱满、馥郁芬芳，甚至比从荷兰移植过来的原株还要美。此后，不管谁家举行婚礼或接受圣洗，麦考林夫人都会送一盆珍贵的郁金香过去。

渐渐地，郁金香开始传遍全城，麦考林夫人被请到各家教授培育方法。她走在大街上，人们纷纷向她打招呼，麦考林夫人感到前所未有的欢欣与充实。她迎着阳光向前走，享受着人们为她起的新称号——郁金香皇后。

成长悟语

如果我们都去做自己力所能及的事情，我们会让自己大吃一惊。

最容易发现你的人是自己，最容易关注你的人是自己，最容易忽视自己的人还是自己！

乌鸦学鹰

乌鸦在农场的围栏上吃着捡来的腐肉，看着农场里的鸡鸭牛羊感慨不已：“什么时候我才能吃到新鲜的肉啊？”

这时，一只老鹰从天空中向着羊群急冲而下，以非常优美的姿势极速俯冲，把一只正在奔跑的羊羔抓了起来飞走了。乌鸦看见后非常羡慕，它的脑海中想到的不仅仅是老鹰抓走羊羔的英姿，还想象老鹰能够饱食一顿鲜肉的样子。

乌鸦心想，老鹰一定是靠完美的俯冲才把羊抓走的，如果我拥有那么好的俯冲技能，一定也可以吃到鲜美的羊肉。于是它反复练习俯冲，模仿老鹰的姿势，希望自己也能像鹰那样抓到一只羊。

终于有一天，乌鸦觉得自己的俯冲技能已经练到和老鹰不相上下了，就锁定一只羊羔俯冲而

下。抓到羊羔后乌鸦拼命地想飞起来，但是无论如何也飞不起来。当乌鸦想要放弃飞走的时候，它的脚爪却被羊毛缠住，挣脱不了了。

农场主看到后，跑过去将乌鸦一把抓住，然后把它绑了起来。晚上农场主带着乌鸦回家，交给他的孩子们玩。孩子们问这是什么鸟，农场主笑笑说："是一只乌鸦。"这时乌鸦"嘎嘎"叫了好多声，农场主大笑道，"它好像是在说它是老鹰……"

成长悟语

世界上没有完全相同的两片叶子。上帝非常公平，他给了每个人光芒独具的优点，也给了每个人难以掩盖的缺点。所以，不要盲目地学习别人的优点，因为那是上帝赐予的独一无二的礼物，可以欣赏、称赞、吸收，但是不要妄想据为己有。找寻属于自己的那份礼物，让自己的优点最大限度地发光，立足自身、经营出自我的完美就是最大的人生赢家。

做事才是最重要的

一个年轻人成了一家大公司的领导。他虽然很有能力，但是对这个公司的环境还不熟悉，做起事来谨慎小心，生怕得罪什么人，给业务上造成不必要的麻烦。

可时间久了，有些事总不能做到面面俱到，于是，一些人就会觉得这个年轻的领导不是很完美，使得这个年轻人感到十分忧虑。

为此，这个年轻人在之后的工作中，只要有人表现出对他工作的不满意，他就极力地想办法取悦他，直到这个人满意为止。

但是，这样做，也会让别人看不习惯。于是他又调转矛头，去讨好另外一些人。

这样时间久了，自己却身心疲惫。

这个年轻人最后发现，他越是想讨好别人，别人越是对自己敌意加强。

所以，既然自己怎么做大家都不买账，照样得罪人，还不如做好自己。

他觉得只要自己超群出众，总会听到怨言，受到批评。

那么还是趁早习惯这样的指责，省出更多的精力投入到工作中。

就这样，这个年轻人成功了，成了公司里的精英。

在一次接受采访时，他说道："我之前怕人家对我以及我的工作不满意，但我觉得尽自己最大的能力去做事情，才是最重要的，这样才无愧于自己的良心。"

他接着说："这就好比我把破伞收起来，让批评的雨水从我身上流下去，而不是滴在脖子里。"

成长悟语

我们不能阻止别人对我们的看法，那么我们为什么还要费尽心思去揣摩别人的心思？我们只要按照自己的想法，尽最大努力去做事，才是最重要的。

第十篇

磨炼：在伤痕中找到正解

踩冰激凌的小男孩

彼得是一个穷人家的孩子，平时难得吃上一次零食，只有在彼得考试得高分的时候，妈妈才会奖励他一支冰激凌。

这天，彼得拿着刚买的一支牛奶冰激凌，一边走，一边开心地吃着。忽然，一不小心，整支冰激凌掉在了地上。彼得试图将冰激凌捡起来，吃掉没被弄脏的部分，但事与愿违，香甜的奶油和巧克力很快和泥沙混在一起。

彼得愣愣地待在那里，一句话也说不出来，只是睁大了眼睛看着地上的冰激凌，他越想越伤心，这可是平时少有的美味啊！

这时，有个老奶奶走过来，了解了事情的经过后，微笑着对彼得说："孩子，别担心，虽然你不能吃这支冰激凌了，但我教你一种方法，让你享受这支冰激凌带给你另一种前所未有的乐趣，请脱下你的鞋子！"说着，老奶奶也跟着脱下了鞋子。

老奶奶一边用脚重重地踩上正在融化的冰激凌，一边说："孩子，像我这样，用脚踩冰激凌，重重地踩，看冰激凌从你脚趾缝隙中冒出来。”

彼得照着她的话去做了，滑腻的冰激凌从彼得的脚趾缝中不断冒出来，让彼得觉得整只脚都非常凉爽。很快，彼得便忘记了冰激凌掉在地上的事，开始开心地享受踩冰激凌的感觉。

看着彼得开心的样子，老奶奶高兴地笑：“我敢打赌，这里没有一个孩子尝过脚踩冰激凌的滋味！你是第一个这么对待冰激凌的人，现在跑回家去，把这有趣的经验告诉你妈妈，你妈妈将为你而高兴。”

接着，老奶奶说：“要记住！不管遭遇什么，你总可以在其中找到乐趣！”

成长悟语

有些不好的事情发生了，我们已经无力回天。与其为失去的东西而烦恼，不如努力学会改变，让自己享受现实。

事情总有两面性，消极的背后，很有可能隐藏着截然不同的境遇。

上帝的脚印

一天晚上，已入迟暮之年的约翰做了一个奇怪的梦，梦中他来到了浩瀚的大海边，正在和一个衣着朴素的人一起走在沙滩上，这个人就是上帝。

空中像放电影一样神奇地闪过他一生所经历的点点滴滴。

而他发现在闪过的每一幕场景里，沙滩上都留下了两双脚印，一双是他的，另一双是上帝的。

当最后一幕人生场景在空中闪过之后，他转身回头看了看与上帝一起走过的沙滩，发现沙滩上有好几段距离都只有一双脚印而已，而那些时候都正好是他的人生陷入困境和走入低谷的时候。

他一脸困惑，转过身问身边的上帝："哦！我的上帝！你曾答应我的，你说你会循声救苦，只要我誓愿跟随你，你就会一直走在我身边陪伴我、呵护我，但是为什么在我陷入人生低潮的时候，沙滩上却只有一双脚印呢？为什么在我最需要你陪伴和帮助的时候，慈悲的你却舍我而去？"

上帝仁慈地笑了，双手抚摸着约翰因年迈而略显颤抖的双肩，柔和地回答他说："我的孩子！你的诚心让我感动，所以我一直在挂念着你、陪护着你，而且从来没有离开过你。在那些你最困难、最痛苦的时候，你只看到一双脚印，那是因为我一直在抱着你走啊！"

成长悟语

许多人在面临人生的考验之际，往往会认为自己在孤军奋战而倍感凄凉和失意。上帝是仁慈的，他为你关了一扇门，总会再为你打开一扇窗。所以，在你最孤立无援的时候，不妨静下心来看一看，你会发现其实很多人都在你的身边陪着你。

人的一生只有这么长

唐纳德80岁了，最近他找到镇上的报社，想通过报社刊登一起寻人启事，他想寻找多年失去联系的大卫。

报社的工作人员觉得这个大卫肯定是他最亲密的人。可是一问，他们才知道，这个大卫是唐纳德的仇人。

他们觉得这两人之间的仇恨一定很深，否则唐纳德不会怨恨他这么多年。

原来，唐纳德的父亲是小镇上的警长。

一天，镇上的珠宝店被窃贼洗劫一空，而且店主也被开枪杀死了，这可是一起大案。

唐纳德的父亲和其他警察费了很长时间，才把这个杀人犯抓住，并把他送进了监狱，这个杀人犯就是大卫的父亲。

大卫的父亲杀了人，被法庭宣判终身监禁。可是，一天夜里，大卫的父亲越狱了，他深夜进入唐纳德的家，杀死了这位老警长。

当然，大卫的父亲再次被抓，这次他没有那么幸运，直接被执行了死刑。从此，唐纳德就十分憎恨大卫一家。

小镇上的居民，也对大卫一家很痛恨。不久，大卫随着他的妈妈搬走了，至今，很少有人知道他们搬去了哪里。现在，唐纳德想见一下大卫，做一件早就应该做的事情。

报纸发出去了一个月之后，大卫敲开了唐纳德的家门。大卫离开的时候，还是十几岁的少年，现在也成了70多岁的老人了。

唐纳德告诉大卫："我想告诉你，我已经原谅你们一家了，甚至包括你的父亲。"

大卫说："我对我父亲的行为很抱歉，我们伤害了你们一家，我应该把这句话早说出来。"

唐纳德说："人生只有这么长，我们本应该早点享受短暂的人生，但是，我们明白得似乎有点晚了。"

成长悟语

人的一生只有这么长，我们没有能力也没有时间去承载过多的东西。我们有一千个理由可以去憎恨、抱怨、痛苦、忧伤……但是，只要有一个理由，我们也要坚强地过好人生的每一天。

跳入大江的鱼

广袤的非洲大地是典型的热带气候，炽热的旱季将湍急的河流变成了一个个小水洼，高悬的烈日使干枯的河床出现急速扩展的龟裂。为了活命，无奈的鱼只好追逐着从大江里传来的隐隐涛声，从一个水洼奋力跳到另一个水洼。

"你知道不知道还有多远啊？"一个面积不大的水洼里，一条大鱼气喘吁吁，问躺着歇息的一条小鱼。"还很远呢！别费傻劲了，反正到不了大江。"小鱼一边在水洼里悠然地游着一边漫不经心地回答，"别做大江的美梦了，现实点，就在这儿待着吧！"

"可在这儿能待多久呢？太阳这么大，这水洼也会很快被晒干的。"

“晒干又怎样？大江那么远，你需要跳多少个水洼啊？反正终究是被晒成鱼干，谁又会在乎你的尸体是在离大江五十步还是一百步的地方呢？结局都已经定了，你还折腾个什么劲啊？”

“谁说已经定了，没有试过怎么能知道呢？只要还有一线希望，我就绝不坐以待毙！就算我拼尽全力还是到不了大江，那我也对得起自己了，因为我不会后悔。”

“可是，你看看你，伤痕累累，还有什么力气拼啊！”看着在小水洼中根本难以转身的大鱼，小鱼更加坚信自己的聪明决策。它自如地扭动着自己保养得很好的身体，继续挖苦大鱼说，“我这么轻盈还在这儿老实待着呢，你拖着这么笨重的身体还想奔大江，简直就是不知天高地厚！别自以为是了，如果真有鱼能到达大江，也轮不到你呀！”

小鱼这番话戳到了大鱼的痛处，它望着小鱼说：“确实，我很羡慕你们娇小的身材，即使水洼越来越浅，你们也能自如地呼吸。可是，我们大鱼难道因为身体笨重就自暴自弃吗？不，再苦再难，我们也得朝前奔，把命运攥在自己手里。”说完，大鱼纵身一跃，跳入了下一个水洼。尽管这个动作非常笨拙，尽管身上的鱼鳞又脱落了几片，尽管肚皮上渗出了斑斑的血迹，尽管听见了小鱼抑制不住的笑声，大鱼依然对自己说，

"此时此刻，除了向前，我别无选择。"

水洼的面积越来越小，前行的路越发艰难，大鱼已经很难喝到水，偶尔只能用自己的泪滋润干唇。它还看到大片大片的鱼干横卧在途中，其中不乏比它灵活许多的小鱼。每路过一个水洼就能看到无力再动的伙伴，它们大口大口地喘着粗气，疲惫不堪地对大鱼说："别跳了，省点力气吧！没用的。"而此时的大鱼分明听见了越来越近的涛声。"坚持，"它对自己说，"唯有坚持，才有希望。"

不知又跳了多久，大鱼终于看见了奔腾的大江，它用尽最后的力气，拖着遍体鳞伤的身躯纵情一跃，投入了大江的怀抱。转眼之间，干旱以无可阻挡的步伐占领了这片土地。面对已经干涸的河床，只有跳入大江的鱼才知道成功已经到来。

成长悟语

一个人的坚持总是痛苦的，意味着你要顶着所有人的压力。无论最终的结果怎样，如果你走的是一条永远都不会后悔的路，那么你的选择就是正确的。真理往往掌握在少数人的手里，所以，多数人所说的话也不一定是真理。

你就是**被救的孩子**

有一位年轻人曾经和两个朋友做了三年皮货生意，但这两个朋友欺骗了他，带着三年来的所有收益和存货跑了，连一张御寒的皮子也没给他留下。经过这件事后，年轻人不再相信友情，对人与人之间的关系也充满了怀疑。他变得非常自闭，不愿意去人多的地方，甚至不愿意和他人沟通交流，每天都把自己锁在家里。

眼见儿子这样，做母亲的非常心疼，但是母亲也知道儿子这次是真的伤心了，毕竟那两个跑了的人是和他从小长大的伙伴。因此，母亲觉得不能着急，要耐心地劝解儿子。有一次吃完晚饭后，母亲特意把儿子叫到身旁，给他讲了一个故事：

一位年轻的父亲和好朋友都是建筑工人。有一次，他们站在高架的木板上给一座大楼装玻璃，支撑他们的木板有几十米高。突然，他们站立的木板断裂了。两个人瞬间从几十米的高空落下。当时他们都觉得自己这次死定了。万幸的是，五层有一根伸出的防护杆拯救了他们。但两个人实在太重了，远远超过了脆弱的防护杆的承重量，两人中必须有一个人放开手，然而谁愿意死呢？求生的欲望如此强烈，他们都紧紧地抓着防护杆。时间一点点过去，防护杆开始吱吱作响，并且声音越来越大，眼看着就要断了。

这时，年轻的父亲含着眼泪乞求好朋友说："我还有孩子！"

未婚的好朋友听到后，想了两秒钟，静静地说了一句："那好吧！"然后就松开了手，像一片树叶一样落向了水泥地面。

"妈妈，现实中不会有这样的事，它只存在在故事里。"年轻人不以为然地说。

"不要这样说，我的孩子，你不知道，那个得救的人就是你的爸爸，而他所说的孩子就是你。"说这话的时候，母亲眼里满含着泪水。一刹那间，空气完全凝固住了，年轻人望着母亲，颤抖地说："叔叔一定是空中飘着的最美丽的树叶，是吗，妈妈？"

"是的，那片美丽的树叶现在一定飞上了天堂。"母亲默默地闭上了眼睛，一滴泪水悄然滑落脸庞。

成长悟语

不要被伤害一次，就否认世界的善意。或许在你脚边是一片黑暗，但是，你只需要向前跨一步，就会看到很多爱和善良。

放飞雄鹰

农场的老人捡到一只怪鸟，这只怪鸟和刚满月的小鸡一样大。它实在太小了，又不会飞，老人把这只怪鸟带回家当小鸡一样养起来。老人将怪鸟放在小鸡群里，充当母鸡的孩子，让母鸡养育。母鸡没有发现这个异类，成了这只怪鸟的母亲。

怪鸟一天天长大了，后来，人们发现那只怪鸟竟是一只鹰。

老人欣喜地看着鹰长大，但是农场里的其他人都说鹰不应该生长在农场里，它应该有属于自己的天空。老人虽然舍不得，但还是决定帮助这只鹰回归天空。

也许是在鸡群里待的时间太久了，老人用尽了各种方法都不能让鹰飞起来。打它的时候，它也是本能地躲在了母鸡的身后。老人终于明白：原来在这只鹰的心里，它已经把自己当成是一只鸡了。

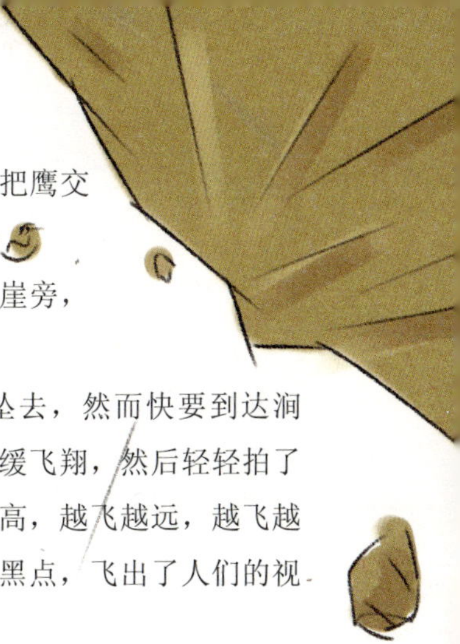

最后，一个农场附近的猎人说：“把鹰交给我吧，我会让它找到属于自己的天空。”

猎人将鹰带到附近一个最陡峭的悬崖旁，然后将它狠狠摔向悬崖下的深涧。

一开始，那只鹰就像石头般向下坠去，然而快要到达涧底时，它终于展开双翅托住了身体，缓缓飞翔，然后轻轻拍了拍翅膀，飞向了蔚蓝的天空。它越飞越高，越飞越远，越飞越自由，越飞越舒展，渐渐变成了一个小黑点，飞出了人们的视野，再也没有回来。

成长悟语

人一旦没有退路，就会爆发出自己也想象不到的一种力量，这便是所谓的潜能。其实，我们每个人都像那只鹰一样，总是对现有的东西不忍放弃，对舒适安稳的生活恋恋不舍。只有在面临绝境不得不拼搏的时候，才会激发出自己的潜能。

带着微笑拍照片

在俄罗斯东海岸的一个小镇上，住着一个穷苦的寡妇乔娅，她的丈夫在出海打鱼时被海浪吞没，只留下她和4岁的女儿伊凡娜相依为命。乔娅不能出海，只能织些渔网挣点钱。她们的生活很拮据，一年到头总是吃鱼，大人小孩的脸色都很憔悴，面黄肌瘦的，更没有什么漂亮衣服可以打扮自己，伊凡娜的衣服都是别人接济的。

有一年圣诞节前夕，母女二人到镇上卖渔网，回来的时候她们路过一家新开的照相馆。照相馆的大橱窗中摆满了精彩的照片，照片里的人都穿着鲜亮的衣裳，脸上满是幸福的神情。小伊凡娜被这些美轮美奂的照片吸引住了，半天没有挪步，乔娅只能回过头来拽她。照相馆的老板看到后，急忙跑出来，弯下腰问伊凡娜："小姑娘你是不是想照相啊？"

面对这样的邀请，伊凡娜不觉往后退了两步，她扯着妈妈的衣角，小声央求说："妈妈，让我照一张相吧。"乔娅心疼可怜的女儿，很想满足她这个小小的愿望，但是，今天并没有卖什么钱，她只好弯下腰，把孩子额前的头发拢在一旁，安慰她说："我们这次不照了，你的衣服太旧了。"小伊凡娜沉默了片刻，抬起头来说："可是，妈妈，我会面带微笑的。"

听完这句话，乔娅的心中一颤，是啊，不管多么艰难，只要面带微笑，每一天都是崭新的生活。想到这儿，她拉着女儿进了照相馆，用一天的收入为女儿拍了一张漂亮的照片，也记录了女儿最美的微笑。

成长悟语

你正在遭受不幸，你正在心痛不已，你正在痛哭流涕，你正在无休止地伤心；你没有美丽的衣饰，你没有精美的食物，你没有富丽的居所，你没有体面的朋友……

但是，亲爱的，别忘了，你还有微笑，一切都会过去，一切都不会再让你伤心，一切都会变好！

地球为什么是圆的

汉斯是一个聪明好动的孩子，对一切事物都充满了好奇。他特别喜欢地理，房间里贴满了地图。每天回家写完作业，汉斯都要站在地图前研究很长时间。他的地理成绩也一直非常突出，汉斯为此感到很自豪。

但有一次地理考试，汉斯因为感冒，没有发挥好，最后才得了一个C。他特别伤心，好几天都闷闷不乐。

这一天，汉斯的妈妈买了一个地球仪回家，拿到汉斯身边说：“孩子，你知道这是什么吗？”

汉斯说：“这我当然知道，是地球仪！”

“那你知道，地球为什么是圆的吗？”妈妈接着问道。

这一问就把汉斯给问住了，只好敷衍地说道：“也许上帝在造地球的时候，随手就把它捏成圆形的了。”

“那上帝为什么要把地球造成圆的，而不是方的或者是扁的呢？”妈妈继续追问道。

“我怎么知道，上帝也许什么也没想，就随意造成了这样。”汉斯继续敷衍道。

“不，孩子，上帝既然把地球造成圆的，肯定是有特别的意义。它是想以此来告诉我们，无论我们身在哪个角落，都不会是世界的尽头；无论我们走到哪里，也都不是绝境。人生总还会有其他路可以选择的。所以，孩子，一次考试不成功并不能说明什么，重要的是你会不会更加努力，继续像以前那样热爱地理呢？”

汉斯终于明白了妈妈的用意，他使劲点了点头，重新振作起来。

成长悟语

不要妄图给人生加上一个悲惨的定义——我失败了，我走到了尽头，我已经完全没有办法了，我已经彻底完了！这种说法除了让自己看到绝望之外，对我们没有任何帮助。要知道，英雄并不是能够拯救一个国家的人，而是能够欣然拯救自己的人。他们不是在任何时候都满怀希望，而是在任何时候都不绝望！

逆行的鱼与顺流的叶

安吉娜是一个懒惰的女孩，什么事情都懒得动手，整天幻想着衣来伸手的安逸生活。

安吉娜的妈妈实在看不惯女儿这种懒散消极的人生态度，这一天，她想了一个办法，提议说：“现在这个季节的风景最美了，咱们开车去乡下玩，好不好？”

这个提议招来了安吉娜的强烈反对，因为她只想待在家里，那样多舒服啊！去乡下多累啊！

不过安吉娜还是拗不过父母的一致坚持，只好撇撇嘴答应了。但一路上还是一直在抱怨：“你看，坐在家里多舒服啊，不用晒太阳，为什么非要跑这么远的路出来玩呢？”

到了乡下，一家人下了车，走到了田野间的小河边。安吉娜看见几条鱼在使劲地逆流而上，说：“这些鱼也真傻，逆水而上多费劲、多辛苦啊？为什么不顺流而下呢？那样多省事！”

一旁的妈妈回应道：“你说它们辛苦，但是你没看见它们很欢快的样子？”

“明明这样很辛苦，怎么可能会快乐呢？”安吉娜嘟囔道。

“因为它们在享受奋斗的快乐啊！”妈妈接着说道。

“顺着水流行走，不是会更舒服、更省劲？不是可以享受到更多的安逸和快乐吗？”安吉娜反驳道。

这个时候，河里正好飘来了一片黄叶子。妈妈指着那片叶子说道：“安吉娜，你看见那片枯黄的叶子了吗？只有像它这种快要死去的东西才会随波逐流，才会早早地享受所谓的安逸和舒适啊！”

成长悟语

平静的湖面磨炼不出强悍的水手，安逸的生活打造不出生活的强者。

奋斗的想法和拼搏的过程是活着的证明，只有死去的人才能彻底享受没有任何烦恼的安逸，就像顺流而下的黄叶终究会在河底腐烂消失。

脱茧的帝王蛾

帝王蛾是一种双翼长达几十厘米的蛾子，当它扇动翅膀时，威风八面。然而，帝王蛾还是幼虫的时候，是在一个洞口极其狭小的茧中长大的。当它生命发生质的飞跃，要破茧而出时，这天定的狭小通道就成为最大的限制，无异于令人胆寒的鬼门关。因为没有出茧的帝王蛾身躯还非常娇嫩，在破茧时，又需要巨大的冲力，必须拼尽全力才行。无数幼虫都在这个过程中力竭身亡，成了“飞翔”这个词的悲壮祭品。

曾有人怀着悲悯恻隐之心，用剪子剪大洞口，帮助幼虫拓宽这唯一的生命通道。自然，这样不必费多大力气，幼虫轻易就从牢笼里钻了出来。但是，人们惊疑地发现，得到别人救助而见到天日的蛾子无论如何也飞不起来，只能拖着累赘的双翅在地上笨拙地爬行！

原来，那“鬼门关”般的狭小茧洞正是帝王蛾必须要跨越的障碍，是促使两翼成长的关键所在。无比艰难地破茧，需要用力挤压翅膀，血液才能顺利送到蛾翼的组织中去，唯有两翼充血，帝王蛾才能振翅飞翔。人为地将茧洞剪大，蛾子的翼翅就失去充血的机会，生出来的帝王蛾便永远与飞翔无缘。

成长悟语

当一个人先从自己的内心开始奋斗，从自己的内心开始突破的时候，他才是有价值的人。

谁登上过山顶

洛萨曾率领着一支探险队翻越了一座险峰，后来为此举行了一场新闻发布会。

“请问在整个探险过程中，最让团队想放弃的时候，是如何打破僵局的？”发布会上记者问了一个最普通的问题，但这个问题却是整个团队最难以忘怀的。

代表团队发言的米勒看了一眼队长洛萨说道：“那是在离山顶还有几步的路程，一路的艰辛已经把我们折磨得处于精神崩溃的边缘。一路上，我们丢弃了很多行李，路越走越窄，四处都是悬崖峭壁，看起来真的是无路可走了。这时队长洛萨执意要一个人先试试爬上山顶，如果可以就继续，如果真的不行我们就放弃。队长一个人选了一条路，自己艰难地先爬向山顶，半小时后，我们听到队长呼喊的声音，让我们都上去。所有的队员都已经快要坚持不住了，我们互相搀扶着才爬

上了山顶，看着队长指着一块大石头，石头上竟然刻着‘8月7日，到此’，当我们看到留言时都被振奋了，居然有人已经翻越过这座山……”

“可是据记载，你们是第一支翻越这座山的探险队？”一个记者打断米勒的话。

“据记载是这样，但是我们必须诚实，的确是有人在山顶留字，虽然我们还不知道是谁，但是的确是这个人留下的字给了我们很大的鼓励，才让我们有了翻越山岭的信心。”米勒诚实地解释道。

场中一片喧哗，这个消息太让人意外了。

但就在这时，队长洛萨站了起来说：“没有必要猜测谁登上过山顶了，因为字是我写的！”

成长悟语

希望是人世间最美好的东西。有了希望，你就能生存下去，即使痛苦；没了希望，你也无法生存下去，即使锦衣玉食。希望，无异于你心目中的上帝，在遭遇厄运时给你一种精神的力量去忍受苦难，给你一种理智的神力去创造奇迹。

镶着金边的乌云

男孩是木匠的孩子，可能在一般人的眼里，未来他也只能成为一个木匠。

可是男孩却非常喜爱诗歌，他的父亲也非常支持他。父亲把家里所有的积蓄拿出来为他第一本诗集印了1000册，可惜的是诗集一本也没有卖出去，最后只能送给别人。

然而，大多数人依然以“木匠的儿子”来衡量男孩的诗集水准，大诗人惠蒂埃甚至把它丢进了火炉里。从外界传来的奚落和嘲笑就像大片的乌云一样遮盖了男孩的世界，男孩感觉自己的世界下起了倾盆大雨。

就在男孩快要绝望的时候，意外地收到了一位诗人的回信，那位诗人对他的诗集大加赞扬，男孩仿佛看到了希望，但是并没有感受到这唯一的鼓励对他的未来有多大作用，于是男孩回信说：“我依然感觉到我的世界全都是乌云……”

那位诗人再次回信给男孩，只说了一句话：“天空上每一朵乌云都镶着金边！”

男孩似乎从这句话里得到了力量，他看到了一丝希望，坚定了自己的信念。

多年以后，男孩成为美国甚至全世界公认的伟大诗人，他就是沃尔特·惠特曼！而写信鼓励男孩的诗人，就是当时美国文坛的名宿爱默生。当时刊印的那1000册诗歌，则是现在风靡世界的《草叶集》。

成长悟语

天使总是披着死神的黑袍向我们走来，希望也总是伪装成绝望的样子。

第十一篇

成功：不是目的而是奋斗的过程

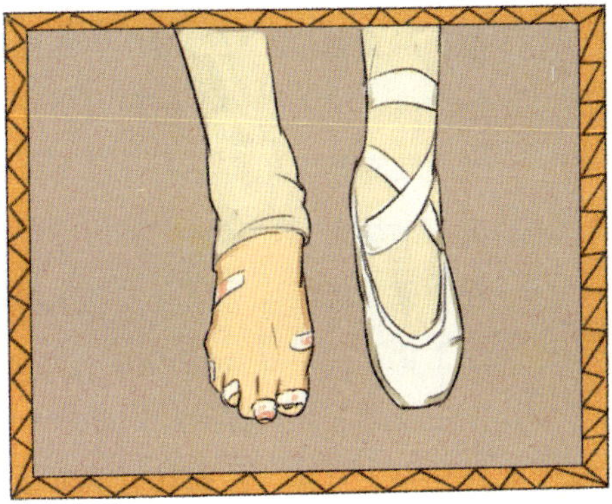

五个成功小故事

一位心理学教授在一次授课中讲了几个关于“成功”的小故事。

故事一——赚钱：杰克是一个法国的小伙子，他有着法国人的浪漫特质。他觉得自己的人生就要奢华，住好的房子，穿名牌衣服，跟最美丽的姑娘约会。但是这些都需要花费很多钱，那么自己为了实现梦想，就需要努力赚大钱。在法国，他觉得没有什么赚大钱的机会，于是只身一人到了美国。经过几年的努力，他赚到了很多钱。面对成功，他说：“如果我当初没有赚到钱的想法，我可能就不会有现在的成就。”

故事二——施舍：布莱克是一个小农场的主人，他虽然没有多少财富，但是他懂得施舍。每次有人遇到困难找到他，他都是尽力帮忙。有时候，他还把自己多余的东西送给真正需要的穷人。一天，一个年轻人想开一家磨坊，但是缺少资金，于是布莱克给了他资金，并且不要回报。几年过去了，年轻人做大了磨坊事业，拿出更多的资金帮助布莱克扩大农场规模。现在布莱克已经成了拥有上万头奶牛的大农场主，当地很多鲜奶加工企业，都用他的牛奶。

故事三——冒险：强尼从小就敢于冒险，19岁的时候，曾经一个人穿越一片森林。镇上通往外面最近的路被一条大河阻隔了，每次去外面都要绕行几十里的山路，很不方便。镇长决定要在河上修一座大桥，可是在公开招标的时候，没有一家建筑公司愿意做这个项目。因为河面太宽了，水流太湍急了，他们觉得桥墩根本不能修上去。可是强尼接了这个项目，最终他成功地把大桥修好了。这次强尼解决这么大的难题，镇上的人们都觉得他能力强，以后不管有什么项目，都找强尼来完成。

故事四——躁动：卡特在一家汽车修理厂工作，每天的工作很累，也很脏，但是却拿着很微薄的收入。卡特觉得很不满意现在的工作。于是，他辞职了，向朋友借了些钱，买了维修设备，在家门口开了一个小型的汽车修理厂。几年过去，他的修理厂规模扩大了几十倍。

故事五——贫穷：生长在贫穷家庭的艾比，因为穷怕了，一心想赚很多的钱，不想再过之前的日子。她这几年一直做推销员。一天，她在推销的过程中，发现一个老妇人，她制作的衣服装饰品很好看，还带有印第安的狂野风格。她跟老妇人学习了这门手艺活，回去之后，她招了几个工人，开始了自己的装饰品买卖。不几年，她有了固定的客户，也赚了不少钱。

教授最终总结说：成功的终点可能都一样，但是通向它的道路却有千万条，而且有一些道路的起点不一定有明确目标。

成长悟语

有时候，成功的起点不一定是拥有未来的明确方向，而是想要改变现状。不是每一个目标都能够实现，不是每一个人都注定成功，但是，想要努力在“现在”活好的人，就一定不是失败者。

做好“现在”的事情，过好“现在”的生活，哪怕对“未来”迷茫，那么无数个正确的“现在”积累出来的道路，又能够错到哪里去呢？

成功一次**不代表什么**

在广阔的大草原上生活着一群角马，角马头上长着一对弯弯的犄角，它们世世代代在草原上繁衍生息。

一次，角马群遭到了狮子的袭击，角马们惊慌失措，四处逃窜。眼看一只小角马就要落入狮子的口中了，情急之下，一头角马冲了过来，用犄角一顶，正好顶在了狮子的肚子上。当时也不知道哪里来的力气，角马用力一挑，狮子被甩了老高，然后一下子摔在了石头上，就这么一命呜呼了。

角马群顿时沸腾起来，欢呼一片。它们认为这只角马是大力神，是角马家族的英雄，它们让这只角马做它们的领袖，希望在它的带领下摆脱被狮子们捕食的厄运。

这样一来还真是见效。

角马杀死狮子的事情传遍了整个草原，狮子们听说了这件事情既震惊又害怕，没想到一只角马竟然这么厉害，从此它们

再也不敢袭击角马了。

没有了狮子的威胁，角马们开始安逸起来。成为首领的角马也变得不思进取，它每天悠然地吃草、休息，也不去运动，慢慢地它变得越来越胖，肚子越来越大，腿越来越短，奔跑起来就像一个滚动着的肉球。

雨季过后，角马群开始迁徙，在首领的带领下成群结队地前往新的领地。当它们经过一片陌生的草原时，遇到了一头狮子。这头狮子已经饿了很久了，看到如此多的角马，口水直流。它隐蔽在枯萎的树干后面，寻找目标伺机出动。这时，角马首领进入了它的视线。这只角马又肥又大，走路缓慢，非常容易得手，能美美地吃顿饱饭。狮子欣喜若狂，一个箭步冲上前，向角马首领发起了攻击。角马首领看到狮子袭来，心想："我可是顶死过狮子的角马，我可一点儿都不怕你！"

于是，这只肥硕的角马不但没有逃跑，反而将犄角对准狮子猛冲过去。可是身材肥胖的它动作迟缓，发起攻击的一瞬间，狮子已经扑在了它身上，一口咬在了它的脖子上，鲜血四溢。其他的角马都吓坏了，没想到大家崇敬的首领竟然被狮子一招致命，大家目瞪口呆，四处逃窜。

成长悟语

角马和狮子的实力差别显而易见，那只是一次巧合、一次偶然，偶然不能复制。

可怜的角马却把这次成功当作自己实力的体现，以为自己真的力大无穷、动作灵敏，进而不思进取，最后成了狮子的大餐。

真正的本事要靠不断地锻炼，取得一次成功万万不能骄傲自大，否则，一次的成功反而会导致终生的失败。

这湖里有多少桶水

一天，老师带着学生们到湖边散步。

经过湖边的时候，老师看似不经意地问学生：“你们谁知道这湖里有多少桶水？”

学生们很是惊讶，看着这广阔的湖面，一时不知道怎么回答。

过了一会儿，他们开始议论起来。

一个说：“这么大一个湖，一桶一桶地量，那要量到什么时候？所以，湖应该是由无数桶水组成。”

另一个回答：“我们可以利用数学公式，先计算出湖的体积，然后再除以桶的体积就可以知道到底有多少桶水了。”

第三个反问说：“怎么计算湖的体积呢？我们根本没法计算啊！”

老师听见他们的回答，微微摇了摇头。

这时一个学生高声回答说：“其实这个问题很简单，我们可以做一个假设：假如桶的大小是和湖一样大，那湖里的水就只有一桶；假如桶的大小只有湖的一半那么大，那湖里的水就有两桶；假如桶的大小只有湖的三分之一，那湖里的水就有三桶；假如……”

老师听了这位学生的回答，满意地笑了。

这个学生就是柏拉图。

老师接着说：“你们心中的桶是一成不变的，所以你们遇到问题的时候，就走向了僵化的地步。”

成长悟语

在20岁的时候，觉得社会中很少有这么成功的年轻人，自己没有成功也是应该的；30岁的时候，觉得大有所成的人也很少，不成功也没有什么不好；40岁的时候，觉得大部分人都没成功，人生也不算失败……这样的人，到80岁也不会有所作为。

当我们给自己设定所谓的极限时，也就是极限出现的时候！

一块冰的旅行

在遥远的北极圈内，有大片大片的冰山。在这些冰山脚下，有一块刚形成不久的冰块。这块冰有一个愿望，就是想穿过茫茫的冰山，去赤道看一看。它简单收拾了一下，就上路了。

它走了两天两夜，终于走出了北极圈。可它继续往南走的时候，却发现身上开始发热，再仔细一看，它已经开始慢慢融化了。难道我要消失了吗？我要死了吗？它这样想着。如果到达赤道的代价就是死亡的话，那我还是回去吧！

冰块想到这里开始往回走。可它刚走了几步路，就听到有人说：“如果你想去赤道，我可以带你去，不过你要融化成水才可以。”原来这是河流在说话，河流一边说一边扬起一片浪花，“我这里有很多想去赤道的孩子，它们都融化成了水，我将带它们去赤道欣赏美景。”河流温和地说道。

“化成水？不不不！我现在晶莹剔透多漂亮啊！我才不要化成水和它们在一起呢，那样我就死了。”冰块回答道。河流继续说道：“其实，你原来就是水，只不过遇到了寒冷的空气使你凝结成了冰，你从赤道再回到北极圈，你还是会变成晶莹剔透的冰。”

冰块开始思考河流说的话，但仍半信半疑。这时河流里的水开始向它呼唤：“快来吧！我们结伴一起去赤道！你看我们玩得多开心啊，哈哈哈！”

这时，冰块想到它之前就是河流里的一汪水，它想到了曾经那个快乐的自己。于是，它一纵身跳进了河流中。很快，它变成了水，跟随河流一起流向了赤道的方向。

成长悟语

换一个形态并不影响成功的获取。或者，换句话说，想要获得同样的成功，那么我们就需要改变一下形态。这个形态代表的可以是生活方式，可以是形象外表，可以是理想方向，可以是独立程度……

不要轻易模仿别人的成功

威廉在自己父亲留下来的农场里种植燕麦。每年的收入不多，但是也能满足生活的需要。

一次，他到酒吧喝酒，碰见了多年未见的朋友威利斯。

威利斯告诉他，自己卖掉了农场，积攒了本钱开了一家服装公司，现在赚了很多钱。

威廉羡慕威利斯的成就，回去之后，他打算卖掉自己的农场，也开一家服装公司。

他的妻子劝说他不要这么做，毕竟这是父亲多年留下来的产业，加上威廉只会种燕麦，也不懂经营服装。

威廉不听，没过几天，就把农场卖了。他用这些钱在小镇的郊外建了一个服装厂，买了几十台缝纫机器，雇了几个会缝制衣服的员工……衣服做出来了，可是麻烦也来了，这些衣服在裁剪上出现了大问题，威廉赔了很多钱。

他很苦恼，于是又到那家酒吧喝酒，他在那里又碰见了威利斯。他把自己开服装厂的遭遇告诉了威利斯，并且感慨地说："我们都是农场主的儿子，怎么你就能成功，我却失

败了呢？”

威利斯沉默了一会儿，回答他说：“你可能不知道吧，我的祖父当年是这个小镇有名的裁缝。我的父亲虽然经营农场，可是继承了祖父的服装手艺并传给了我。你的失败，可能是因为你没有一个做裁缝的祖父吧。”

成长悟语

没有一条道路注定是成功的，每条道路都会带给我们注定需要经历、积累和学习的人生课程。如果成功是一个固定的模式的话，那么，多数情况下，受益最大的永远是第一个人。

而且，我们能够看见别人的成功，却并不能说明我们能看到别人成功的前提和基础。

成功与年龄无关

据说有人调查了包括莫扎特、肖邦、爱迪生、奥斯汀、福特、丘吉尔和尤比·布莱克在内的100位世界名人的成功经历，下面是一部分调查内容：

莫扎特从小就表现出非同寻常的艺术才能，3岁就能弹奏古典钢琴，并能记住只听过一遍的乐段；

肖邦7岁就创作了G小调波罗乃兹舞曲，让他周围所有的人感到吃惊；

爱迪生10岁那年，在父亲的地下室建立起一个实验室，一个人常常一待就是一天，从此便开始了世界上最伟大的发明；

奥斯汀从小就喜欢创作，在21岁那年出版了世界巨著《傲慢与偏见》，令世人震撼；

福特在50岁那年才开始采用了“流水装配线”，实现了汽车大规模生产，使汽车售价大幅下降，开始在全世界普及；

丘吉尔从首相位置上告退后，回到下议院，随后又获得一次议会选举。他开始学画，并成功展示了自己的作品。当时他已经80多岁了。

爵士音乐钢琴演奏家、作曲家尤比·布莱克在他100岁那年成功举办了自己的专场音乐会。直到他逝世的前5天，他还对别人说：“早知道我能活这么久，我会更加努力些。”

从这些调查结果中，我们可以发现一个奇怪的现象，那就是这些名人的成功经历并不按照一般的成功模式进行。

现实生活中，很多人都认为人在年轻时，因为精力充沛，常常能朝自己的目标努力奋斗；年纪大了，精力不够旺盛，常常力不从心，安身立命是最好的选择。事实却并非如此，在成功者眼里，时空限制并不能左右他们。

成长悟语

成功对一个人来说，并没有时间的限制，处于各种年龄段的人都可以大有作为。关键在于一个人的心态，如果一个人的心死了，那么一切都远去了。

神射手和狮子

神射手力大无穷，箭术百发百中，草原上的动物都被他的威力震慑住了。

狮子是草原之王，它听说了神射手的威力，觉得自己不能惧怕他，这样岂不是灭了自己大王的威风？

一天，神射手又来到草原打猎，动物们都纷纷逃跑了。只有狮子没有逃跑，它决定要与神射手一决高下。神射手面对一头凶猛的狮子，内心也很害怕，因为他不知道狮子的进攻速度到底有多快，他不能冒险。

人与狮子搏斗，力取是不可能的，只有智取。于是神射手拿起了自己的箭，射了狮子一箭，故弄玄虚地说："先让你尝尝我的箭的厉害，等你不服气的时候，再来找我本人搏斗，到时候，我的厉害就不止一支箭那么轻巧了。"

狮子被射中了后腿，害怕极了，吓得惊慌逃窜。

其实，狮子完全不必害怕猎人，它皮毛很厚，单凭人的力量是射不死的。况且，如果与人正面对峙，一个猛扑，咬住人的脖颈，几分钟就能把人杀死。

狡猾的狐狸看出了神射手的玄机，劝狮子要勇敢些，不要

轻易示弱。狮子回答说：“他的一支箭都如此厉害，我怎能经受住他的袭击呢？”

成长悟语

有远见卓识的人，能够在复杂的情况下做出正确的判断；而缺乏眼光的人，一点小小的征兆就束缚了自己的手脚，这两种人最终的命运截然不同。

别人的教训

雕塑家米开朗琪罗的旷世杰作——大卫，闻名于世，赞誉不断。但也有好事者认为在大卫的背部有一块明显的伤痕，这多少损伤了大卫的完美，认为这是一个败笔。

米开朗琪罗却不这样认为，他觉得自己的大卫之所以有如此大的艺术成就，正得益于这块伤痕。他微笑着向大家道出了大卫取材上不为人知的故事。

原来大卫取材的大理石，最先是被别人发现的。一位普通的雕塑家得到一块质地非常圆润的大理石，他觉得这块石头，无论材质和造型都非常适合雕刻一个人像，经过深思熟虑后，他拿起凿子，开始雕刻。但不知是因为紧张还是力道拿捏不准，他这一凿子下去，竟然劈下了一小块石块。

雕刻家很快意识到不能再继续下去，于是罢手，冥思苦想了几天，觉得自己的能力无法驾驭这么好的石材，与其把它浪费掉，不如给适合它的人。就这样，这块石头，几经周折后，到了米开朗琪罗的手里。

鉴于之前那位雕塑家的失败，米开朗琪罗在处理这块石材时也很慎重，他始终觉得不能辜负了那位雕塑家对这块石头的期望，他一定要把它的用处发挥到极致。

后来，在一次公开场合，面对别人指责之前那位雕塑家的冒失，米开朗琪罗说道："那位先生已经十分慎重了，如果他不这样的话，这块上好的材料早就不复存在了，而我的大卫像也永远不能问世了。我还要感激这位雕塑家难得的认真，因为他的雕刻与放弃都是极其慎重的。他留下的那块伤痕，始终在提醒着我，让我的每一刀、每一凿都倍加慎重，不能有一丝一毫的疏忽大意，我应该感谢他。"

成长悟语

成功不是没有捷径，那就是看看别人都怎么做。别人的失败教训，就是我们通往成功最短的路。所以，不是路不存在，而是看你如何去走。

而当你祈求世界给你更多时间去做更多事情的时候，成功的人只是把所有时间放在一件事情上。

有一种成功叫速度

有一种生长在沙漠里的植物，它被誉为"沙漠卫士"，它的名字叫作"梭梭"。

梭梭作为灌木植物，虽然只有三四米高，外形也不太让人喜欢，但是能够在沙漠这种恶劣的环境中生存，这足以证明它顽强的生命力。它给沙漠带来了生机和活力，成为沙漠独特的景观，也成了沙漠最优良的防风固沙植物之一。每一个去过沙漠见过梭梭的人，都会被它在风沙中昂首挺立的样子震撼。

每一种生物成功的生存都有它的独特之处，梭梭的成功就在于它的速度，让人惊叹的速度。植物学家发现，梭梭的种子可能是这个世界上发芽最快的种子，只要遇到水，几个小时之内就能发芽。

很多植物的种子都是错过了机会才没有生根发芽。它们就像是在观望，即使是发芽时间较短的花生，在遇到雨水

之后也要三四天的时间才能发芽，在这段时间内水如果干涸了，那么这粒种子就会永远埋在土里直到腐烂。而梭梭的种子从来不拖泥带水，只要感受到雨水，就在几个小时内生根发芽，然后迅速地蔓延。这样的速度，成就了梭梭“沙漠卫士”的美誉。

成长悟语

人的一生中，没有什么会为自己等待，没有机遇会为自己停留，成功也需要速度。一味地按部就班、谨小慎微，在应该行动时却坐等机会溜走，就会时时落后、事事落后。要知道，光说不做，只想不行动，既不能增加成功的砝码，也无法增加人生的能量。

毫不费力的成功

伯纳用了不到四年时间，从一个普通的小员工成长为一个拥有上千员工的大企业老板。

巴德曾经和他是室友，共同租住在一个公寓里。

巴德觉得很奇怪，自己每天都见到他，从没看到他多么努力，怎么就一下子成功了呢？

于是问他：“你看起来毫不费力就成功了，你是怎么做到的呢？”

伯纳笑着说：“我给自己制订了一个计划表，每天严格按照这个表有条不紊地做事，从不打破。”

巴德感觉更加奇怪，“我怎么从没看见你这么做？”

伯纳接着说：“我早晨5点起床，锻炼身体，而你在睡觉。7点我开始享受丰盛的早餐，我注重营养搭配，牛奶、蔬菜、鸡蛋一种都不能少，这样可以为新的一天做好营养准备。可这个时候，你还在睡觉。”

巴德想了想，觉得事情的确是这样。

伯纳说：“我利用上午的时间，完成了很多工作。在这期间我可能发现了一个新的商机，我把这个商机作为人生的机遇去尝试。可是你呢，刚刚起床。你感觉到饿极了，也不管什么营养不营养，直接打开冰箱，拿出了昨晚剩下的芝士草草解决

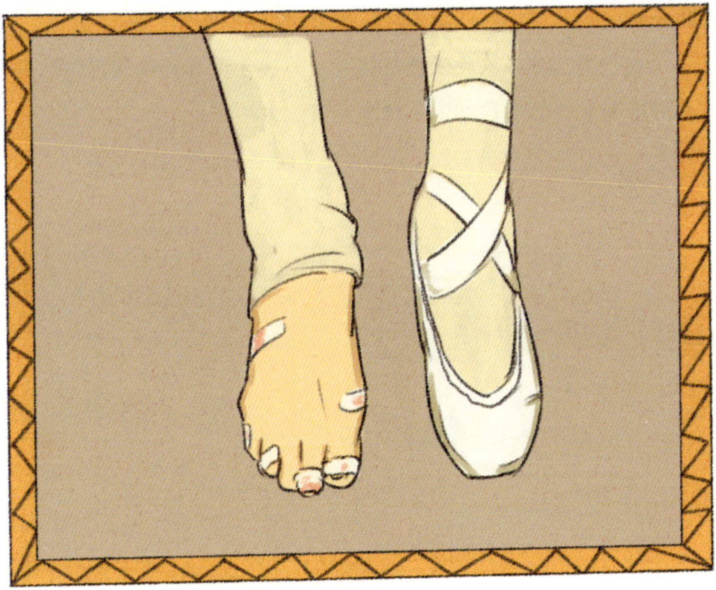

了早餐。我午睡之后，重新积极地投入工作，而你也坐在电脑前，玩起了游戏。晚上我回到家里，打开电脑，上网看一些对职业有用的信息。而你却还沉迷于游戏中。”

伯纳接着说：“22点到了，我关上电脑，躺在床上。睡之前我会想一想，自己在这一天都做了什么，有什么收获，又有什么不足之处。而你还在网上忙着，到了深夜，才肯睡去。我的成功看起来毫不费力，是我靠着加倍的努力换来的，你也不妨努力试一试。”

成长悟语

生活中，很多人只看到别人成功的光鲜，看不到他们背后的汗水。

我们周围很多人把没能获得成功归咎于没有好运气，可是，在好运气来临的时候，他们根本没有能力抓住。

第十二篇

强大：强弱时刻在变化

老鼠与大象

一只老鼠在偷豆子的时候，不小心掉进了一只木桶里。桶壁非常光滑，根本没有可以攀爬的东西。小老鼠上上下下试了好多次，怎么也出不来。老鼠急得团团转，“吱吱”地叫着，发出求救的哀鸣，可是它的声音太小了，谁也听不见。可怜的老鼠心想，这只桶大概就是自己的坟墓了。正在这时，一只大象经过桶边，不经意往桶里看了一眼，发现了这只身陷困境的老鼠，就用鼻子把老鼠救了出来。

“谢谢你，大象。你救了我的命，我将来一定会报答你。”

大象听到后，只是觉得好笑：“你准备怎么报答我呢？你不过是一只小小的老鼠。”

过了一些日子，大象不幸被猎人捉住了。猎人用非常有韧性的绳子把大象捆了起来，准备等天亮后运走。大象使劲地挣扎，但是他的体形太庞大，动起来非常笨重，不仅不能把绳子扯断，反而被绳子越箍越紧。伤心的它只好躺在地上，觉得明天就是自己的死期。

这时，小老鼠出现了。它用它强劲的牙齿撕咬绳子，一根一根，终于在天亮前咬断了所有的绳子，替大象松了绑。

大象十分感动地说道："谢谢你救了我的性命！你真的很强大！"

"不，其实我只是一只小小的老鼠。"小老鼠平静地回答。

成长悟语

这个世界上没有绝对的强势和弱势，只有不同的优势和劣势。

一个真正有道的人，即使别人看不起他，把他看成是卑贱的人，他也不受影响，因为他知道自己的人格、道德，不一定要求别人来了解和重视。他依然会在自我的生命驿旅中将智慧的种子撒播到世间各处。

毒蛇、青蛙与蜈蚣

在广阔的大自然中生存着多种习性不一的动植物，令人赞叹的是，在长期的相处中，它们之间形成了一种互为依存的双赢关系。

例如，在亚热带，有这样一条闭合的食物链：残忍的毒蛇最喜欢吃的是青蛙，它们常常潜伏在河边的草丛中，青蛙只要出现在它们的视线里，基本就会沦为它们的美食。但处于弱势的青蛙可以吃有毒的蜈蚣，而这些蜈蚣又足以使比自己体形大得多的毒蛇毙命，一环扣一环，一物降一物，谁都是既有"绝招”又有“七寸”。

更有趣的是，冬季里，这三个冤家可以相安无事地同居在一个洞穴，和平地相处。三者经过长期的自然选择，不仅懂得了捕食弱者以强大自己，也学会了利用自己的克星保护自己的本领。显而易见，如果毒蛇吃掉青蛙，自己就会被蜈蚣所杀；而蜈蚣杀死毒蛇，自己就会被青蛙吃掉；青蛙吃掉蜈蚣，自己就成为毒蛇的盘中餐。

最后，为了生存，青蛙不吃蜈蚣，以便让蜈蚣帮助自己抵御毒蛇；毒蛇不吃青蛙，以便让青蛙帮助自己抵御蜈蚣；蜈蚣不杀死毒蛇，以便让毒蛇帮助自己抵御青蛙。三者相克又相生，这是一个多么美妙的平衡局面。

成长悟语

强弱没有固定的定义，有的只是能力上的制约和克制。看似最强大的动物，也会有自己的弱点；看似最弱小的动物，也会有自己的撒手锏。

每个人的价值并不在于对自己的肯定，而在于如何发挥自己的天性和能力。

给花儿撑伞

小白兔一家四口住在森林里，它是家里最小的成员，除了它，还有爸爸、妈妈和哥哥。一家人相亲相爱，过得非常幸福。

这一天，小白兔提着小篮子，和家人一起到森林里去捡蘑菇。如果捡到足够多的蘑菇，它们就可以做一顿非常可口、美味的晚餐。

正当它们捡得高兴的时候，突然下起了大雨，可是出门的时候，兔爸爸只带了一把伞。

于是，兔爸爸将雨伞递给了兔妈妈，兔妈妈接过之后想都没想就递给了哥哥，而哥哥又把手中的伞递给了小白兔。

小白兔看着一把伞被递来递去，就问：“爸爸，为什么你要把伞给妈妈，妈妈又把伞给了哥哥，哥哥为什么又递给了我呢？”

兔爸爸摸了摸小白兔的头，笑着说：“孩子，因为爸爸比妈妈强大，妈妈比哥哥强大，而哥哥又比你强大呀。弱小的对象都是需要被保护的。”

“原来是这样啊。”小白兔左右看了看，发现旁边一株小花在风雨中摇摇摆摆的，它蹦蹦跳跳地跑了过去，把雨伞撑开，挡在了这朵娇弱的小花上面。

保护弱者，不见得能被称为高尚，但是却能作为一种良好的品德而被赞扬。

如果你比其他人都弱，那么适当地接受帮助，是对援助者的尊重和回馈。如果你比其他人都强，那么适当地帮助别人，则是对自己灵魂的尊重和回馈。

两个国王

亨利和威廉是两个邻国的国王，亨利谨慎保守，威廉激进争强。

威廉国王想要扩张自己的国土，于是就大力兴兵，不停地攻打周围的小部落。时间一长，周边的小部落结成了联盟，合力攻击威廉国家最薄弱的地方，由于国土无规则地扩张，威廉的部队根本无法全面顾及新增国土的每一个位置，所以，当部队打了胜仗占领一个地方的时候，自己国土的另一个地方也被侵占了。

表面上，经过多年的战争，威廉国王的国家版图是比以前大了，但是由于战火的侵袭，人民的生活非常痛苦，整个国家外强中干。

亨利国王也希望自己的国家能够生存并且扩张。但是他“胆小”，害怕自己如果发动战争会引来外族的敌意，于是亨利国王就勤于内政，让百姓过上好日子，而对外示弱。其他国家看到亨利的国家兵力很弱，于是就想办法攻打他，但是一旦打起仗，亨利国家的民众就会为了保护自己的家园拼命抵抗。其他国家的人感觉很奇怪，明明是一个看起来这么弱的国家，为什么战斗力却这么强大呢？于是，他们分别派探子进入亨利国内进行调查，随后才知道在亨利的统治之下人民的生活非常幸福，国力也并非看上去那么弱。

之后，其他国家都不再攻打亨利的国家，而是和其互通贸易，有一些小国甚至愿意合并国家版图，上交了管辖的土地换取和平的生活。

成长悟语

把力量收拢在自己的怀里比放出来到处炫耀要保险得多。前者能够有更多的时间和机会积蓄更多的力量，而后者只能招来更多的猜忌和打击。

可悲的王鱼

在辽阔的太平洋上有一个神秘的布拉特岛，岛上生活着一种非常独特的鱼类——王鱼。

王鱼有一种神奇的本领，就是只要它愿意，就可以将一些较小的动物吸附在自己的身上。

当然，它需要先给它们一点好处，一点自身的分泌物。

紧接着，王鱼就会千方百计地把这些小动物身上的物质吸干，让它们成为自己身上的一种鳞片。

其实那也不是鳞，只能说是一种附属物。周身吸附这么多附属物后，王鱼的体形就会发生巨大的变化，成为一个鼓囊囊的大气球，威风凛凛，比没有鳞的王鱼，最少大出四倍！

而那些没有吸附小动物的王鱼，样子不会变，看起来比较渺小，远不如吸附了外界物质的王鱼那么“气宇轩昂”。

可惜威风只是一时的，吸附了外界物质的王鱼，生命进入到后半生时，身体机能会逐渐退化，附属物会慢慢脱离它的身体，使它重新回到原本的面目，那个较小的外形。

而失去了这些附属物，王鱼就相当于失去了盔甲，变得痛苦不堪。

眼前的水域世界在它看来是如此陌生，它根本无法适应。

在无法自处的环境里，它会变得异常烦躁，甚至要通过无端地攻击别的鱼类来解脱自我。

可悲的是，这时的它已经没有了往日的能力，在攻击别人的时候，反而被撕咬得遍体鳞伤。

原来不可一世的王鱼竟会沦落到如此境地。绝望的它就会去自残，往岩石上猛撞，撞得血肉模糊，惨不忍睹。

而这时，它往日主宰的一切，甚至包括自己的生命，都不再属于它。

成长悟语

外界的浮华和虚荣是不会长久的，任何不切实际的幻想只能带来无穷的痛苦和烦恼，一个成熟的人应当追求真实、自然的生活，不要过于追求表面上的强大，否则受伤害的还是自己。

以诚实赢得成功

葡萄厂家研制出了新型口味的葡萄酒，因为这种葡萄酒是葡萄加榛子一起酿制而成的，所以有略微的苦涩，跟其他的葡萄酒口感不一样。然而这种口味并不受顾客喜欢，也就造成了滞销。

为此，葡萄厂家招聘了一批推销员，希望通过他们的努力，为这批新型的葡萄酒打开市场。一个月过去了，这批推销员中，有的业绩出色，一个月售出了30桶；可是也有业绩很差的推销员，他一个月只售出了2桶。这个业绩最差的推销员就是威尔逊。

同事们都看不起他，厂家也觉得威尔逊不适合做推销员。

两个月过去了，威尔逊售出了15桶，而上个月销售最好的那个推销员这次只售出了5桶。

第三个月，威尔逊销售了30桶。

第四个月，威尔逊销售了50桶。

威尔逊的销售业绩惊人地增长，厂家问威尔逊有什么好的推销策略，可以拿出来和大家一起分享。

他说：“我没有什么好的办法，只是对顾客诚实而已。我每天出去推销葡萄酒，每次顾客前来购买，我都事先告诉他们，这个酒有苦味，并让顾客亲口品尝一下，要是他们喜欢这个口味，再推荐他们买。时间长了，他们觉得我诚实，葡萄酒也值得信赖，买的自然也多了。”

威尔逊最后成立了自己的葡萄酒品牌，他逐渐打败了其他的竞争者，最终占领了整个欧洲市场。

成长悟语

工作上的信用是最好的财富，没有信用积累的人，非成为失败者不可。走正直诚实的生活道路，定会有一个问心无愧的归宿。

威尔逊之所以能够卖出商品，是因为他出售的不仅是商品，还有自己的名誉。正是这种诚实的人，才能经得起时间的检验。

为什么不说“不”

西泽尔小的时候父母就分开了，工作繁忙的父亲常常把他寄养在姑妈家。善良的姑妈像母亲一样疼爱他，给他带来了莫大的温暖，西泽尔一直对姑妈满怀敬意和感激，心里暗暗下定决心要好好报答她。

这一天，大学毕业的西泽尔在芝加哥刚参加工作不久，姑妈来看他。没有来过芝加哥的姑妈对这里的一切都充满了好奇，西泽尔带着姑妈到很多标志性的地方逛了逛，很快就到了吃晚饭的时间。西泽尔刚刚工作，并没有多少积累，当时他身上只有20美元，但这已是他能拿来招待姑妈的全部资金。他很想找个小餐馆随便吃一点，可姑妈却偏偏相中了一家很体面的餐厅。西泽尔虽然心有顾虑，但是又不能拒绝姑妈，无奈之下，只得随她走了进去。

坐下来后，姑妈开始点菜，当她征询西泽尔的意见时，囊中羞涩的西泽尔只是含混地说："随便，随便。"此时，他的心中早已七上八下，焦急地考虑着钱不够该怎么办，放在衣袋中的手里紧紧抓着那仅有的20美元。

可是姑妈好像一点也没注意到西泽尔的不安，她不停地称赞着精致的饭菜，西泽尔却什么味道都没吃出来。最后的时刻终于来了，侍者彬彬有礼地奉上了账单，看着他径直向自己走来，西泽尔张着嘴，却什么也没说出来。

这时，姑妈突然在西泽尔伸手前接过账单，并把钱付给了侍者，转过头温和地对西泽尔说："孩子，我知道你现在的情况，也很了解你的感受，姑妈一直在等你说不呢，可你为什么不说呢？要知道，有些时候一定要勇敢坚决地把这个字说出来，这是最好的选择……"

成长悟语

在人生的信念中，除了超越别人之外，是否也应该同时有"坚持自己"的决心和勇气呢？如果你能坚持下去，总有一天，连上帝都会为你屈服。我们所希望和赞美的勇敢不是体面地去死，而是勇敢地生活。

展示自己此刻的痛苦、脆弱，并不影响你心灵和身体的强大。

玻璃钢的**小碗**

波什的小女儿刚刚满一岁，吃饭的时候总是因为乱动而把面前的碗碰到地上摔碎。于是波什从超市给女儿买了一个玻璃钢的小碗，小碗像玻璃一样晶莹剔透，女儿非常喜欢，最重要的是它十分坚硬，多次被女儿失手掉在地上都安然无恙。

之后，波什就十分乐于向来到家里的客人展示这个小碗的坚固，他一次又一次地将小碗摔到地上，然后拿起来给客人看。

一天，波什的一位新朋友来家里做客，在吃饭的时候，女儿再次不经意地将小碗碰到地上，那个碗依然完好如初。这时波什和朋友就聊到这只可爱

的玻璃钢小碗，波什称赞这只碗虽然看起来像是玻璃，但像精钢一样坚硬，说着，他再次把碗往地上扔去，但是，这一回，随着“砰”的一声响，小碗在一瞬间裂开了。

成长悟语

许多的强大，其实都不是绝对意义上的强大，只不过它比一般的事物承受力大一些而已。我们钦佩这些事物或人的强大的同时，也应该看到它脆弱的一面，不摧残它、不伤害它，让它保持这种状态上的完好。

乌鸦的歌声

国王在森林中打猎，遇见了黄鹂，国王认为黄鹂的歌声非常好听，于是就把黄鹂带回了皇宫。

从此以后，黄鹂再也不需要为自己有没有东西吃而担心了。

乌鸦平时总是和黄鹂一起在森林中捉虫捕食，这件事情被乌鸦知道了，于是乌鸦就飞去皇宫看望黄鹂。

当看到黄鹂只需要叫几声就可以得到丰富的食物后，乌鸦心中非常不甘。

乌鸦心想：平时和黄鹂一起，它能唱歌我也可以，那一天如果国王遇见的是我，也许带进皇宫的也会是我，只要让国王听到我的歌声，那么我也会得到宠爱，过上舒适的生活……

于是，当天晚上乌鸦飞到国王睡觉的地方，开始叫起来。

国王正在睡觉，却被乌鸦嘈杂的叫声惊醒，感到十分气愤。

于是，国王吩咐人把乌鸦赶走。

乌鸦并不知道这是国王的意思，还以为是士兵要赶走自己，于是就更加大声地“唱歌”。

国王实在是受不了乌鸦的叫声，只有让士兵把乌鸦捆起来，甚至还给了乌鸦一些教训。

天亮后，乌鸦浑身疼痛，拖着满是伤痕的身体回到鸟群中。

它恼羞成怒，到处对别的鸟儿说：“这都是黄鹂害的，不要相信黄鹂，它让国王只喜欢它一个人的歌声，其他的鸟儿叫得再好听都没有用！”

成长悟语

嫉妒本身已经是信心不足的软弱表现，因为一个内心真正强大的人不会担心别人超过自己，他只会直面现实，承认现实，欢迎竞争，与对手共同进步！由嫉妒而生出的诋毁将自信力的疲软展露得更为充分，因为只有那些已经彻底失掉竞争优势的人才会选择在言语中中伤他人。

第十三篇

修养：富人的气质，穷人的格调

不要让世界改变自己

拉丁拿着购物清单跟着爸爸妈妈去超市。超市里熙熙攘攘，一家三口突破重围终于选齐购物清单上的所有商品，然后排队付钱走出了超市。拉丁有些不悦，嘟囔着这个超市的购物环境实在太差了。

拉丁报复似的随手把购物车丢到一边。爸爸建议拉丁把它送回到原来的地方。

拉丁不情愿地说："爸爸，难道你没有看到吗？购物车扔得到处都是，没有一个人送还，我为什么要这样做？"

妈妈也说："如果你是一个讲礼貌的孩子，最好把购物车

送回去。”

拉丁又反驳说：“那些工作人员不就是专门负责收集归拢购物车的吗？这些本来就是超市应当提供的服务。”

爸爸妈妈一时竟找不到有力的语言来解释。就在这时，旁边正好有一对年迈的老夫妇，他们迈着蹒跚的脚步，小心翼翼地一起推着一辆购物车，将它送还到了原位。然后，步履缓慢地离开了。

一家人共同目睹了这一情景。拉丁一半尴尬一半情愿地把购物车归位了。

成长悟语

修养和素质主要表现在别人看不到的地方。主动做最好的自己，不要被动地接受安排，前者是自我突破，后者是无奈之举。

嘲笑野兔的**竹鸡**

野兔、竹鸡共同生活在一个村庄附近的树林里，生活平静安逸，但猎狗和老鹰的存在却让它们平静的生活时刻潜伏着危险。野兔常常自夸说自己是飞毛腿，猎狗是追赶不上的。竹鸡不服气，它认为自己的翅膀才是最厉害的，无论什么时候都能摆脱险境。

一天，野兔正在树林里悠闲地吃着青草，竹鸡也昂首挺胸地出来散步。突然，一群猎狗来了，野兔不得不马上逃跑并找个地方藏身。它飞快地逃到了树林深处的草丛中，这让猎狗一时失去了追寻的踪迹。但是狗群中有一只外号叫“哈姆”的狗鼻子非常灵敏，它从野兔身上散发的气味找到了线索，并跟踪着野兔，狗群慢慢地向野兔逼近了。

在这种危急的时刻，竹鸡却远远地嘲笑野兔说：“哈哈！你还说自己是飞毛腿，还不是被猎狗抓到了，看来你的腿连竹竿都不如……”

正在竹鸡取笑野兔时，厄运降临到它的头上。一只老鹰从天而降，任凭竹鸡不停地扑打翅膀，还是抵挡不住老鹰的利爪尖喙，结果，它成了老鹰的点心。

成长悟语

生活就像坐过山车，有高峰，也有低谷，这意味着，无论眼下是好是坏，都只是暂时的。所以，千万别去讥讽不幸的人，谁能保证自己一辈子走运呢？

波士顿大学的厨师

波士顿大学一年一度的新生报到开始了。大学的校园里到处都可以看到前来报到的一年级新生。

这些新生里面，有一个叫莱斯的学生。莱斯家境富裕，从小就养成了嚣张、跋扈的性格。中午吃饭的时候，莱斯故意点餐厅里没有的饭菜，然后对厨师大发脾气。其他同学都觉得莱斯在无理取闹，可厨师依然笑吟吟地听着莱斯的训斥，一点儿都不生气。莱斯在发过脾气之后，随便点了一份面条。

可面条刚一上桌他就吼道：“我点的明明是意大利面，你为什么给我做的是肉酱面！重做！”

其他同学听后都感到很惊讶，因为几乎所有的同学都听到莱斯点的是肉酱面。厨师一听这话马上跑过来，微笑着对莱斯说：“真不好意思，我马上给你重做一份。”

不一会儿，一份热腾腾的意大利面端了上来。可接下来莱斯还是不断挑刺，不是说洋葱不新鲜，就是面条太硬，厨师仍然仔细地记下了莱斯的每一句话。终于，莱斯吃完了面条，离开了餐厅。

晚上是学校的开学典礼，莱斯当然也去参加了。开学典礼的第一项就是校长讲话。校长说：“今天，很高兴见到大家。在此之前，我特别要感谢一位同学，这位同学让我体会到了育人的重要性。波士顿大学敞开怀抱欢迎所有同学，我们的主要责任就是将各位同学培养成栋梁之才……”莱斯在听演讲的时候几乎惊呆了，因为站在主席台上的校长就是今天被他训斥过的厨师！

原来为了了解学生对学校用餐环境的满意程度，校长给学校的新生安排了这场别出心裁的初次见面会。

成长悟语

谦逊有礼正是对冒犯的最好回击。对冒犯你的人谦逊有礼并不是认输，而是用自己的伟大衬托出对手的渺小。实际上，当我们大为谦卑的时候，便是我们最接近于伟大的时候。

有教养的孩子才有礼物

鲁德是村里最没教养的孩子，成天想着怎样捉弄别人。

这天，他和小伙伴们在村口玩耍，看见一个陌生人走进村子。鲁德粗鲁地对他大喊：“嘿，陌生人，看你穿得这么讲究，估计是个花花公子吧！”

陌生人听到鲁德的话吃了一惊，显然他从没见过这么没教养的孩子。鲁德见陌生人不说话，心里有些气愤，就拿起石头朝陌生人扔过去。谁知，陌生人并不理睬他，继续往前走，没有被鲁德的石头砸到。

鲁德的小伙伴们见鲁德失手了，都哈哈大笑。鲁德觉得，这个陌生人弄得自己很没面子，就捡起更多的石头跑到陌生人跟前，狠狠地朝他砸去。一块石头打中了陌生人的左眼，陌生人的左眼流出了血。鲁德和小伙伴们大笑着逃走了。

黄昏时候，鲁德回到家，看到厨房里多了很多东西，妹妹告诉他，是他们离家多年的叔叔回来了。叔叔在外面挣了一大份产业，这次来给他们带了很多礼物。“但是，”妹妹接着说，

“叔叔一进村就被一个坏孩子打伤了，他用石头打伤了叔叔的眼睛，现在叔叔正在客厅里休息呢。”

听完妹妹的话，鲁德知道自己闯祸了，他赶紧跑到楼上自己的房间，把门关起来。这时，妈妈来叫鲁德下楼见叔叔，不得已，鲁德被妈妈拖下了楼。躺在沙发椅上的叔叔一眼就认出了鲁德，他惊奇、愤怒而又失望地对鲁德的爸爸说：“这就是打伤我的孩子。”

结果，爸爸、妈妈、妹妹都分到了礼物，为了惩罚鲁德，爸爸把给鲁德的礼物分给了妹妹。鲁德只能眼睁睁地看着别人快乐地分享礼物。

成长悟语

懂得尊重别人，才会赢得别人的尊重。有教养、有礼貌是一个人最起码的素质，没有教养的人会失去很多难得的机会。有教养的人能在美好的事物中发现美好的含义，这是因为这些美好的事物里蕴藏着希望。

轮船何时进港

从伦敦开往阿姆斯特丹的轮船经过安全的航期，还有半个小时就要到达港口了。

这时，船长得到紧急通知：由于阿姆斯特丹港口大雾，轮船需要延迟进港，具体推迟时间大约是一小时。

大副想把这个消息赶紧广播出去，让乘客们知道。但是船长觉得这个消息一旦广播出去，肯定会引起乘客们的不满。于是他建议广播的时候可以修改一下内容："由于阿姆斯特丹港口大雾，无法按时进港，轮船大约延缓两小时进港。因此给各位乘客带来了不便，敬请谅解。"

乘客们听到这个消息，都感到很气愤，整个行程才几个小时，结果要晚点两个小时，真是不能让人接受。

"太不准时了！"

"简直不像话！"

"我们应该投诉轮船公司！"

乘客中一片抱怨声。

过了一会儿，船长让大副再次发布广播："告诉乘客们一个好消息，由于阿姆斯特丹港口大雾的情况有所好转，轮船大约延缓一小时进港。各位乘客请耐心等待！"

听到这个广播，所有乘客的怒气似乎消了一半，毕竟已经缩短了一小时，比刚才的状况好多了。

又过了几分钟，船长又接到了紧急通知："轮船基本可以准点进港了，只是晚点大约10分钟。"

于是，广播就变成了："再告诉大家一个好消息，轮船的晚点时间将由一个小时缩短到半小时。"

听到这个消息，乘客们都激动起来。

又过了几分钟，广播再次响起："再告诉大家一个好消息，轮船的晚点时间将由半个小时缩短到10分钟。"

乘客们听后，都高兴极了。虽然轮船晚点了10分钟，但乘客们感觉比正点到达还要高兴……

事后，大副不明白船长为什么不按照实际的晚点时间播报，而是采用这样的方式？

这位在船上工作了20年的船长，微笑着说："假如乘客对正点到达的期望越高，对晚点的失望就越大。假如乘客对正点到达的期望越小，对晚点的失望也就越小。我抓住乘客的这一心理，把他们抱怨的心情变成宽容的心情，失望的心情就变成了期望的心情，事情就好办得多。"

成长悟语

面对一整箱宝石，我们只选择拿走一颗，这样，既免除了争夺的烦恼，又远离了贪欲带来的痛苦。

降低自己的心理预期，并不是降低自己的人生质量，而是对自己命运的诚实回答——我不要那么多也可以！

制度与人性之美

有一年的秋天，库克力和朋友们相约一起从墨尔本出发，开车去加拿大内陆的亚当斯河看三文鱼群洄游的壮观景色。

他们兴奋地驱车行驶在路上，库克力拿出手机看新闻。新闻上说当地正在举办一场盛大的摩托车赛，大家听了开始担心起来。因为一个小时后他们将走上亚当斯河的唯一一条乡间公路，而且据一位当地人介绍，摩托车赛结束以后，散场的选手和观众也将从这条路返回。如果他们继续前行，恐怕会与返回的车队汇合，被卷进塞车的洪流；如果就此掉头回家，那将错过这异常浩荡的鱼群洄游，留下遗憾。

正当库克力犹豫不决的时候，道路前面车灯闪烁，大批摩托车朝这边涌来。摩托车、跑车、媒体用车、应急的急救车，一辆接着一辆。摩托车手们似乎在赛场上还没有过足瘾，回来的路上也开得极快，从库克力的身边呼啸而过，轰鸣声震天。这浩浩荡荡的车队，川流不息，绵延不绝，似乎永远没有尽头。

可是令人惊奇的是，没有一辆车子越过路中间的分界线。一侧虽略显繁忙，却穿行流畅；而另一侧只有库克力他们这一辆车。在这条小路上，没有交通警察，没有监控装置，甚至没有一个路标，只有路中间那条模糊了的白线。可是竟没有一个"聪明人"越过来，飞奔离去。在这极度失衡的道路上，一边密密麻麻，一边空空荡荡。从美学上讲，真是没有丝毫美感可言，却给人的内心震撼一击。

库克力被眼前的景象惊呆了，他从没有看到过这么震颤人心的美景，这美景甚至超过了看成群结队的鱼溯游而上。因为这条川流不息的车队，展示出了人类最美的道德光辉，展现了制度之美、人性之美。

成长悟语

能够推动一个国家文明前进的动力，就是这个国家人民的美德和素质。

一个国家可以制定自己的制度，这是为了表现一种公平原则。而一个群体能够毫无芥蒂地遵守这个制度，并且自然得就像是本来就应该如此，从而表现出群体中每一个人的道德水平。

让我们震撼的，往往不是一个人遵守制度，而是整个群体对制度的认可。

我们都需要帮助

星期天，史蒂芬带着他的儿子到公园里玩。儿子在滑梯上跟别的孩子玩耍，史蒂芬就坐在一旁的长椅上看着他们。这时候，一个衣衫破烂、满脸污垢的人朝这边走来，一眼看上去就知道他是一个乞丐——没有房子，没有家，没有钱。

如果平时遇到这种情况，史蒂芬会慷慨地施舍一点零钱，以展示一下自己的爱心。可是眼下，他正沐浴着阳光，享受着美好的生活，他不想这种完美的状态被打扰。也就是说，这次

他不准备做一个大善人。

他尽量回避着，不去看那个乞丐，心想：他千万不要开口向我要钱。的确，乞丐没有开口，而是默默地坐在了史蒂芬对面的草坪上，悠闲地欣赏起周围的美景来。

一阵沉默之后，乞丐开口了："今天天气真好啊！"说话的语气和内容显然与他的衣着很不搭，一个衣衫破烂的人，居然有闲情逸致跟别人谈论起天气来，而且那语调带着些许庄重，仿佛是某位中世纪的伯爵。

史蒂芬应了一声："啊，是的。"然后又是一阵沉默。史蒂芬担心的乞讨行为并没有发生，但是这种异样的平静更加让他难受。

"你是不是需要什么帮助啊？"史蒂芬脱口而出。

而乞丐接下来的一句话却让他终生难忘。

"我们不都需要帮助吗？"

瞬间，这位脏兮兮的乞丐变得形象高大起来，他是那么的充满智慧，神圣庄严，就像一位天神拯救了史蒂芬这个平凡人。

史蒂芬有美好的家庭，漂亮的妻子，健康的儿子，看上去幸福无比，他比乞丐强得多。但是，他也需要帮助，就像乞丐需要钱，需要吃的，需要温暖的房子一样，史蒂芬也有自己需要的东西。

史蒂芬给了乞丐一些钱，足够乞丐吃几天的饭。同样乞丐也给了史蒂芬一样东西，一个新的认识，一个新的观点，一些对生活的热爱。

成长悟语

也许我们一无所有，也许我们厄运缠身，也许我们无依无靠，也许我们债台高筑，但是我们依然能够给予别人帮助。就像富人能给予穷人钱财，穷人能给予富人尊敬。

给予我们富余的，收获我们需要的。

难能未必可贵

亚当斯的人生开端是不幸的，从小患上小儿麻痹症，小腿落下了残疾，走路的时候有些瘸。后来，亚当斯喜欢上了摄影，学习摄影的过程中他收获到了许多欢乐。当然，摄影的过程中，身体有缺陷的亚当斯也付出了远多于常人的艰辛，但他仍然乐在其中。

最近有一场摄影比赛，邀请到摄影大师爱德华作为评委会主席，有大批的摄影爱好者参与其中，亚当斯也报名了。他精心挑选了自己最为满意的作品，并且附带上一封介绍信，信里面详细介绍了自己的经历和遇到的困惑，希望得到摄影大师的指点。

面对众多的参赛作品，评委都非常满意。然而，当一位评委看到亚当斯的作品，感觉整幅作品构图一般，色彩搭配也无可取之处，算不上一张上乘之作。当他正要取消这幅作品的参赛资格时，他看到了亚当斯的信件。评委被亚当斯自强不息的精神感动了，他决定给亚当斯一次机会，于是，把他的作品选上了。

这时候，爱德华大师走了过来。他看到了亚当斯的作品，问其他几位评委：“这幅作品为什么会通过呢？谁能告诉我一个理由。”

几位评委围拢过来，将那封信件交给了大师。爱德华将信件看了一遍，坚定地说道：“如果是因为这封信而入选，是因为参赛者残疾人的身份，我会有不同的意见。”其他的评委沉默了，过了一会儿，审阅的那位评委解释道：“身为残疾人的作品，我们以为这样的水准已经是难能可贵了，所以不想打击这个追求上进的年轻人。”

爱德华却严肃地说道：“如果一个人这么容易受到打击，我坚持认为他也不会把摄影作为毕生的事业来追求！如果因为同情而让他获奖，会把他引导上一条完全不适合他的道路，一个人是不可能靠别人的同情取得成功的。”

比赛结束了，亚当斯的作品没有获奖，却收到了一封大师的回信。在信中，大师点评了他的作品，委婉地指出，他的摄影水平和天赋都不是很高，一个人可以有自己的爱

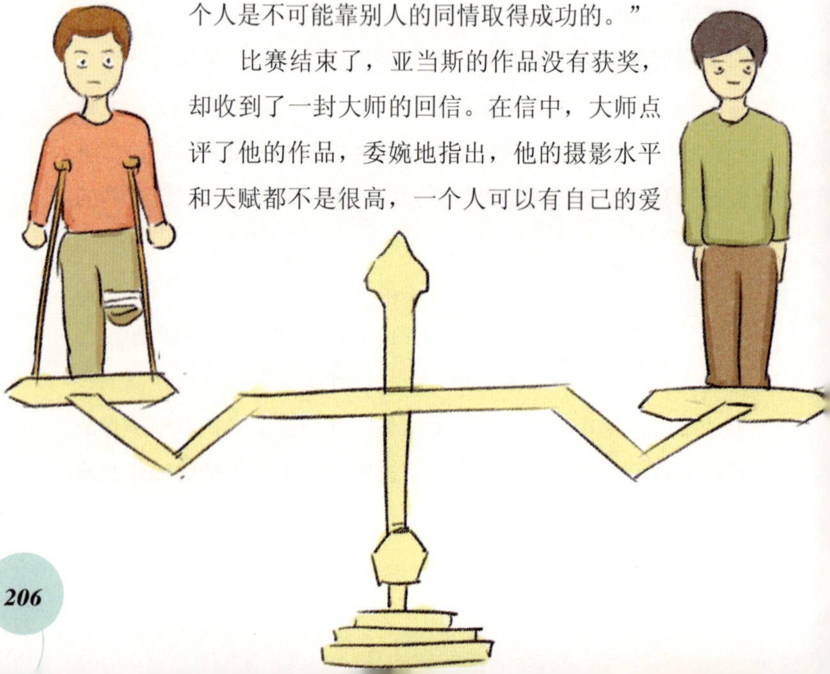

好，但是不一定要把爱好当成自己毕生的事业去做，如果在其他领域付出同样的努力，可能会收获更大的成功。

亚当斯看完回信，陷入了沉思中，他觉得自己要做出一些改变了……

成长悟语

不要把自己身体的缺陷，当成不如别人和被人同情的理由。

你可以不需要同情，你可以不需要更多能力以外的关注，你并不比别人更聪明，但是，你也不比别人更愚笨。你的努力和希望，总能够把别人的目光引向自己的闪光点而非缺陷。

忠诚是通向荣誉之路

希曼斯基被称为40年代法国诺特丹大学足球队最好的中锋。他一直以低调谦虚的形象在公众中出现。

直到一位记者透露的一件逸事。

希曼斯基被邀请在某项民事诉讼中出席作证，记者恰好在席旁听，有幸记录了希曼斯基和法官的一段对话：

“你是希曼斯基先生吗？”

“是的，法官大人。”

“你是诺特丹大学足球队的球员吗？”

“是的，法官大人。”

“你在比赛中打什么位置？”

“我的位置是中锋，法官大人。”

“你打得有多好？”

坐在椅子上的希曼斯基先是动了动身子，随即以坚定的语气回答：“法官大人，我是这个球队有史以来最好的中锋。”

希曼斯基的教练在旁听席上听到这句话颇感意外。凭他对希曼斯基的了解，他一向谦逊，从不自吹自擂。结束后，教练问他：“这可不符合你的风格，你为何愿意承认你是这个球队有史以来最好的中锋？”

希曼斯基红着脸说：“教练，我本来不想这样说，但我已对着《圣经》发誓，所言要句句属实啊。”

成长悟语

谦虚是个人修养，忠实则是对外不作假。谦虚地表达自己无损自身，对外不忠实则是不负责。希曼斯基忠实的一句话丝毫不降低他谦虚的品质，反而使之更加高大。忠诚的问题真正解决了，诚信问题也就迎刃而解。

第十四篇

处世：现实中跌倒后记得再爬起来

为什么**不反抗**

“孩子，从今天开始你就要在我这里工作了，你要记住：你的工作时间是早上6点到晚上8点，你不可以进我的房间，不可以随便触摸任何东西，不可以看电视。当然了，更不可以发出太大声音，你知道的，楼下住着一个警察，我可不想惹到他！”路易斯太太无情地对丽莎说。

丽莎是这里的保姆，路易斯太太今天第一天雇用她。

尽管丽莎是一个开朗的小姑娘，但听到这些话，她还是低下了头，轻轻“嗯”了一声，表示接受路易斯这些苛刻的要求。

开始工作了，路易斯要求丽莎收拾房间，丽莎拿起抹布走进了卫生间。此时路易斯正在看电视，她便开始抱怨水声打扰了她的清净。丽莎去擦玻璃，路易斯又开始吼叫了：“我说过了不让你触摸任何东西，这样吧，今天的工钱我只给你一半好了。”可是打扫房间怎么可能不触摸任何东西呢？路易斯很显然是在难为丽莎。100平方米的房间丽莎打扫了近两个小时……

一天的工作让丽莎非常劳累，可她刚睡下，路易斯的声音又传来：“丽莎，帮我倒杯咖啡。”咖啡刚送到路易斯的手上，路易斯就像触电一样叫道：“为什么这么烫?”丽莎耐着性子倒了一杯温咖啡后，终于结束了今天的工作。

当丽莎正想离开的时候，路易斯叫住了她。“你觉得今天的工作怎么样？”

丽莎没有说什么。而路易斯却焦虑地站起来，来回踱步。她停了下来，对丽莎说，“你知道的，打扫卫生哪有不碰触东西的呢？你也知道，我让你倒咖啡的时候，已经超过了工作时间，而且，我在一开始就跟你说过，楼下有一个警察，你只要敲开楼下的门，这一切都将结束……我的孩子，你为什么不知道反抗呢？”

成长悟语

面对那些不公正的待遇、不合理的要求，我们必须学会拒绝和反抗。因为没有人会对你的委屈负责，也没有人有义务为你的委屈负责，因此，你必须学会对自己负责。

魔术背后的真相

杰拉尔出身于欧洲有名的魔术家族，他的家族创造了许多长盛不衰的魔术。杰拉尔当然不会给家族丢脸，他创造出一项空前绝后的魔术——牙齿接子弹。

杰拉尔首先会请一位军官上台，检查枪与子弹，然后把子弹做好标记装进枪里。一位助手站在离杰拉尔5英尺的地方朝他开枪，枪响后，所有观众都屏住了呼吸，只见杰拉尔张开嘴，从嘴中取出一颗子弹。他请之前那位军官检查，确实是做过标记的那颗子弹。全场轰动，为杰拉尔家族的又一创举欢呼。

人们纷纷猜测魔术背后的真相，做了各种各样的设想，也有人尝试，但没有人成功。只有杰拉尔一遍一遍地表演着这个魔术。强烈的好奇心驱使人们去问杰拉尔，魔术究竟是怎样操作的。杰拉尔说："这不是魔术，是我真的用牙齿接住了子弹。"人们当然不会相信杰拉尔的话，魔术就是魔术，世界上不存在魔法，也不存在超能力，一定是杰拉尔那过人的头脑想出来的技巧。同行也纷纷到杰拉尔家探秘，杰拉尔仍旧说："这不是魔术，是我真的用牙齿接住了子弹。”这激怒了同行，甚至有人当面责问他：“作为一名魔术师而否定魔术背后的真相，你不觉得羞耻吗？”

杰拉尔回答：“我用牙齿接住了子弹，这就是真相。”

杰拉尔仍在各地巡回演出，一遍一遍地接子弹，直到演够1000场。

第1001场演出安排在杰拉尔的故乡，他那伟大的魔术师祖先们的安葬地。演出这天，杰拉尔照例走上台，照例请一位观众给子弹做标记。当助手上膛把枪对准杰拉尔时，杰拉尔说：“今天你们将看到魔术背后的真相。”随着一声枪响，杰拉尔倒下了。

起初观众以为是杰拉尔设计的环节，直到杰拉尔的鲜血从身体下涌出来，人们才发现，杰拉尔真的中弹身亡了。

这引起了一场大骚动，杰拉尔的助手被推到风口浪尖。他拿出一份杰拉尔拟好的遗嘱，里面有关于这场事故中对助手的免责。人们不知道杰拉尔为什么要让助手射杀他，助手说：“牙齿接子弹是事实，不是魔术，然而没有人肯相信他。他只能通过这种方式来证明事实。”

成长悟语

信任是一种有生命的感觉，信任也是一种高尚的情感，信任更是一种连接人与人之间的纽带。你有义务去信任另一个人，除非你能证实那个人不值得你信任；你也有权受到另一个人的信任，除非你已被证实不值得那个人信任。

难产的**金锅**

有一天，科拉罗到巴依家去借铁锅。巴依以吝啬出名，当然不肯借给科拉罗。最后科拉罗表示用自己的小毛驴做抵押，巴依才允许他把铁锅拎出门。

第二天，科拉罗准时归还铁锅，并且还带来一口小锅，巴依好奇地问：“科拉罗，你带这口小锅来干什么？”科拉罗神秘地说：“巴依先生，你昨天借给我的铁锅是一口怀孕的锅，今天早上到你这儿来的时候，它刚好生了一口小锅，所以我一并带来还给你！”巴依当然不信铁锅会怀孕生子，他自作聪明地以为科拉罗是个蠢货，为了占便宜，得到这只小锅，他装腔作势地说：“是啊，是啊，我昨天借给你锅时，它正怀着孕呢！”然后让科拉罗牵走了小毛驴，并装作一副慷慨的样子说：“科拉罗，今后不管你借什么东西，都尽管来我这儿好了。”

此后，科拉罗每借一件东西，都会像上次一样还给巴依一件小东西，巴依脸上笑得合不拢嘴，心里却在不停地嘲笑科拉罗。

过了半个月，科拉罗愁眉苦脸地来找巴依：“巴依老爷，我的母亲生病了，我想借你那口祖传的金锅为母亲煎药。”巴依一想到过几天就有两口金锅到手，便毫不犹豫地把金锅借给科拉罗。谁知这次科拉罗过了很久都没来还锅，巴依等得不耐烦了，决定亲自上门去讨回来。正在这时，科拉罗匆匆地跑进来，上气不接下气地说：“巴依老爷，不好了，你借给我的那口金锅由于难产不幸死掉了！”

巴依瞪大眼睛，厉声骂道：“胡说，金锅怎么会难产死掉呢？”科拉罗立即提高声音说：“巴依老爷，你既然相信锅会生孩子，那为什么不相信它会难产而死呢？”

成长悟语

想让别人顺着你的步调走，就得先按照他的步调来！对方的性格，可以成为你与之交往的原则。对善意的人返回以仁爱，对恶意的人回馈以严厉。

当爬地草遇到参天大树

农场里有个大花园，里面有很多花。春天里百花齐放，特别漂亮。

玫瑰抖了抖娇艳的花瓣，高傲地说：“你瞧，你瞧，我多漂亮。红红的花瓣绿绿的茎，特别惹人喜爱！”

一旁的向日葵面对太阳，笑呵呵地说：“光漂亮有什么用，你看，我多么特别，只有我能每天都面对着太阳。”

看它们俩喋喋不休，一旁的郁金香插嘴道：“你们都别争了，我才是最特别的。看，我的名字多有意境——郁金香！”

一时间，花园里热闹极了。这时，地上有一种叫爬地草的植物开始在花园里蔓延，它看了一眼正在斗艳的花儿们，暗自嘀咕道：“它们真傻，还在这比美，不知道我已经在悄悄占领它们生活的空间了吗？”

爬地草继续生长，它悄悄地顶出污泥，肆意向四方伸展。它的根茎有着很强的蔓延力，而且繁殖迅速、不怕践踏，看见空地就占，遇到缝隙就钻，妄想称霸整个花园。

没多久，玫瑰、向日葵、郁金香都感觉自己的空间越来越小，低头一看，花园的地面上都是爬地草的身影。没过多久，爬地草已经欣欣向荣地占满了整个花园，而之前那些争着出风头的花儿们都相继凋残了。看着鲜花一株株地凋谢枯萎了，爬地草洋洋得意，神气十足地说：“光是漂亮、特别有什么用？不还是被我占去了地盘，连生存的机会都没了？”完全占领了花园的爬地草开始变得盲目自大、不可一世起来。

有一天，它爬到了一棵参天大树下时，却被那粗壮的树干顶住了，任凭它怎么使劲，都无法再向前迈进一步。

于是，爬地草非常嚣张地厉声吆喝：“喂，你还不知道我的厉害吗？花园里那些浑身带刺的玫瑰花，还有高高大大的向日葵，都被我赶走了。你是谁？居然敢拦住我前进的道路！”

“放心吧！”巍然屹立的参天大树看了一眼矮小的爬地草，说，“我是谁你不需要知道，你只要知道一件事就好——我是不会和你争空间的！你在乎和抢占的不过是你脚下那狭窄的土地。而我追求的，是头上这辽阔蔚蓝的天空。”

成长悟语

不是每一个人都想侵犯你的利益，因为你追求的利益在某些人眼里或许根本就不值一提。当你把对方幻想成敌人时，对方或许连你是谁都不知道，那你的敌人除了自己，还会是谁呢？

莱恩的“椅子”

莱恩从小就有一个梦想，那就是当军人。他认为军人是世界上最坚强的人，是可以保护其他人的人。然而，莱恩的父母都认为当军人太过危险，不如毕业后找一份稳定的工作。最后迫于父母的压力，他还是尝试着找了一份业务员的工作。

正式工作后，莱恩发现这份工作实在不适合他，他每天的工作只算得上混日子。看着自己的同事享受工作的样子，莱恩对这份让自己浑身不舒服的工作感到非常迷茫。

最终，他毫不犹豫地辞去了这份工作。莱恩的父母仍坚持认为他应该找一份稳定的工作。就这样，在以后的日子里，莱恩不断地找了几份工作，但每份工作他都没做多长时间就以各种理由辞职了。

这时，莱恩的状态已经让父母意识到他们强迫他做不适合的事可能是个错误，于是他们找到了莱恩，跟他进行了一次真诚的交谈，莱恩问父亲：“我应该怎么选择？是选择自己的梦想，还是遵从你们的意愿？”

他的父亲这样回答：“孩子，我们已经想通了，如果你想同时坐两把椅子，你只会掉到两把椅子之间的地上。在生活中，你应该选定一把椅子。”

听了父亲的话，莱恩最终选择了军人这把“椅子”。一年一度的征兵工作开始了，莱恩第一个冲上前去打听情况。他欣喜地拿了一张登记表，填上了自己的信息。半个月后，莱恩坐上了去军队的火车。

到了军队，莱恩才真正找到了自我。他刻苦训练，认真锻炼，3个月后成为新兵里最优秀的士兵。在一次军事演习中，军队故意制造了炸弹爆炸的意外情况，让新兵处理。没见过炸弹的新兵都吓傻了眼，只有莱恩镇定地组织大家躲避袭击，清理伤口，直至安全撤退。演习结束后，莱恩破例成为上等兵。

成长悟语

别试图坐两把椅子，因为那会让你在选择中错乱和迷茫。选定一把，然后让它成为支撑自己事业的工具，也让它成为自我休憩的场所。

蜥蜴和麝

在东非的绿洲上，生活着一种美丽的蜥蜴，它们有着色彩绚丽的表皮，太阳出来的时候，它们就会三三两两出现在岩石上晒太阳，这个时候，它们皮肤的色彩艳丽极了。

捕猎者们为了得到它们美丽的皮肤就猎杀它们，剥下它们的表皮。当地居民试图活捉它们，但无论怎样高明的捕猎者，都无法实现这个愿望。因为这种蜥蜴的身手非常敏捷，只要有一丝风吹草动，它们就会溜之大吉。令人惊奇的是，蜥蜴只要一经猎杀，它们的表皮就会在几秒钟之内黯然无光，最后变成像泥土一样粗糙的东西。

同样还有一种名叫“麝”的动物，它们跟东非的蜥蜴一样都有“报复”心理。麝的身上有一种香，是珍贵的香料。麝香只产于雄麝身上，想获得麝香，就需要猎杀麝。但所有的猎人都知道，麝是一种“聪明绝顶”的动物，只要发现自己的生命受到威胁，就会在猎人开枪之前，迅速咬破自己身上含有麝香的囊。

成长悟语

美丽依附在生命之上才显得高贵。

如果我们的优势为自己带来的是灾难，那么掩饰自己的光芒永远比锋芒毕露要显得安全。如果让自己显得不那么优秀，能够没有危机地活着，那么，这也不失为一个很好的生存技法。

学生会主席

戴维和特里同是牛津大学的新秀。

在一次竞选学生会主席的活动中，两个人的支持率不相上下，只剩下两周的时间就要公开投票了，学校里每一个人都在猜测到底谁能得到学生会主席的位置。

距离投票日期还有10天，意外发生了，特里突然爆料：戴维在过去就读高中期间，因为向其他学生兜售违禁品而遭到学校处分。

这件事情的公开使得戴维的支持率明显下降。戴维知道这个消息后马上开展校园演说，澄清自己当时仅仅是因为好奇吸食过大麻，还因此得到过处分，但是自己从来没有向任何人贩卖过违禁品。

投票前3天，戴维曾经就读的伊顿公学的相关领导做出证明，戴维当年确实仅仅是因好奇吸食过大麻，还被罚禁闭一周并抄写500行《圣经》，但是，他的确没有贩卖过违禁品。

投票前2天，戴维郑重地要求特里向他公开道歉，本来戴

维以为特里会拒绝道歉，但是没想到特里果断地向全校发出邀请，第二天聆听自己的公开道歉。

投票日的前1天，特里在全校师生的面前，做了一场道歉演说，这场道歉演说感人肺腑，特里对自己做了自我批判，并做出承诺：在学生会主席的竞选中，自己将会投戴维一票。这场演说几乎让所有人重新认识了特里。

学生会主席公开投票当日，奇妙的事情发生了。许多人都以为会是真诚道歉的特里获选学生会主席，但是，却是戴维当选了主席，因为他诚实地道出了自己过去的错误而不是隐瞒。

坐在角落里的戴维露出满意的笑容，仿佛在庆祝自己一手导演的“违禁品”闹剧。原来，特里之前获得的消息是戴维让人传出去的。

成长悟语

故事不到最后一刻，你永远不知道真相是什么。

所以，不要轻易地给自己定下一个是非观，因为你片面地判定永远决定不了到底谁是受害者谁是施害者。面目狰狞的男人身后可能是藏着手捧鲜花的天使，童真可爱的女孩身后可能是藏着手持尖刀的恶魔。

第十五篇

财富：金钱是品德的行李

致命的**财富**

老戈登是一位成功的珠宝商人，他常常乘船从南半球搜罗奇珍异宝带到北半球的港口贩卖。

这一次，他和儿子运送着一箱珠宝途经加勒比海。父子二人心中都有些忐忑，因为这个地方经常有海盗出没，非常危险。于是，他们守着箱子寸步不离。

这一天，老戈登吃完午饭走到甲板上晒太阳，路过水手间时，突然听到里面几个人正粗声大气地合计一桩阴谋。

“我看见那老头儿带的箱子了，里面全是珠宝！干成这一笔，咱们能在文莰皮尔斯港醉生梦死好几年了！哈哈哈

哈……”

“等天色暗下来就动手，晚上多给他们灌些伏特加，独眼龙约克，这次就由你动手。”

“没问题，看我的吧！不行我就直接杀了他们！”

老戈登听到这些话吓得险些晕倒，他满以为只要安全经过加勒比海就毫无问题，没想到海盗的行为如此猖獗。但是生气归生气，他很清楚自己和儿子两人在这茫茫大海上是绝对斗不过他们的。他踉跄着回到船舱，把刚才听到的话告诉了儿子。儿子更是如临世界末日般，一边抱怨老天一边给自己做起临终祈祷。

突然，老戈登一脚踹开船舱，拽着儿子，把他拖到甲板上，冲着儿子大吼：“你这个撒旦派来的恶魔，我真后悔当初没有把你扔进马厩里！”

儿子错愕不已，也朝着父亲大喊：“你疯了吗？”激烈的争吵声把水手们都吸引出来，在甲板上围了一圈。

老戈登趁势冲进船舱，把珠宝箱拖了出来。他把珠宝箱拖到船头，冲着儿子大吼：“我就是把这些扔进海里，送给鲨鱼，也不会送给你这个畜生！”说完就把箱子扔进了大海。

父子两个看着船头激起的浪花，因惨痛的损失落泪。水手们面面相觑，也只好打消了这次计划。

成长悟语

当一个人有钱而没有智慧，钱就可能变成他的祸患。

就是一颗石头

每天，芬妮都要经过一座大桥，才能去河对面的镇上上学。

一天，她放学回来之后，从书包里拿出一颗闪亮的石头给妈妈。妈妈拿过这颗石头，说了句："真漂亮！这是从哪儿来的呢？"就随手还给了芬妮。

芬妮说："一个叔叔给我的，说它是一种叫作钻石的石头。"

妈妈听她这么说，就详细地问芬妮事情的经过。芬妮只是说："我在大桥上遇见了一个叔叔，他给了我这颗石头。"

妈妈说："你做了什么？他凭什么给你？"

芬妮说："我什么也没做！"

妈妈觉得事情有点蹊跷，就去珠宝店求证。结果那颗钻石竟然是真的。这颗钻石有鸽子蛋那么大，竟然有人随便把它给了一个小姑娘。

很快，小镇上的人们都知道了一个小姑娘得到一颗大钻石的事情。很多人都不解，为什么这个小姑娘得到了这颗钻石？她一定做了什么。而芬妮呢？不管谁问："你做了什么？"她始终回答："我什么也没做！"

一时间，对于芬妮的流言蜚语充斥着这个小镇，一个人说："她肯定和这个男人有什么关系。兴许，这个小女孩是被领养的，那个男人是这个小女孩的亲生父亲。"另一个人说："这个小姑娘肯定隐瞒了什么，这么小就知道撒谎了！"

之后，这件事引起了社会上的广泛议论，有的记者甚至开始去寻找这个送钻石的男人。

不久之后，这个男人出现了。他拥有一个庞大的家族企业，原本他们一起齐心协力经营事业，可是，他的父亲有一天得到了一颗价值连城的钻石，他们的家族开始变得不平静了。他的哥哥姐姐们都想得到这颗钻石，经常在家里吵得不可开交。因此，自己的父亲被气得病死了，临死之前，把这颗钻石给了这个男人，也就是他最小的儿子。

父亲的死给了他很大的打击，加上哥哥姐姐争夺钻石的行为很令他伤心，于是他打算把这颗钻石扔到这条河里，可是正在犹豫的时候，他看见了这个小女孩。小女孩称赞他手上的石头真漂亮，并一脸微笑地望着自己。他愣了一下说，“对，这只是一颗很漂亮的石头！我把它送给你吧！你值得拥有它。”

成长悟语

在成年人的眼中，钻石等同于金钱，它是财富的象征。但是，在孩子眼中，钻石就只是闪亮的石头而已，他们第一眼看到的并不是钻石的价值，而是它最简单的美。所以，他们享受的是它最本质的一面，更不会因为拥有这种美好而惶恐万分。

天上不会掉馅饼

有个乞丐每天都在小镇里要饭吃，每次只能要到一点儿，勉强填饱肚子。有一天，他想：镇上的有钱人没几个，再怎么要也要不到什么。还是要去大城市，那里有钱人多，他们不给是不给，一给就很多。下定决心后，他就孤身一人来到大城市。

四处侦察之后，他锁定了一片别墅区，这里住的都是大老板。在来回别墅的必经之路上，他等着有钱人出现。

差不多半天的时间，终于来了一个人。这人边走边打电话，看上去非常匆忙。快到乞丐面前时，乞丐一把拦住他："好心的人，可怜可怜我吧！我做生意被骗了，欠了一屁股债。一把大火又把我家烧得一点不剩，求求你帮帮我吧！"这个人看他枯瘦如柴，破衣烂衫，觉得他确实挺可怜的，直接给了100美元就走了。乞丐行乞这么多年，还是第一次要到这么多钱。他非常激动，心想来大城市是来对了，有钱人出手就是不一样。

第二天，他又坐在这里等，又等到了昨天那个富翁。他又上前拦住，哀求道："家里遭了火灾之后，我妻子就跑了。唯一的女儿还得了白血病，现在手术需要一大笔费用，求求你发发慈悲吧！"富翁还是什么都不说，直接递给他100美元。

后来，乞丐每天都在那里守着富翁经过，富翁也好像习惯了一样，每次都一声不吭，扔下一张100美元就走了。

到一个月的时候，富翁突然一改往日的做法，他把钱给乞丐之后没有立刻走掉，而是和他聊起来。富翁说："不用再骗我了，我知道你没有被骗，你家里也没有被火烧，你女儿更没有得病，你是为了自己吧？"

乞丐一听富翁突然揭穿自己，一下子措手不及，但他还是强撑着说："既然你都知道，为什么还给我那么多钱呢？"富翁说："我帮助你，是因为我曾经也是个乞丐。我一天给你100

美元，一个月了，你应该有3000美元了。我最初就是以3000美元做本钱，倒卖海鲜，后来越做越大，现在已经掌控了这个城市所有的海鲜销售渠道。我希望你也可以做点小生意，尽早自食其力。”乞丐没说什么，拿了钱就走了。

三天过去了，富翁都没有再看见乞丐，他猜想乞丐可能真的去做生意了，心中十分高兴。但是第四天，乞丐又出现在富翁面前，说他这次做生意赔了，给的钱全部搭进去了。富翁问他做的什么生意，乞丐说：“也是海鲜生意，我弄了些鱼去卖，没卖出去，都烂了。”富翁听了，冷笑一声，说：“我都告诉你了所有的海鲜生意都在我这儿，你还去做，根本就没动脑子！你就是做乞丐的命。”说完，富翁看也没看他一眼就走了，更没给他一分钱。

成长悟语

一个人有钱没钱不一定，但如果这个人空有梦想而没有实现的才能和思考，那么，这个人是穷定了。你可以提供给别人财富上的帮助，但你永远帮助不了他在思维上的进步。

温暖的恩惠

深秋的夜晚，麦克独自一人在大街上散步。

迎面走来一个衣衫褴褛的老人，挡住了麦克的去路。他向麦克伸出红肿、布满污渍的手，呻吟着，哀求施舍，浑浊的眼睛里都是对麦克的期待。这位老人的脸色惨白，没有一丝血色，嘴唇因天气寒冷而冻得发紫，衣服肮脏、粗糙甚至衣不遮体，还可以看到身上已经结痂的伤口……

麦克怔怔地看着这个老人，然后在身上每一个口袋里摸索。可是，他只是出来散步，什么都没有带，没有钱包、没有手表，连一块手帕也没有……他只好站在原地，对老人报以一个歉意而无奈的笑容。

老人摇摆着手，示意没有关系。这时麦克更加愧疚了，他突然走上前去，紧紧地握住了老人布满污渍的手："非常抱歉，我身上什么也没有带。"

老人仿佛惊叹于麦克的举动，然后他用红肿的眼睛凝视着麦克，笑了笑，说："哪儿的话，朋友。"他紧紧地回握住麦克的手说，"这已经是很值得感谢的了，这也是恩惠呀。"那一刻麦克居然感受到的是来自老人手心的温热，在老人眼中看到的也不再是凄楚。

麦克顿时感受到一种来自人与人之间的温暖，他笑着说："我明白了，我的朋友，我也从你这儿得到了难以言表的恩惠。"

成长悟语

拿金钱衡量一切的人，灵魂是非常贫穷的。那些自以为高高在上，在物质上给予他人施舍而不舍得给予真切关怀的人，不过是用物质在贫穷的内心建造一个空中楼阁。给予一份真诚，才能让对方和自己同时感受到温暖，也感受到自己并不孤单。

拿到很多土地的伊万

伊万是一个贫穷的农夫，他耕种着西伯利亚最贫瘠的土地。他每天早出晚归，拼命地劳作，可家里的四个孩子还是因为饥饿而啼哭不止。伊万愁眉不展，随着孩子们越来越大，他也越发感到生活的吃力。

一位天使路过伊万的家，看到伊万的处境后十分同情，就现身在伊万面前，允诺帮他改变困境。

天使问伊万："受上帝庇佑的农夫，你需要我为你做什么呢？"农夫回答说："请给我足够的土地，有了土地，我就能养活我的家人。"天使说："出门去吧，向前奔跑，你跑过的土地都归你所有。"

伊万立刻开始奔跑，使出全身力气快速地奔跑，他脑子中只有一个念头："土地，我需要更多的土地。"跑了很远很远，伊万累得气喘吁吁，他本想停下来休息一会儿，但想到家里挨饿的妻子和孩子，就又使尽全力向前跑去。又跑了很久很久，他跑了足够远，这时可以停下来休息一下了吧？"不，我还需要更多土地，"伊万这样想，"要摆脱贫穷的生活，我必须更努力地奔跑，获得更多的土地。"

突然，"扑通"一声，伊万因为过度劳累倒在地上死去了，而此时，

他的妻子和孩子正站在家门口等他。伊万虽然拿到了很多土地，却再也不能跑回家了。

成长悟语

得到太多就等于什么都没得到。人生最大的幸福不在于不停地拥有，而是感受适可而止的幸福。有所缺乏、有所祈祷、有所欲望、有所野心，这才是最好的状态。

财富和成功**跟随爱**

菲尔正在准备晚饭，突然听见门铃响了，打开门一看，三个衣衫褴褛的老人齐刷刷地立在门口。菲尔猜想他们一定是无家可归的流浪老人，就邀请他们共进晚餐。

三个老人听后相视一笑，他们告诉菲尔自己并不是流浪老人，而是财富、成功和爱。但是，她只能邀请三位中的一位，于是菲尔就回到房间询问丈夫和女儿。

菲尔一家人开始商量，菲尔想让财富进屋，这样就能给自己的女儿买更多的玩具，给家里买更多的食物。而菲尔的丈夫更想让成功进屋，因为菲尔的丈夫想承担起一个家的责任，自己越成功就越能给整个家带来更好的生活。这时菲尔的女儿说道："为什么不让'爱'进来？有了爱，我可以不要玩具，可以不吃好吃的，不住大房子……"

菲尔和丈夫笑了，他们走到门口，告诉三个老人他们选择了"爱"。

菲尔一家人簇拥着爱进了家门，家里立刻充满了欢声笑语。才过了一盏茶的工夫，他们惊奇地发现财富和成功竟然不请自来也围绕在他们的身边，菲尔甚至不知道他们是什么时候进来的。成功笑着回答："不错，如果你们选择了我或者财富，那另外的两位就会留在门外。但是你们选择了爱，没有了爱我们也不知道该去哪儿，所以我们偷偷跟在他的后面，依赖着他而生活。"

成长悟语

抢来的财富总会流失，骗来的成功无法长久。爱才是人生最伟大的信念，有了爱才会有一切。因为心中有爱，你才会对自己的工作和生活充满热情，你才不会让自己在困境中沉沦，拥有爱心，你的人生就会获得财富和成功。

重视知识的犹太人

犹太民族是世界上最有智慧的民族之一，犹太人无论在财富还是在自然、社科等各个领域的成就都名列前茅。在诺贝尔奖获得者中，犹太人所占比例极高，美国百分之二的犹太人更是占据着美国大部分的财富。但是，他们拥有智慧并非源于上帝的特别垂青，而是因为他们重视知识。

在犹太人出生后刚刚具有认知能力时，母亲就会在《圣经》上滴一滴蜂蜜，然后让孩子去吻《圣经》。孩子尝到了蜂蜜的甜美，就在心灵深处种下印象：书是甜蜜的，书是值得爱的。

随着孩子慢慢长大，母亲会不断地给他灌输知识是多么宝贵的思想。一位母亲这样问她的孩子：“如果家中着大火了，你该带走什么呢？”孩子眨眨眼，说：“带我的玩具小狗，如果没有它，我肯定会闷死的。”母亲摇摇头，笑着说：“在你闷死之前，早就因为没有吃的而饿死了。”孩子灵机一动说：“我知道了，带面包，这样我就不会饿死了。”母亲又摇摇头说：“面包带得再多，也有吃完的那一天，到时候还不是会挨饿？”孩子被母亲弄糊涂了，他不知道到底该带什么好。母亲说：“应该带知识。有了知识，就有生存的能力，走到哪里都不会挨饿受冻。”

等孩子长大了，父母会专门为他做一个书柜，里面放上各种书籍。犹太人爱书是举世闻名的，他们会在床头放一本书，而坚决不会把书放在床尾，他们觉得那样和践踏书籍一样有罪。犹太民族每一个城镇、村庄都有藏书丰富的图书馆，出于教规，犹太人每周都有一天“安息日”停止劳作，而图书馆的工作是永远不会停止的。

正是由于对知识的热爱和尊重，犹太民族得以在多次残酷的打击与毁灭中存活，并在失去土地、颠沛流离的生活中培养出许多伟人，最终在贫瘠的土地上重新建立起一个文明富有的国家。

成长悟语

与其积攒满箱子的金银，不如积攒满肚子的学问。知识是头上的花环，而财产是颈上的枷锁。

知识是青年人的最佳荣誉，是老年人最大的慰藉，是穷人最宝贵的财产，是富人最珍贵的装饰品。

多丽丝的圣诞节

圣诞节就要到了，妈妈给了多丽丝两枚银币，让她去买些圣诞礼物。

多丽丝走在街上，一个乞丐跑过来向她伸出手，看样子他真是饿得不行了。多丽丝就慷慨地给了他一枚银币，这足够他一整天的生活费用了，乞丐连连点头表示感谢。

不远处，还有一个上了年纪的乞丐蜷缩在那里，他全身围着破旧的衣服，只有脑袋露在外面。风一吹，老人就冻得打了个冷战，多丽丝看了，难过极了，她把自己的围巾围在了老人的头上。

多丽丝继续向前走，一个冻得瑟瑟发抖的小孩躲在墙角，多丽丝赶紧走过去，把自己的大衣给了他，她想，就把这件大衣当作圣诞礼物送给这个孩子吧，也许这件大衣能帮他平安度过寒冷的夜晚。

商店就在眼前了，多丽丝加快了脚步。一位老奶奶拦住了她，老奶奶说："孩子，我很冷，你能给我件衣服吗？我送给你一个零钱袋做交换，好吗？"多丽丝觉得老奶奶实在太可怜了，就把衬裙脱下来，穿在了老奶奶的身上。她接过老奶奶送给她的零钱袋，把剩下的一枚银币放在里面。

等多丽丝哆哆嗦嗦地跑到商店，打开零钱袋一看，里面的一枚银币竟然变成了好多枚金币。她简直不敢相信自己的眼睛，这些钱足够她买好多好多礼物了。

后来，可爱的多丽丝把买来的礼物分给了更多的人，她希望大家都能过一个快乐的圣诞节。

成长悟语

同情别人能为自己带来快乐，对他人慷慨也能使自己有所收获。

当我们把自己更需要的东西给了别人，这才叫作慷慨。所以，这种行为可以称之为一种牺牲，也正是这一点牺牲，才让我们有资格得到别人的感谢！

第十六篇

亲情：父母是孩子最亲密的伙伴

一双鞋

在北爱尔兰的某个村子里住着一个老妇人。她的丈夫很早就因病过世了，唯独留下一个儿子。老人很疼爱这个从小就失去了父亲的儿子，含辛茹苦地把他养大。终于，儿子长大了，成为一个男人，他结婚了，还生了一个孩子。

而这个时候，老人却老得步子也迈不动了，走到哪儿都磕磕绊绊的，眼睛也看不清东西了。

男人开始觉得老人是个累赘，总想着把她赶出家门。这一年冬天，他终于很委婉地跟妻子说："母亲一辈子都待在这里，什么世面都没见过，咱们让她到外面的世界去闯闯吧。"

妻子求他不要这样做。可是男人想，"我已经没有义务再照顾她了，她现在老得只能成为我的负担"。于是，他坚持要把年迈的母亲赶出门去。

妻子只好说："那至少给她买一双鞋吧，这样，她才能走好外面的路。"

他禁不住妻子的哀求，说："好吧，就给她买一双新鞋吧。"

就在这个时候，他那还睡在摇篮里的儿子突然说话了："爸爸，你根本没必要给奶奶准备新鞋，

随便给她一双就行了。剩余的钱，您就好好保存着。等我将来长大了，我还可以给已经老去的你买一双鞋，让你也到外面的世界去闯闯。”

成长悟语

父母是孩子的第一任教师，他们对孩子，特别是幼儿的影响最大。所以，孩子身上的多数习惯——无论是好习惯还是坏习惯，都是我们做父母的有意或无意培养出来的。在这个过程中，父母在教育孩子的同时，也应该进行自我教育。

苹果树

男孩很小的时候，特别喜欢在一棵苹果树下玩。他每天都在树上爬上爬下，果实成熟的时候，他就爬上树摘苹果吃，有时候，他又会在树下打盹，而苹果树为他挡风遮雨，给他讲故事。

随着时间流逝，男孩长大了，他看见了苹果树以外的世界，心思就不在苹果树上了。男孩看见了新奇的玩具，非常想要，而苹果树就把自己的苹果送给了男孩，让男孩卖掉苹果，然后买心爱的玩具。

男孩到了要工作娶妻的年纪了。他一直在努力挣钱，更加没有时间和苹果树在一起。男孩告诉苹果树自己需要一栋房子。苹果树就让男孩把自己所有的枝干砍下来造一座房子。男孩住在房子里，和妻子幸福地生活，就更少去看望那个只剩一根树干的苹果树了。

之后，男孩怀抱着雄心壮志，望着大海想要完成自己旅行的梦想，苹果树就把自己仅剩的大树干送给男孩做一艘船。

当男孩老了的时候，看着只剩下一个树墩的苹果树，他对自己说："这样也好，我现在没有牙齿，吃不了苹果。腿脚也不利索，爬不了树……现在，我就只想坐下来好好休息一下……"

这个时候，树墩说话了："你就坐在我的身上吧。"

成长悟语

对逐渐长大的孩子来说，父母慢慢地变成了一棵苹果树。他们曾经给予我们果实、木材，他们曾经是我们休憩的场所，为我们带来保护和温暖。

但是，有些人永远不会和一棵树去交流。得到果实的时候，他不会说"谢谢"；砍掉树枝的时候，他不会说"对不起"。

背着爱的母亲

迈伦到中国旅行的时候，想去喜马拉雅山的圣庙进行朝拜。同行的导游告诉迈伦，如果是真心想要拜佛，就要从山脚下开始步行，沿着山路一直走到圣庙才能表达自己的真诚。于是，迈伦第二天就和翻译朋友一起带着简单的行李向圣庙步行走去。

高山上的空气十分稀薄，虽然迈伦带的行李并不多，但是

在缺氧的情况下，身上背包的重量已经让迈伦气喘吁吁了。

当迈伦和翻译坐下来休息的时候，他们看到一位母亲背着一个孩子正蹒跚地走着，看样子也是往圣庙的方向去。这位母亲的双手一直护着背上的孩子，虽然山上一点都不热，却能看到她额头上满是汗水，看起来，她身上的孩子加上食物和水，一定非常的沉重。

迈伦用蹩脚的藏语问这位母亲："肩膀上的重量一定很辛苦吧？需要帮忙吗？"

谁知这位母亲却说："你的背包也许很重，但我的肩膀上是我的孩子，一点都不重。"

当身边的翻译把这位母亲的话翻译给迈伦的时候，迈伦顿时感受到一种深沉的母爱：自己背上的是行李，而这位母亲背上的是母爱，爱不是负担，所以不重。

成长悟语

爱不是负担，而是一种喜悦的关怀与无求的付出。如果有人认为爱是沉重的，那么这一定不是真爱。

让母亲来洗盘子

因为麦森教授家原来的佣人老了，珍妮被介绍到麦森教授家当佣人。

当天晚上，麦森教授一家吃完饭，珍妮赶紧把桌上的杯盘收拾下去，正准备洗盘子的时候，麦森教授走进厨房，对她喊道："不急，不用你洗。"

麦森教授将盘子放进水池，先大略地冲去上面的油污，然后，把自己年迈的母亲扶进了厨房，笑着说："妈妈，该洗盘子了，要不明天的早饭就得耽搁了。"

珍妮很不解，家里都请了佣人，为什么还让老人洗？可是，转眼一看，只见老人一改餐桌上的萎靡，一脸兴奋地走到水池边，慢腾腾地洗起盘子来，花了足足半个小时才把杯盘洗完。仔细看，那些杯盘上面，有的还残存着油污。

珍妮更加不理解，老人都洗不干净，为什么还让她来做呢？

麦森教授却很高兴地对老太太说："妈妈，您累了吧，歇歇吧！今天您受累了，要不是您把碗洗干净，明天的早饭都没办法吃了呢。"他拿了块毛巾，给母亲仔细地擦手。

麦森教授搀老太太回房后，又返回厨房，把碗重新洗了一遍。在珍妮不解的目光下，麦森教授说："我只是想让自己的母亲感受到，她是被需要的。"

成长悟语

不管父母年龄多大，都觉得自己的孩子永远长不大，什么时候都需要她来照顾。我们在孝敬父母的时候，也要懂得尽孝的方式，不要以为给了父母物质上的需要就算尽孝了。父母的精神需要，也是我们要关注的。

亲手将花**献给妈妈**

有一个年轻人在异乡为事业打拼，他的工作非常忙，很少回家。母亲节这一天，他开车到了花店，挑选了一束鲜艳的康乃馨，把地址交给花店员工，请他们送给远在故乡的母亲。

正要走出店门时，他发现一个小男孩正坐在对面的马路边上伤心地哭泣，于是，他走到男孩面前问："孩子，你为什么坐在这里哭？"

"我妈妈最喜欢玫瑰花，我想买一朵送给她，可我的钱不够。"孩子沮丧地说。听到小孩的话，青年一阵心疼。

"这样啊，那我帮你好不好？"年轻人又牵着小男孩返回花店，帮他买了一朵玫瑰花。走出花店时年轻人又热情地向小男孩提议，要开车送他回家。

"你真的要送我回家吗？"

"当然啊！"

"那你送我去妈妈那里好了，可是我妈妈住的地方离这里很远。"

"是吗？早知道就不载你了。"年轻人开玩笑地说。

在男孩的指引下，年轻人一路开了过去，没想到走出市区大马路之后，沿着蜿蜒山路前行，最后，竟然来到了墓园。

下车后，男孩静静地把花放在一座新坟旁边。原来他走这么长的路，就是为了给一个月前刚过世的母亲献上一朵玫瑰花。

年轻人非常感动，同时也意识到了什么。将小孩送回家后，他又一次折返花店，取消了预订的花束，而改买了一大束鲜花，赶了一夜的路回到故乡，亲自将花献给了母亲。

成长悟语

别以为自己还有时间和机会，当你想要再去爱的时候，那个等着你爱的人是否还在？

送给母亲的“康乃馨”

刚吃过晚饭，妈妈正在厨房里忙着。4岁的女儿不时地推开爸爸的房门进进出出，样子显得很神秘。爸爸这时正在看球赛，丝毫没有注意到女儿。

女儿拉了拉爸爸的衣角：“爸爸，你能不能告诉我……”

爸爸看球赛兴趣正浓，就对女儿说：“爸爸现在没时间，你去问妈妈吧。”

女儿回答道：“不行啊，这件事千万不能让妈妈知道。”看到爸爸不理自己，女儿失望地回房间了。

过了没多久，妈妈叫女儿出来吃水果，可女儿就像没听到一样，躲在房间里面。妈妈以为女儿生病了，谁知道女儿关掉了灯，只说了一句“我要睡觉了，妈妈”，就再也不作声了。

第二天早上，妈妈做好了早饭，时间不早了，还没见女儿下来吃饭。她刚要上楼去叫女儿时，女儿下来了，双手背在身后，手里好像拿着什么。

“妈妈您闭上眼睛好吗？我有一个惊喜要送给您！”女儿有些神秘地对妈妈说。

妈妈看着女儿认真的表情，就闭上了眼睛。

当妈妈再次睁开眼睛的时候，她看到了满满一大束花！

“祝您母亲节快乐！妈妈！”

“哇！”妈妈略略迟疑了一下，但马上故作惊喜地叫了起来，说：“这可是我最喜欢的康乃馨，谢谢女儿，你让我感受到了做妈妈的幸福！”

女儿听了妈妈的话，满脸兴奋地拉着她的手说：“妈妈，我真是太开心了！”

女儿开心地上学去了。妈妈一边开心地笑，一边却流下泪来。原来，女儿知道今天是母亲节，特地用零花钱去买了花，可女儿根本不认识康乃馨，她买回来的其实是一束紫罗兰！妈妈也许不知道，女儿推开爸爸的房门是想问他自己买的是不是康乃馨，但是，妈妈肯定体会到了女儿对她深深的爱意。

成长悟语

孩子并不知道各种各样的爱的语言，但他们用最直接、最纯真的方式将自己的爱表达出来，温暖的是整个世界。

而有些人，却在忙碌的节奏中往往吝啬这种爱的表达。

盛满碎玻璃的箱子

有一个老人，他年轻的时候是一个裁缝。后来年纪大了，妻子也去世了，他只能一个人生活。儿子们都各自成了家，但却很少回去，只是义务式地一周回去一次，然后很快就走了。

老人知道，儿子们根本不喜欢他，怕他成为累赘。但对儿子的思念却让老人整夜睡不着觉，他经常捧着死去的妻子的照片流泪。

这天，是孩子们回来看老人的时间了。老人拿出一个上了锁的木箱子放在饭桌底下，儿子们来吃饭时，脚碰到了盒子。

“这盒子里装的什么呀?”他们看着桌子下边发问。

“哦，什么也不是，”老人回答，“只是我攒下的东西。”

儿子们眼睛里闪过一丝惊喜，大儿子故意使劲踢了一脚，听见里面发出哗啦啦的声响。“里面肯定装满了老头子这些年积攒的金子。”他们彼此嘀咕着。

从那以后，儿子们再也不像以前那样，而是每天都回家和老人在一起，小儿子甚至直接搬到了老人家里常住。

后来，老人得了重病去世了。他的儿子们在给老人办了一个体面的葬礼后，开始商量着如何处理箱子里的金子。

“这段时间来，我对爸爸照顾得无微不至，这个箱子理应归我。”小儿子趾高气扬地说道。

“爸爸经常住在我们家，箱子里的东西我当然有份。”二儿子也毫不示弱。

这时大儿子说道：“都别吵了，现在你们都听我的，我们先打开箱子看看里面到底是什么吧。”

他们满屋子搜寻，终于找到了盒子的钥匙，打开了盒子。最后，他们发现里面全是碎玻璃。

“天啊，他竟然对自己的儿子做这样卑劣的事！”大儿子喊道。

“他不这么做又能怎么样呢？”二儿子伤心地说，“在没有见到这个箱子之前，我们确实对他不够关心。”

“我真感到羞愧，”小儿子哭泣着，“我们逼着自己的父亲欺骗儿子，因为我们完全忘了小时候他对我们的教育。”

成长悟语

父母给我们生命，所以我们要善待父母；父母宁愿自己挨饿受冻，也要让我们吃饱穿暖，所以我们要善待父母。

等到父母年老之后，我们更要爱他们，一如他们当初爱我们那样！

西瑞的爸爸

一天晚上，西瑞的爸爸突然病了，全家人都吓坏了，西瑞和妈妈赶紧把他送到了医院。

检查、填表格、交款……两个人忙着办理各种手续，慌乱极了。可爸爸一点儿也不安分，起来、躺下，自言自语……折腾到半夜。到了第二天，他根本不知道发生了什么事情。又经过一整天的各种检查，万幸的是，医生说西瑞的爸爸各项指标都很正常，只是需要住院观察一段时间就好了。西瑞和妈妈终于松了一口气。

晚上，西瑞决定留在医院陪爸爸。清晨，病床上的爸爸对西瑞说："我的女儿，你昨晚睡得可真香啊。"当时，西瑞笑了笑，并没有多想。

直到爸爸病好出院后，有一天，父女俩在一起聊天，说起了医院病房的弹簧门。那门一关一闭都没有声音，可能是担心打扰病人休息才这么设计的。而且那门也没有锁，不过这也难怪，一整天护士们都进进出出的，锁上了也不方便，这倒也说得过去。可最让人不安的是，病房的窗户外面连个铁栏杆都没

有，这样太不安全了。爸爸说：“那天晚上，我非常担心坏人进来伤害你，所以我就一直盯着。”原来那个夜晚，爸爸一直克服着睡意，强打着精神为女儿“站岗”。刚一犯困，他就猛地一下惊醒，眼皮刚一合上，他又努力睁开双眼，看一眼熟睡的女儿。就这样，一晚上醒醒睡睡，折腾了一夜。

西瑞看着年迈的爸爸，心想如果坏人来了，爸爸又能怎样呢？他病了，一整天都没怎么吃东西，手上还打着点滴。凭着这样的身体如果真的遇到了坏人能做什么？可是，就是凭着这样的身体，爸爸居然守护了自己一整夜。西瑞陷入了沉思，她觉得爸爸的想法很好笑，可是她却笑不出来，只有眼泪一滴滴地簌簌落下。

成长悟语

对于女孩来说，这个世界上再也找不出第二个男人，能比自己的爸爸更爱自己！

父亲，即使在风雨交加的时候，也不会让一滴雨水落在我们身上。他就像一颗北极星，即使在黑暗的夜里，他也会帮我们辨明方向。正是这份伟大，在乌云密布的日子里，我们也能够感受到他的光芒。

为爱走了一夜

卡洛琳生气地挂断了妈妈的电话，上床的时候是晚上11点，窗户外面已经下起了雪。

她其实很想买一件羽绒服，它看起来是那么轻柔，那么暖和。可是，家里的生活状况太困难了，根本没有条件给自己买昂贵的羽绒服。

刚才她给妈妈打电话，希望妈妈能给自己送几件棉衣。可是，妈妈为难地说，父亲去了别的城市送货了，她还要照顾幼小的弟弟，只能等父亲回来，才能送棉衣去学校。

卡洛琳虽然觉得委屈，可是只能这样了，弟弟毕竟还小，需要有人照顾。她缩在被窝里想，明天上课，自己只能穿那件毛呢大衣了，虽然不能抵御太多的风寒。

早上起来，地上铺满了厚厚的雪，天气冷极了。卡洛琳穿着自己的毛呢大衣，瑟缩着飞快地往教室跑。在教室的门口，她发现妈妈挎着一个包，站在那里，微笑着等自己。卡洛琳高兴极了，几步上前与妈妈拥抱在了一起。毕竟，自从来学校，就没见到妈妈了。

激动之余，她很惊讶，妈妈怎么来了？弟弟怎么办？

妈妈说："弟弟托付给邻居玛丽阿姨照顾了！我怕你冷，就连夜赶来了。"

卡洛琳一听，更加疑惑了，说："晚上没有从镇上来这里的车，你怎么来的？"

妈妈笑着说："没有车，我可以走路啊，况且，从镇子到学校也没有多远。"

卡洛琳眼里溢出了泪水，从家里到学校有十几公里的路程，在天黑又下雪的情况下，母亲需要走一夜才能到学校。

成长悟语

母爱是巨大的火焰，它能够温暖所有的寒冷。这种纯净的力量，无私得仿佛能把世界上最痛苦的事情都变轻松。

数鞋子

在贫困的埃塞俄比亚，教育条件非常有限，每一个入学的儿童都很珍惜读书的机会，菲比就是他们中的一员。但是这天上课时，她的状态很不好，老是走神。放学后，老师特意把她叫到办公室，问她为什么心不在焉。

原来是为了一双鞋子。她想买一双漂亮的新鞋，就问父母要钱，没想到父母没有给。

老师既没有安慰她也没有责怪她，沉思片刻之后说：“我给你布置一道家庭作业，你要认真完成。回家后仔细数一数你和父母的鞋子，明天把结果告诉我。”

第二天，老师见到菲比就问：“昨晚数鞋子了没有？”她说：“数了。”老师追问：“你爸爸有多少双鞋？”菲比说：“4双。”“你妈妈呢？”“6双。”老师停了停，又问：“你有多少双鞋？”菲比的脸上显出了愧疚的神色，羞红一片，好一会儿才小声说：“12双。”

“那你还生气吗？”这时，菲比的眼里已满是泪水，她哽咽着说：“老师，我错了。可是，老师，您又没去过我家，怎么知道我父母的鞋没我的多呢？”老师感叹说：“父母的鞋总是比儿女的少，家家户户都一样，只是做儿女的常常忘了数一数。”

成长悟语

即使父母不富有，也会把自己最好的生活留给孩子。不是不关心你，也不是不爱你，只是环境和能力阻碍了他们对你需求的满足。

第十七篇

真爱：爱情是经历，不是结果

不寻常的贝壳

春天来了，林子里的园丁鸟到了寻找配偶的季节。

雄鸟们都露出了自己蓝色的脊背，跳起了摇摆舞。雌鸟们当然不会被这些雄鸟的小花招俘获，它们选择配偶的关键，还要看这些雄鸟建造的精致的巢穴。一些雄鸟用树枝搭建巢穴，并用贝壳、羽毛、花朵或者是真菌类植物等装饰。

有一只非常美丽的雌鸟，羽毛颜色是绿黄相间的，漂亮又独特。因此这只雌鸟成了众多雄鸟追求的对象。

很多雄鸟每天都到这只雌鸟的窝边唱歌、跳舞，热闹极了，可是这只雌鸟也很骄傲，它选来选去，始终没有选出自己满意的配偶。眼看着其他的园丁鸟成双成对地在一起嬉戏，它内心也很着急。

春天就要过去了，雌鸟这才选中了自己的配偶，但是烦恼又出现了。它同时选中了两只雄鸟。一只雄鸟雄壮有力，跳舞狂野又热情；另一只雄鸟感情细腻，唱歌婉转动听。

雌鸟没了主意，它只好答应去看看它们装饰的巢穴，再决定到底选择谁。

参观了两只雄鸟的巢穴，这只雌鸟发现，它们都是那么漂亮，里面都放着精致的贝壳。两只雄鸟的装饰相差不大，它都很喜欢。怎么选择呢？它又没了主意。

于是它跳到一只雄鸟的巢穴边来回踱步思索，它发现，这些贝壳好似都被细致地打磨过，边角圆润而光滑。

它不解地回头问那只雄鸟，雄鸟说：“我怕那些贝壳在你造访的时候，不小心弄伤你的脚。”

雌鸟选择了这只雄鸟，因为它觉得那些打磨过的贝壳代表了无尽的爱。

成长悟语

即便用12把锁，把“美”牢牢锁在密室，“爱”也照旧能把一把把锁打开而斩关直入。对自己有利的爱，不是真爱，那只是一种欲望；对别人有利的爱，才是无私的真爱。

真正的爱其实没有我们想象的那么巨大，它很小，小到我们对别人最微末的关怀和思考。爱的本质并不华丽，而是以最朴实的面貌展现在最需要它的人面前。

美人鱼的双脚

深海的一条美人鱼想变成人类，它潜心练习了几百年，仍然是一条鱼，为此，它很苦恼。

据“美人鱼世界”的规矩，美人鱼要想拥有人类的腿，必须有一个契机：帮助人类实现一个愿望。等愿望达成之后，就会渐渐长出人类的腿。这几百年来，她不知为人类达成了多少愿望，可自己始终还是美人鱼。

一天，美人鱼游到水面上嬉戏，不巧遇到了大风暴，一艘船眼看就要被大海浪吞没。美人鱼救下了落水的少年，并把他送到了岸上，并得知这个少年是一位王子。王子感谢美人鱼的恩德，把她带回了王宫。

美人鱼与王子在王宫里住了几个月，他们相爱了。可是细心的王子发现，美人鱼在这段日子里始终不开心，于是问她为什么不开心。美人鱼就把自己想变成人，始终不能达成心愿的事情告诉了他，并且问王子有什么愿望，她可以帮忙达成。

王子想了想，觉得没有什么心愿需要达成，他整天陪着美人鱼在水中嬉戏，日子惬意极了，但是要说愿望的话，他可以帮助美人鱼达成她的心愿。于是，他告诉美人鱼，他的愿望就是希望美人鱼长出人类的双脚。

美人鱼听完王子的心愿，愣住了，眼泪溢满了眼眶，并紧紧地握住了王子的手。刹那间，美人鱼长出了双脚，并能走路了。

之后，当然是王子与美人鱼快乐地生活在一起。

成长悟语

如果你以为爱情是你付出了多少就能收获多少，那么，你就想错了。爱情，无论能不能得到相等的回报，仍需要无怨无悔地付出。生活就是如此，我们不要总想着从生活那里得到什么，而应该反思我们对生活付出了什么。

被血染红的牙齿

罗伯特和妻子玛丽是公司的白领，每天都很忙碌，没有什么自由时间。

一天，他们决定去爬山，改变一下他们紧张的生活状态。山很高，罗伯特和玛丽历尽困难终于攀到了山顶。站在山顶上远望，远处城市中白色的楼群在阳光下变成了一幅美丽的画，仰头看去，蓝蓝的天白白的云。两个人高兴得像孩子一样。对于终日劳碌的他俩来说，这真是一次难得的旅行。

但是，罗伯特因为太高兴一脚踩空，高大的身躯打了个趔趄，随即向万丈深渊滚去，周围是陡峭的山石，没有可以抓的地方。

当时玛丽正蹲在地上拍摄远处的风景，短短的一瞬间，她明白将要发生什么事情，她下意识地一口咬住了丈夫的上衣。同时，她也被惯性带向岩边，仓促之间，她抱住了一棵树。

你能相信吗？两排洁白的牙齿承受起了一个魁梧躯体的全部重量。罗伯特悬在空中，玛丽紧咬牙关。他们能坚持多久？

他们就像一幅画，定格在蓝天白云高山峭石之间。玛丽不能张口呼救，更不能动，罗伯特也不敢动。就这样一小时过去了，过往的游客救了他们。

而这时的玛丽，美丽的牙齿和嘴唇早被血染得鲜红。

这时有人问玛丽："为什么你能挺那么长时间？"

玛丽回答："当时，我头脑里只有一个念头：我一松口，罗伯特肯定会死。"

成长悟语

对于整个世界来说，他仅仅是一个人，但对于你来说，这个人却是整个世界。原来这就是爱情的力量，它能让一个柔弱的人创造奇迹。

普雷斯钓鱼

从上一次无意来到海边，在钓鱼区的报摊上买了一份报纸开始，普雷斯就经常来这一片海域钓鱼。当然只有普雷斯自己知道，他爱上钓鱼的原因，其实是想经常看到负责报摊的米莎——那个他第一眼看到，就深深爱上的女孩。

钓鱼的人需要很大的耐心，所以他们等待鱼上钩的时候都喜欢在报摊上买一份报纸，一边看报纸一边等，这也给了普雷斯一个合理的理由去接近米莎。

普雷斯做了非常周密的计划：他每周来钓两次鱼，这样就不会表现得太明显，以致让米莎发现。他要事先准备好话题，好在买报纸的几分钟内和米莎搭上话。几周过后，相信他们就可以顺利地交上朋友。虽然米莎的手上没有婚戒，但是也要在最短的时间内确定她是否有男朋友……普雷斯甚至把自己的计划写在了本子上。

于是，在之后的交往中，普雷斯不仅成功地和米莎说上了话，同时，他也爱上了钓鱼。

他喜欢等待鱼上钩时的心情，就像是喜欢等待每周和米莎见面的心情；他喜欢和咬钩的鱼周旋，就像每次和米莎聊天的心情，不能着急也不能放松。普雷斯从未这样认为：钓鱼真的是太有意义了。

一天，普雷斯再去钓鱼，发现报摊没有了，他强压着心中的疑虑，询问身边那些经常一起钓鱼的人。

“哦，报摊啊？听说昨天这里发生枪击案，子弹不小心打中了卖报纸的女人，好像是当场死亡了……”后面介绍枪击的话，普雷斯一点也没有听进去。

十几分钟后，普雷斯把自己所有的渔具送给了眼前的人，对方问他怎么不钓鱼了，他无神地说：“那个人走了，就再也没有意义了……”

成长悟语

一件有意义的事情，或许是因为一个有意义的人。当这个人消失的时候，这件事情或许就没有多少价值了。你有做过这样的事情吗？遇见过这样的人吗？

所以，两个人的相处有时候并不需要太多的交流、畅谈，而只是因为“你在，我就安心了”。

单身的苏珊

苏珊30岁了，还是孤身一人。

很多人不明白，她既漂亮，又有一份好的工作，怎么会没有爱情？

有人问，你不寂寞吗？

苏珊说，她也寂寞。

但是，有时候她却很享受自己的这份寂寞，她在寂寞中幻想着自己的白马王子，骑着中世纪的高头大马奔向自己。

那个时候，自己觉得幸福极了。如果和一个男人交往，两个人并不合适，那么也就没有什么共同的话题。即使两个人坐在一起，还是寂寞。

苏珊有时候静下心来会觉得自己的执着很可笑，为什么不去恋爱？为什么要让自己单身而孤独呢？苏珊转念一想，爱情就要执着，不要轻易地去恋爱，不要去欺骗别人，也不要欺骗自己。

她始终认为，总有一天会遇到自己等待的那个人。一旦遇到自己等待的那个人，就要用心去爱。

当遇到一个喜欢自己但自己不喜欢的人，苏珊会尊重地向对方说："对不起，我们不适合，所以不要再交往下去了。"她觉得在爱情这方面，要尊重自己也要尊重别人。

如果对方觉得恋人做不成，可以交个朋友，苏珊每次都很乐意。但是对方如果想要改变自己的想法，苏珊都不会轻易妥协，因为自己等待的那个人还没来到。

苏珊等待的那个人来了，他坐在咖啡屋里，优雅地喝着咖啡。苏珊知道这就是那个自己等待了30年的人。

他们在一起了，很幸福。

成长悟语

有一种独身主义者，是为了等待对的那个人。

不要随意地开始一份爱情，也不要轻易地结束一份感情，要学会尊重和珍惜。如果有人对爱情抱持的是轻贱的态度，那么他也不会收获一份慎重的真爱。并不是说付出和等待就一定会得到真爱，但是，连付出和等待都没有，真爱又怎么会来探望你呢？

10头羊的聘礼

富商约翰尼，生活在赤道附近的岛屿上，今天是他结婚一周年纪念日，他在海边洁白的沙滩上，举行了一个盛大的宴会。

宴会开始了，约翰尼挽着一个身材高挑、姿态高雅、美艳动人的女人，缓步走出来。很多人在议论，这个女人是谁？听说他的妻子丽塔长相并不出众，而且还有点驼背，显然，这个女人不像是他的妻子。下面的人议论纷纷，窃窃私语，很多人猜测，这个女人是约翰尼的情人。约翰尼似乎觉察到大家的猜疑，于是微笑着，郑重地向大家介绍：“我身边的这个漂亮女人，就是我的妻子丽塔，是我用10头羊的聘礼娶来的。”

原来，约翰尼生活的这个岛屿，有一个传统，要想娶哪家的姑娘，必须用几头羊作为聘礼，当时，4头羊是最高的聘礼。约翰尼很富有，他本可以挑选岛上最美丽的姑娘作新娘，但是他却钟情于丽塔，那个不漂亮的姑娘，还显得精神萎靡，没有一点青春的气息。

最终，约翰尼不顾亲朋的反对，前去向丽塔的父亲提亲。丽塔的父亲召集自己的族人商量，尽管丽塔不是太出众，但是聘礼也不能太低，1头羊总得要。求婚仪式一开始，约翰尼就平静地说："我愿意用10头羊作为聘礼，请把您的女儿丽塔嫁给我。"丽塔的父亲高兴地答应了。

就这样，约翰尼和丽塔就结了婚。婚礼仪式上，丽塔的不出众多少也为婚礼打了折扣。当时，岛上的人们始终不明白，约翰尼究竟为什么用10头羊作为聘礼来娶丽塔——一个十分不出众的姑娘。

现在，参加宴会的人们还是很疑惑，丽塔怎么变得如此漂亮了，和之前真是天壤之别。约翰尼幸福地回答说："当一个女人知道自己的丈夫用10头羊的聘礼把她娶回家，给了她岛上女人最高的荣誉，那么她自然而然地就会觉得她应该成为岛上最幸福、最高贵的女人。并且，我爱她，我的爱可以改变一个女人。而最重要的却是她如何看待自己。我也想要一个真的值10头羊的妻子。你看，我的梦想也成了现实。"

成长悟语

对爱人最大的尊重，就是告诉对方你值得更好的待遇，你的价值会比你想象的更大。

弹性生存

有一年冬天，珍妮和詹姆斯夫妻俩开始了一段特殊的旅行。因为这个时候，他们的婚姻正濒于破裂的边缘，结婚多年的他们早就没有了当年相恋时的感觉，因为生活的琐碎经常吵架，彼此谁也不肯让步，最终弄得彼此身心疲惫。但是一想到要分手，他们都有些舍不得，所以他们约定，为了找回昔日的爱情，他们打算一起去旅行，如果能找回彼此的爱情就继续生活在一起，否则就和平分手。

他们把旅行的地点定在加拿大魁北克的一条南北走向的山谷。这条山谷其实很平常，没有什么特别之处，不是什么著名的景点，也没有什么绝妙的景色，但是有一点却非常引人注目，那就是它的西坡长满松、柏、女贞等树，而东坡却只有雪松。这一奇异景色成为当地的一个谜，许多人不知所以。

他们到达山谷的时候，天突然下起了大雪，他们支起帐篷，一起在帐篷里望着满天飞舞的大雪。不经意地，珍妮发现由于特殊的风向，东坡的雪总比西坡的大且密。她把这一发现告诉了詹姆斯，詹姆斯也饶有兴趣地开始观察起这些异象。不一会儿，东坡的雪松上就落了厚厚的一层雪。不过当雪积到一定程度，雪松那富有弹性的枝丫就会向下弯曲，直到雪从枝上滑落。这样反复地积累，反复地弯曲，反复地落，雪松却完好无损。可长在西坡的那些树，却因没有这个本领，树枝一次次被压断。

詹姆斯发现了这一点，欣喜地对珍妮说："亲爱的，你知道吗？东坡肯定也长过别的树，只是不会弯曲才被大雪摧毁了。"

珍妮愣了一下，詹姆斯也突然沉默了。两人突然明白了什么，紧紧地拥抱在一起。

成长悟语

一份真正的感情不是能够一直走到最后，而是哪怕历经波折也能够心甘情愿走到一起。感情中如果遇到了不能容忍的事情，那是因为我们还没有适当弯下腰来。

第十八篇

友谊：朋友就是用来麻烦的

你何时才能明白

贝克在新奥尔良拥有一大片土地，这片土地上种满了甘蔗。每年甘蔗的产量，会给他带来很多财富。他住在一所豪华的大城堡里，雇用了成千上万的工人。

贝克对朋友很慷慨，他每次都在家里举办大型的宴会招待他们。他们一起聊天，一起分享美味，一起品尝上好的葡萄酒，日子惬意极了。每次朋友经济上有了困难，他都给他们提供资金，从没有吝啬过。时间一长，贝克花费在与朋友交往上的钱，也是一笔不小的数目。

贝克的母亲却对此很担忧，她觉得贝克自己心里应该清楚，谁是真心对待自己的朋友。但是贝克觉得，他们跟自己在一起这么快乐，自己也真心对待他们，他们都是真正的朋友。

贝克的母亲摇

摇头说：“你何时才能明白？”

不久，贝克的甘蔗地遭遇了大海啸，导致绝产。贝克一时资金周转不开，于是找朋友借钱。朋友们都说自己经济很困难，实在是没钱拿出来帮助他。贝克也觉得一时让朋友拿出这么多钱，是不可能的。于是他打算卖掉其中的一部分地，暂时解决目前的困境。买地的人很快就找到了贝克。他们似乎都清楚贝克急需用钱的处境，一再压低购买土地的价格。贝克一时也找不到其他的买家，只好低价卖了。

这一笔钱帮贝克解决了目前的困境，可是自己的土地却减少了一半。他很心痛，但是也没有办法。几个月后，他无意中发现：利用自己的困境低价购买土地的那个人，竟然是自己的朋友。

他很苦恼，把这件事告诉了母亲。母亲说：“你现在终于明白了！”

成长悟语

最糟糕的事情是人们在生活中经常受到错误志向的阻碍而不自知，直到摆脱了那些阻碍时才能明白过来。

而一个人在患难的时候，最能明白：谁是自己真正的朋友，谁是无耻的小人，谁的话忠言逆耳，谁的话巧言令色。从而明白了在以后的人生道路上，朋友该怎么交，道路该怎样走。

毛毛虫与蜘蛛

在遥远的阿尔卑斯山脉生活着一对好朋友，他们是毛毛虫和蜘蛛。毛毛虫能分泌出一种美味的液体，这是蜘蛛最喜欢的食物。一旦蜘蛛来找毛毛虫玩耍，毛毛虫就会分泌出这种液体给蜘蛛。

蜘蛛对毛毛虫也很好，它每天撒网捕捉食物，但是从来不吃毛毛虫。

毛毛虫要吐丝作茧了，这是它一生中最脆弱的时候，它几乎丧失了抵御外敌的能力。此时蜘蛛就成了它的卫兵，日夜守护着毛毛虫，使它免于遭受其他动物的攻击。等茧做成了，毛毛虫在里面准备化成蝴蝶的时候，蜘蛛也坚守在毛毛虫的周围，直到毛毛虫破茧成蝶，振翅高飞。蜘蛛就这样站在原地，看着昔日的朋友越飞越远，慢慢离去。

从此，毛毛虫成了美丽的蝴蝶，它和蜘蛛一个在天上，一个在地上，再也没有往来。蜘蛛只能抬头仰望蝴蝶，但蝴蝶再也不会为它分泌美味的液体了。

成长悟语

“朋友”这个词，世界上有多少人认为是能够一起吃饭闲聊的人，是能够彼此勉强容忍对方缺点的人，是能够“我帮你之后你再来帮我”的人……

但是，这些事情又和真实意义上的“朋友”有什么关系呢？

战争中的**友谊**

“二战”时期，大学时非常要好的两个朋友汤姆和杰姆参加了战争。两个人从小一起长大，感情非常好。

在一次激烈的战争中，杰姆被安排上战场，而汤姆负责后援工作。

临行前，杰姆告诉汤姆：“如果这次我不能活着回来，请你一定照顾好我的家人。”汤姆则表示一定会像照顾自己亲人一样照顾杰姆的亲人。

战争结束了，杰姆活了下来，他第一时间就飞奔到家中看望家人。

可没想到，他只看到满院的狼藉和已经干涸了的大片血迹。杰姆想汤姆肯定没有帮他照顾家人，导致家人遇害了。

杰姆好像看到了一家人被敌人的子弹射中心脏的场面，老母亲含泪倒下时的惨状以及可爱的孩子呼唤“爸爸”时的惊慌和恐惧。

杰姆越想越生气：亏你还是我的朋友，平时觉得你是个言出必行的人，没想到你竟然这样辜负我们之间的兄弟情谊……

就这样，杰姆离开了家乡，一个人独自漂泊。

多年以后的一天，杰姆偶然遇到了曾经的邻居。邻居见到他兴奋地说：“杰姆，你怎么会在这呢?你知道吗？你的家人一直都在找你啊！”

什么？杰姆简直不敢相信自己的耳朵，难道邻居也在嘲笑他？谁知邻居接着说道：“那天敌人的炮火轰炸到了我们这里，汤姆拼命把你的家人救出来了，说是送到了另一个城市。汤姆为了救你的家人，左臂都被炸伤了！后来汤姆得知你没死，就和你的家人一起搜寻你的下落，这么多年过去了，他们一直没有放弃啊！”

成长悟语

当友谊失去了信任，留下的就只剩下辜负。无论是友情还是爱情，都需要建立在信任的基础上，没了信任，就没有一切。

得到一份友情不容易，如果一个人动不动就怀疑自己的朋友，不仅自己不开心，身边的朋友最后也会一个个离你而去。

海鸥和男孩

加勒比温暖的南海岸是各种海鸥的家园，它们在这里筑巢、繁衍。一个渔民的儿子非常喜欢海鸥，从他很小的时候开始，就天天去那里看海鸥，长此以往，人和海鸥都相互熟识了，海鸥时而围着小男孩盘旋翱翔，时而一群群栖息在男孩周围，甚至还时常飞到小男孩的手上，同他亲热一番。人和海鸥做朋友，成了那一带的佳话。

渐渐地，小男孩长成了大男孩，原先的小渔村变成了小城市。不知从什么时候起，这里兴起把海鸟作为美餐，当然海鸥也不例外。起初，别人去抓海鸥卖到饭馆，这个喜欢海鸥的男孩极力反对，甚至还彻夜蹲守在海鸥的家园保卫，海鸥似乎明白男孩的心思，围着他叫得更欢快了。可渐渐地，出于利益的

驱使，这个男孩的父亲要求他抓海鸥回来的时候，他竟然破天荒答应了。

这个男孩像往常一样去了海鸥的家园，看见那些海鸥，他有点做错事的愧疚，面色凝重，神情慌张，刚开始，海鸥看见他来了，纷纷盘旋下来围着他。可不一会儿，海鸥都群起飞到了高高的山崖上，一只也不愿意下来，任凭男孩怎么呼唤。

最终，男孩一个海鸥也没逮到，失望而归。从那以后，海鸥再也没和男孩亲近过。

成长悟语

我们往往喜欢隐藏自己内心真正的情感，但是我们忽视了人的内心情感也往往会通过我们的外在行为暴露出来。在与人交往的过程中，应该坦诚相见，真正的友谊必须用真诚的心来换取。

不可删掉的人

前不久，普雷斯顿的聊天工具ICQ出现了故障，他不得不重新申请一个账户，但是自己的所有联系人都储存在之前的账户中，林林总总算起来也有几百位。如果把他们全部重新储存到新的账户中，是一个耗时巨大的工程，于是他决定采取一些取舍的办法，只留下自己紧要的联系人，其他的就删除了。

第一步：删除多年未联系的人。这些人可能是自己曾经的同学、同事以及密切交往的人，但如今多年过去，关系已经淡忘了，删去也是很必要的。

第二步：删除最近有过几面之缘的人。这些人可能在某个时间段内交流得很愉快，但情境一过，大家就彼此淡忘了，可能以后也不会再联系了，删掉也不可惜。

第三步：删除在地域上相距很远的人。这些人生活在别的城市，大家整天疲于生计，估计见面的次数也是微乎其微，删掉也罢。

这样经过几步筛选，剩下的就是自己的亲戚、密友以及现在工作上的同僚。这些人必须留下来，因为我们的生活需要这些人，这些人也对我们的生活有所凭依，都是不该删掉的人。

成长悟语

我们在别人心目中的位置怎样，有一个行之有效的判别标准，那就是在别人时常变动的联系方式中，是否给你留了一个位置，成为一个永远不可删掉的人。

绝交不等于停止赞美

1852年，托尔斯泰作为一个默默无闻的青年军官，拿着自己的处女作《童年》找到屠格涅夫，屠格涅夫读完之后，惊呼："又一位天才诞生了！"从此，托尔斯泰开始了自己的艺术生涯，从某种意义上讲，屠格涅夫充当了他的文学导师的角色。并且，屠格涅夫以一位长者的姿态对托尔斯泰倍加关注和爱护，他始终认为托尔斯泰即将"有能力在俄国文学中占第一位"。

随着关于艺术探讨的深入，他们两人在观点上产生了分歧。两人太固执于自己在文学上的看法，不给对方一个缓和的机会，甚至到了剑拔弩张的程度，友谊也因此中断了17年。但是，在这段时期里，两人在评价对方的艺术成就上，并未贬低过对方。

在绝交的17年中，屠格涅夫始终在虔诚地拜读列夫·托尔斯泰的每一部作品，并不断地把他的作品引荐给西欧的朋友。托尔斯泰曾经在对屠格涅夫的信中写道："我自己的文学声望应该归功于您！"在屠格涅夫死后，托尔斯泰写道："我永远爱他。"这也表达了他对屠格涅夫的赞美之情。

其实，在1861年2月和1878年，托尔斯泰先后两次放下自己的骄傲，给屠格涅夫写信，希望冰释前嫌。屠格涅夫也低下姿态，回信说："只要上帝让我们活在世上，我们将永远是好朋友。"

成长悟语

没有闹到绝交的分上，就不要说出利箭一样的话！我们的心胸难道已经狭窄到容不下对方的存在？

爱对方吧，即使对方伤害过你，但是，他至少没有伤及我们的灵魂，那么我们多赞美对方吧！

鳄鱼与燕千鸟

古希腊历史学家希罗多德学识渊博、见多识广，非常善于观察周围的事物。在游历埃及奥博斯城的鳄鱼神庙时，他发现了一个奇怪的现象：以鸟兽为餐的凶猛彪悍的鳄鱼，在饱食后

常张着大嘴，怡然自得地享受一种灰色的小鸟啄食剔牙。

这太奇怪了，希罗多德决定探明其中的原因。经过反复地观察、缜密地推敲，他终于有所收获：原来鳄鱼之所以不伤害这种小鸟，是因为它需要小鸟的帮助。

这种灰色的小鸟叫“燕千鸟”，又称“鳄鱼鸟”或“牙签鸟”，鳄鱼吃完东西后需要这种小鸟飞到嘴里去吃水蛭、苍蝇和食物残屑，小鸟轻柔地触动，也使鳄鱼体验到了触觉上的愉悦。而燕千鸟在鳄鱼的“血盆大口”中寻找食物，补充了给养。此外，燕千鸟在鳄鱼栖居地营巢，可以为鳄鱼站岗放哨，只要一有风吹草动，它们就会一哄而散，为鳄鱼发送信号，使鳄鱼猛醒过来，做好抵御的准备。正因为这样的相互帮助，共同分享战利品，鳄鱼和小鸟相知相惜，结下了深厚的友谊。

成长悟语

有共同利害关系的人很有可能成为朋友。友谊往往是由于一种两个人比一个人更容易实现的共同利益结成的，只有在相互满足时，这种关系才是纯洁的。

什么才是真正的朋友

一天，汉克放学回来，很生气地坐在沙发上。

爸爸看见他这样，于是问他原因，他回答说：“我不想和查理交朋友了！”

爸爸：“为什么？”

汉克："今天我打碎了教室的玻璃，可是，那会儿教室里只有我和查理。老师发现了，问谁打破的玻璃，我没有承认。"

爸爸："后来呢？"

汉克："后来，虽然查理没有在老师面前揭穿我，可是放学的路上，查理竟然指责我做得不对，让我去找老师主动承认错误。我讨厌查理！我不想和他做朋友了！"

爸爸："查理没有做错啊，你为什么讨厌他？"

汉克："真正的朋友，不是能够和自己分享秘密吗？"

爸爸："你说得没错，但是你也要知道什么是真正的朋友！那些能愉快地与你相处、能了解你、能跟你说真心话、能告诉你缺点的人，才是真正的朋友。"

成长悟语

一味给予赞美的不见得是朋友，永远给你微笑的不见得是朋友，总是一起享受美好时光的不见得是朋友。

他给予你赞美却又指出你的错误，他给予你微笑却又对你严厉指责，他和你享受快乐却又一起分享痛苦……这才是朋友。当对方让你感到痛苦却又让你成长时，这个人就是你的朋友。

只说实话的人

埃尔伯是一个非常老实的人，他只懂得说实话，所以一直被人排斥，没有朋友。无奈的埃尔伯来到教堂找神父诉苦："亲爱的神父，万能的神不是教导我们要做一个诚实的人吗？为什么我的诚实反而成为世人不容的原因？”

神父说：“孩子，这不怪你，这个世上所有人都是有罪的，也许你诚实的光辉被世间的污浊所掩埋，你就待在教堂里吧，神会珍惜你的诚实。”

从这一天开始，埃尔伯就留在教堂。

接下来的一段时间，埃尔伯和神父相处得非常好，埃尔伯把所有的事情都告诉神父，毫无谎言，神父早已习惯听人排解心中的真实和苦闷，所以也不介意埃尔伯的直言直语。

到了节日的时候，神父让埃尔伯牵着教堂的一头驴去市集里变卖，神父非常放心，因为埃尔伯是个非常诚实的人，一定不会私吞卖掉的钱财。可是第一天埃尔伯并没有卖掉驴子，甚至接下来的第二天、第三天，埃尔伯依然在晚上的时候把驴子牵了回来。

神父很奇怪，像埃尔伯这样诚实的人，一定不会漫天要价，一定会给出一个非常合理的价格，这种情况下怎么会卖不出去呢？

第四天神父自己牵着驴去市集，没到中午就回来了，并且很生气地把埃尔伯赶走了。

因为，神父到了市集，就听见大家指责神父：“那个老实人都说了，这头驴非常倔，根本不肯好好干活，屁股上的毛没有了就是因为经常用鞭子抽打才把毛都抽掉了。而且听说您作为神父也每天抽打这头驴，最后实在是用不上了才拿出来卖……”

这一番话让神父无地自容，也容不下埃尔伯这个只说实话的人了。

成长悟语

不要和伪善的人做朋友，因为你永远不知道在他的微笑和所谓的善良伪装下到底藏着一颗怎样卑鄙、恶毒的心。与其面对一个伪善的朋友，不如面对一百个实在的敌人。

交朋友的巨人

一个巨人想要交朋友。

巨人先是在一棵大树上看见一只顽皮的猴子，他看到猴子为了吃到水果要爬很高的树，花费很大的力气才能摘到一个野果。巨人想和猴子交朋友，于是他就靠着自己的身高，随手摘下一个野果送给猴子。但猴子被巨人的样子吓坏了，它大叫道：“走开，你这个可怕的大怪物！”猴子看都没看巨人送它的水果，一边大喊一边逃跑。

巨人又在河边看见几只水獭正在用它们的尾巴拍打水坝，水獭们忙了半天也没有把水坝建好。巨人想要和水獭交朋友，于是他依靠自己的强壮搬来了大石头，帮助水獭挡住河水，变成了坚不可摧的水坝。可就当水獭看到巨人把石头砸在河道上时，也吓得四处逃窜，都没有给巨人说话的机会。

巨人伤心地坐在河边，看着河水映照着自己的高大身材，非常痛恨自己的样子。这时候，一个小矮人吹着笛子从远处走来，欢快的笛声吸引了巨人的注意力。这一次是小矮人先开口："大个子，这首曲子是我送给你的礼物，你愿意和我做朋友吗？"巨人奇怪："你的笛声这么好听，为什么会选我做朋友？它们都讨厌我的巨大！"

矮人回答说："他们都不喜欢我的矮小。所有人都比我大，大一倍还是十倍都一样，而且我看到你给猴子野果，给水獭砌水坝，我认为你是好人。"

巨人被感动了，但是他不知道送给小矮人什么，就单膝跪下，让自己的背成为小矮人的滑梯。

成长悟语

人之所以伟大，是因为他是一座桥梁。桥梁是自然搭建起爱、友谊、快乐、幸福，而不是单纯地为了想要这些。

富翁的遗嘱

弗兰克是一个大富豪。在他83岁的时候，他因为心脏病而躺在病床上，已经奄奄一息了。病床前有不少他生前的朋友和生意伙伴，除了来探望之外，这位无儿无女的大富豪如何分配遗产也是这些看望者最想知道的，因为他们也完全有可能拿到这位富豪的一部分财产。

在他弥留之际，他向人们交出了他的两份遗嘱，并叮嘱在场的人们，第一个要在他死后立即打开，第二个只能在葬礼之后打开。

人们接过遗嘱，赶忙打开一看，上面写道："我要在清晨四点下葬。"

这个愿望有点奇怪，但他的这个最终愿望受到了尊重。清晨四点举行了葬礼，结果只有五人送殡。

第二个遗嘱此时被打开了，上面写着："我所有的遗产，都将平均分配给来参加我葬礼的人。"

人们知道这个消息后，无不嫉妒这五个去参加了葬礼的人，"哼！真是占了大便宜的人！"

成长悟语

能在对方最痛苦的时候共渡难关的人，别人也会为你的快乐锦上添花。

考验一个人的真诚并不是在最能带来快乐的时候，而是在最令人厌烦痛苦的时候。看看在你最难熬的时间里，都有谁陪伴着你！

第十九篇

集体：

若不团结，任何力量都弱小

信任是一种**逃生手段**

在美丽的非洲纳古鲁湖生活着许多漂亮的火烈鸟，这里是它们自由嬉戏的天堂，这里也拥有世界上最大的鸟群。火烈鸟的羽毛就像一件粉红色外衣，两条长腿悠闲矗立，倒映在水中，就像把一团火引入湖中。

火烈鸟生性怯懦，但喜欢群居，湖水中、浅滩边、岩石上尽是火烈鸟的踪迹。成千上万的火烈鸟聚在一起，俨然成为一片“火”海，十分壮观，因此纳古鲁湖的火烈鸟群也被称为“世界上火光永不熄灭的一大奇观”。但是，在这片美丽的湖光艳影中却暗藏着杀机。

一只饥饿的狒狒已经等了很久了，它一直埋伏在火烈鸟群旁边伺机行动。机会来了，狒狒趁火烈鸟们嬉戏的时候，猛然

扑向鸟群。但令人意外的是，如此密集的鸟群，竟然没有一只鸟被狒狒抓住，成群结队的火烈鸟一齐冲向空中。狒狒并不死心，它又一次次冲向鸟群，但都失败了。它每次捕食都会惊起一片火烈鸟，这些鸟仿佛是经过严格训练的士兵一样，动作整齐划一，迅速敏捷。

这不禁令人惊奇，如此密集、庞大的鸟群，动作怎么能如此一致，为什么狒狒一只都抓不住呢？

在纳古鲁湖区，人们会经常看到，一只火烈鸟长鸣一声，紧接着成千上万的火烈鸟也都跟着叫唤起来，叫声此起彼伏，震耳欲聋。又或者一群火烈鸟排着整齐的队伍翱翔在空中，其中一只振振翅膀，紧接着所有的火烈鸟都会做出同样的动作。

这就是火烈鸟之间的信任。它们是群居动物，对同伴有着天然的依赖。一旦一只鸟发现敌人，就张开翅膀逃跑，周围的鸟就会想也不想地迅速跟随，根本不去思考发生了什么。这种天然的信任，为它们省去了思考、怀疑、验证的时间，让它们在第一时间躲避危险。

成长悟语

像火烈鸟一样，人与人之间一旦丧失信任，那么离灾难也就不远了。信任是共同生存下去的基础，彼此信任才能同心协力，不管是强者还是弱者都能一起克服困难。

如果内部有间隙和隔阂，恐怕外部的困难未来到，这个群体便已被内部的纷争瓦解了。

事不关己

森林里面生活着一群可爱的小动物，大家和睦相处，非常幸福。

一天，小松鼠在家里睡觉，突然听见“嗡嗡”的声音，它走出家门一看，一个伐木工人正在砍伐它家所在的那棵树。

小松鼠吓坏了，它赶紧找小野猪商量。小野猪说：“他砍你家的房子跟我有什么关系？我又不住在树洞里。”

小松鼠又找到了大狗熊，说：“快点救救我吧，伐木工人正在破坏我的房子。”大狗熊说：“小松鼠，我非常同情你，但是我无能为力，你去想想别的办法吧。”

然后，小松鼠又向老虎求救：“老虎，帮我把伐木工人吓走吧。”大老虎说：“他砍的是你的房子，又没有妨碍到我，我不能替你出头，万一他拿枪打我怎么办？”

最后，小松鼠找不到人帮忙，只好看着伐木工人把自己的家砍掉。

一个伐木工人走了以后，又来了好几个伐木工人。这里的大树又粗又壮，能卖个好价钱。森林的面积一点点缩小，动物们四处乱窜。伐木工人看到这么多的动物，就叫来了猎人打猎。小野猪被抓住后变成了烤野猪，狗熊被卖到了马戏团，大老虎的皮也成了富人家里的地毯。

成长悟语

永远不要以为别人遇到的麻烦，就不可能成为自己灾难的开始。对别人的困难无动于衷的时候，当自己遭遇同样的困难时，收到的也只能是冷漠。

有一些看似无关的事情，需要我们去思考，才能发现其中的关联。当别人向我们求救的时候，很有可能也是我们一次自救的机会！

借助他人的力量

本杰明是个倔强的小男孩，他做所有事情都要倾尽全力。

这天，本杰明在花园里的沙地上玩耍，他把所有玩具都倒在沙地上。他给小锡兵建造了一座城堡，让它们分成两队进攻、防御。还给铁皮狗做了一个沙子蛋糕，让它蹲在旁边吃。就在本杰明想给他的小火车建一条铁轨时，一块大石头阻挡了他的路线。

于是，本杰明使尽全力想把这块石头挪开。他先是用手去搬，可石头埋得太深，丝毫不动。他又用铲子去挖，挖掉石头旁边的沙土，然后用肩膀去顶。本杰明耗光了力气还是没能挪动石头。铁轨建不成了，本杰明坐在沙地上大哭起来。

本杰明的父亲站在花园门口看到刚刚发生的一切，他走到本杰明身边，一边为他擦去眼泪一边问："本杰明，你为什么哭呢？"本杰明委屈地说："我用了全部力量，都没有把石头挪开。"父亲问："你确定已经用了全部力量吗？"本杰明点点头。父亲说："可是，你没有借助我的力量啊。借助他人的力量也是全部力量中的一部分，你为什么不借助我的力量呢？”

本杰明郑重地对父亲说：“这位先生，我可以借助您的力量吗？”父亲说：“乐意为你效劳。”于是，在父亲的帮助之下，那块石头被挪开了。

成长悟语

绝大多数人都认为，要想把一件事情办好，前提是必须依靠自己的全部力量，这也就是我们经常说的主观努力。而很少人会考虑到，如何运用自己身旁可以运用的力量。有些事，单凭自己的主观力量是很难办好的，还需要运用好有条件的客观力量。孤军奋战不是不好，但是能够充分利用客观条件和周围人的帮助，那岂不是会更完美吗？

团结的大雁

大雁是一种典型的候鸟，春天飞到北方繁殖，冬天要到南方过冬。

秋天来临后，雁群就要准备南飞，它们总是会排成整齐的序列一起飞，并在途中不断变换队形，一会儿排成“人”字，一会儿排成“一”字。

这些变换并不是毫无意义的，而是与它们的续航有着内在的联系。这是它们在长期飞翔中所形成的最省力的团队飞行方式。

这种一字形或人字形列阵分布，能够使后一只大雁借助前一只大雁鼓翼时产生的空气动力，使飞行更省力。

在飞行一段距离后，飞行位置左右互换可以让另一侧的羽翼借助空气动力缓解疲劳。

如果一只大雁只用自己的翅膀飞翔，即使再强壮，也无法飞得太久。

而分享共同目标和具有集体感的雁群可以更快、更轻易地到达它们想去的地方。

原因就是这种集体的方式集合了彼此的冲劲、助力，同时继续“鼓舞”尾随的同伴。

这样，雁群飞翔比孤雁单飞增加了70%的飞行距离。当团队已经形成了如此紧密的合作，一旦某只孤雁即将脱离队伍时，它马上就会感到有股动力阻止它离开，借着前一个伙伴的“支持力”，它很快就能回到队伍中。

更重要的也更令人感慨的是，如果一只大雁生病了，或因枪击而受伤脱队时，另外两只大雁就会主动脱队跟随它，帮助并保护它。跟随落下的大雁一起落到地面，照料它直到它能够再次飞翔或者死去。

只有到了那时，另外两只大雁才会再次

飞走，或随着另一队大雁赶上它们自己的队伍。

正是由于有共同的目标，而且懂得相互协作，雁群才能够越过万水千山，最终回到它们的栖息地。

成长悟语

个人离开社会不可能得到幸福，正如植物离开土地而被扔到荒漠不可能生存一样。而善恶美丑有一个最简单的区分方法，一切使人团结的是善与美，一切使人分裂的是恶与丑。

花田里有毒蛇

辛西娅太太是法国普罗旺斯的一名富有的贵妇，她在著名的吕贝隆山区有一大片专属的薰衣草花田。

每年还没到花季，无数游客已经慕名而来，他们毫无顾忌地在辛西娅太太的花田里游玩。

小朋友们三五成群地扎到花丛中捉蝴蝶，很多年轻情侣牵着手，赤着脚徜徉在紫色花海中，老人蹲在池塘边垂钓。

有些人甚至在花田中支起了帐篷，喝咖啡、品红酒、闻花香，尽享浪漫的盛夏之夜。

辛西娅太太站在窗前，看着一张张快乐的笑脸，听着他们在她专属的园子里尽情地唱歌、跳舞、嬉闹。

她越看越生气，就叫仆人在花园门外挂了一块牌子，上面写着：私人花田，未经邀请，请勿入内。

可是这一点也不管用，那些人还是成群结队地走进花园游玩。辛西娅太太只好派人前去阻拦，结果发生了争执，有人竟拆走了花田的篱笆墙。

后来，辛西娅太太想出了一个绝妙的主意，她换了一块新牌子，上面写着：

热情欢迎大家到美丽的薰衣草花田游玩。为了安全起见，本园主人特别提醒大家，花田的草丛中有一种毒蛇，如果哪位不慎被蛇咬伤，请在半小时内采取紧急救治措施，否则性命难保。最后告诉大家，离此地最近的一家医院在鲁西庸，驱车大约50分钟即到。

这个方法果然有效，游客看了这块牌子后，基本上都对美丽的花田望而却步了。

然而，几年后，当有人再来探访这座浪漫的花田时，却发现这里早已没有令人震撼的成片的薰衣草，而是杂草丛生，一片荒凉衰败，毒蛇遍地横行。这主要是因为园子太大，而走动的人太少。孤独、寂寞的辛西娅太太守着她的大花田，她非常怀念那些曾经来她的园子里玩的快乐游客。

成长悟语

橱窗里的商品列出了高得出奇的价钱，是会让人望而却步的。如果你是商品的话，你被安置在那里展览，供大家欣赏，却永远也卖不出去！

孤独并不可耻，可耻的是你刻意变得孤独。

小孩子的**智慧**

邻居温蒂阿姨办生日宴会，邀请了很多邻居来参加。7岁的安德鲁也跟着妈妈参加了宴会。

温蒂阿姨为此准备了很多好吃的。安德鲁觉得那些苹果派和松仁饼好吃极了，但是他最爱吃的还是榛子，他在宴会上吃了好多，但是走的时候，他的眼睛还是盯着那个装榛子的盒子不放。

温蒂阿姨微笑着说："安德鲁喜欢吃榛子，就把这盒子给他吧！"

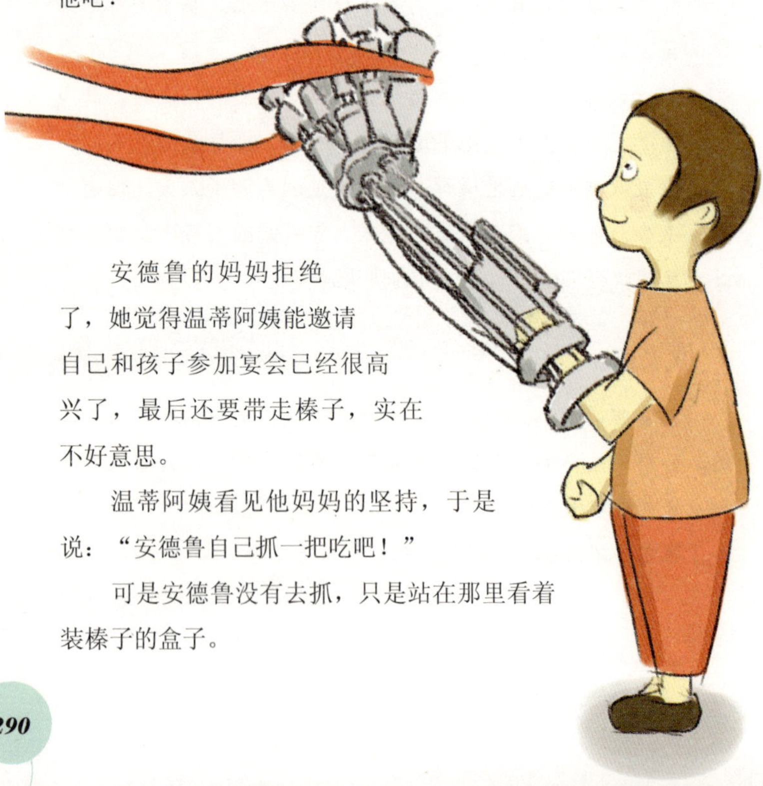

安德鲁的妈妈拒绝了，她觉得温蒂阿姨能邀请自己和孩子参加宴会已经很高兴了，最后还要带走榛子，实在不好意思。

温蒂阿姨看见他妈妈的坚持，于是说："安德鲁自己抓一把吃吧！"

可是安德鲁没有去抓，只是站在那里看着装榛子的盒子。

温蒂阿姨又邀请安德鲁抓榛子，可是安德鲁还是没有动。

于是温蒂阿姨自己抓了一大把榛子，放在安德鲁的口袋里，对他说：“可爱的小宝贝，你喜欢吃，拿去吃吧！如果你愿意的话，明天再来拿，我也很乐意！”

回去的路上，妈妈好奇地问安德鲁：“你刚才为什么不自己抓榛子？”

安德鲁说：“我觉得我的手很小，拿不了几颗。但是温蒂阿姨的手比我的大多了，她给我抓的话，我就能得到更多的榛子了！”

成长悟语

当我们的手太小的时候，那就找一双更大的手。我们的能力都有极限，但是，这不能阻碍我们对能力更高者的寻找。

人有极限并不可怕，可怕的是认识不到自己的极限到底在哪里。我们每个人都有能做的事和不能做的事，能做的就尽力做到，不能做的就换人去做，这并不能说明我们有多愚钝，反而说明了一种生存智慧。

篓子里面的螃蟹

有一只螃蟹，它看天气很好，便爬到沙滩上晒太阳。没想到，它晒得正舒服的时候噩梦来了——一个渔民抓住它并将它投进了一个头小肚子大的篓子里，里面还有很多只同样悲惨的螃蟹兄弟。

傍晚，渔民回家了，他把篓子随手放在地上便到一边忙去了。螃蟹看见篓子口什么都没有盖，心里就想："这渔民真傻，把我抓回来，却忘了盖盖子，这下我有机会逃出去了。"

但是它一而再再而三地努力往上爬，每次快要爬到篓子口的时候，就被旁边的螃蟹给拽了下来。它心里郁闷极了，但还是努力地往上爬，总想着自己能成功逃出去。

就在它努力爬的过程中，渔民那几岁的儿子兴冲冲地跑过来，趴在地上看着。当小孩看了半天都不见一只螃蟹成功爬出篓子的时候，就问一旁的爸爸："爸爸，为什么篓子口一直敞着，但是没有一只螃蟹能爬出来呢？它们真傻！"

渔民乐呵呵地说："孩子呀，你不知道。如果篓子里只有一只螃蟹，我们才会盖盖子。如果抓到了两只或者更多的螃蟹，我们就不用盖盖子了。因为它们每一只都争先恐后地朝出口爬去。但是，竹篓口很窄，每次只能通过一只螃蟹。所以，当一只螃蟹爬到篓子口时，其余的螃蟹就会用它们那同样威猛的大钳子抓住它，最终把它拽下去，这时，另一只强壮而有力的螃蟹会踩着它往上爬。所以，虽然篓口一直敞开着，但却没有一只螃蟹能够幸运地逃离这篓子。"

成长悟语

踩着别人往上爬的人，终究会变成别人的垫脚石。社会需要竞争，但是竞争并不代表踩踏。

同样的，在面对困境的时候，与其每个人都想着只解决自己的问题，不如集中力量一次只解决一个问题。

第二十篇

习惯：刻在身体上的规矩

右手比左手**大4%**

德国有一家规模比较大的服装厂，每年都会生产许多手套，然后在附近的城市销售。因为服装厂就此一家，所以他们的销量一直是平稳的。直到有一年，他们得知在距他们不远的地方有人新建了一家专门生产手套的小厂，由于这个小厂无论是规模还是业务量都不大，对他们似乎没有什么威胁，所以他们没有把它放在眼里。但是，一年后，他们突然发现：自己生产的手套在市场上不吃香了，而那个小厂生产的手套几乎占领了附近城市80%的市场份额。

服装厂的领导这才开始重视起这家小手套厂，他们不明白同样生产手套，为什么小手套厂会这么快占取大部分的市场份额。

后来，服装厂就派人买回了几双小手套厂生产出来的手套进行研究，最后，研究员通过比对发现了一个有趣的秘密，他发现在这不起眼的手套中有一个微小的数字，这个数字决定了它是否更讨人喜欢。原来大多数人都是右撇子，右手通常比左手大 4 %。而那家小厂生产的手套，即使同一双，大小都是不一样的，这种大小不一的手套，让人戴起来感觉更合适！

成长悟语

细节是构成金字塔的一块块方石，是铺就铁路时自甘居下的一条条枕木。只有关注细节，把握细节，演绎细节，才能把握人生和命运。

有些人成功往往不是因为他做了多么伟大的事，而在于他看到了别人轻易忽视的“4 %”并做好了它。

杰斯的怪习惯

杰斯是一名出色的跳水健将，他曾多次获奖。但令人费解的是，他在每一次跳水之前都会先用手轻轻触碰下泳池里的水，以确认池里真的有水。

和杰斯一起训练的一个队友，十分好奇他的这个动作。一次，这个队友又和杰斯一起练习跳水，杰斯依旧那样做。队友终于忍不住问：“你为什么每一次跳水之前，都先用手触下水才开始跳？”

杰斯给队友说了自己的一段经历，队友才明白事情的来龙去脉。

杰斯上大学时就是学校体育队的一员，那时候他就开始练习跳水。一天夜里，他失眠了，怎么也睡不着，索性去游泳池练习跳水。可当他站在跳水台上时，他看到了自己的影子像一个十字架一样映在水池中。他害怕了，有一种不好的感觉，他想：这也许是一种不祥的预示?

于是，杰斯赶紧停止练习，走下跳水台。可当杰斯经过泳池边时却大吃一惊，原来泳池里根本就没有水。如果真跳下去，后果真是不堪设想。他立刻跪下，在胸口画着十字，开始祈祷。

从此以后，杰斯每次跳水之前，都要先确定一下池里是不是真的有水，然后才决定跳下去。

成长悟语

很多时候，一个小小的失误或疏忽，都可以给我们带来不必要的甚至是无可挽回的损失。也许你偶尔一次避过是幸运的，但好运不可能永远陪伴着你，小心驶得万年船。

坚定不移地走下去

桑德是美国一家公司的经理，他不到30岁，已经拿到了12万美元的年薪。每当别人称赞他时，桑德总是把他目前的成就归功于他刚进入公司时的上司。

那时，桑德担任开发部主任，他经过大量的调查策划出一个项目，把项目报告给他的上司。上司看了桑德的策划非常满意，并让桑德着手去做。然而项目进行的过程中，桑德心中开始犹豫，毕竟他是个新人，不知道这个项目能不能做成。桑德的上司是个慈祥的非裔大叔，他在办公桌前写了一张字条装进信封交给桑德。他说："如果你遇到实在解决不了的困难，就打开这封信看，里面有解决的办法。"

桑德拿着上司给他的信开始工作，整个项目的过程充满困难，不管筹集资金还是协调合作，都让桑德筋疲力尽。就在桑德觉得自己实在坚持不下去的时候，开始对自己的策划产生怀疑，或许自己的策划根本就是不成功的。这时，桑德拿出上司交给他的信，打开之后，里面只有一句话："如果你认准了一条路，就坚持走下去。"

桑德从这句话中获得了莫大的鼓励，是啊，连自己都不坚持自己的路，还有谁能帮助自己呢？于是，桑德顶住压力，继续完成项目。很快时来运转，桑德的项目获得了成功，他创造了公司最大的单项收益。之后，桑德的职业道路越走越宽，不出五年就当上了公司的地区经理。

桑德回忆起这段经历的时候，总是感慨："听说上帝创造出人类时，也给每个人创造了一条通往成功的道路。然而，很多人因为途中的荆棘、坎坷停步不前，到达不了成功的终点。所以，一旦你认准了某条路，就坚持走下去，上帝会在道路的终点微笑着迎接你。"

成长悟语

每个人身上都有无限的潜能，上帝将这种潜能藏在最不起眼的地方，所以，当我们忽视它时，很有可能我们正在做这些事情：我们用所谓的习惯给自己找借口，我们被时间的流逝所迷惑，我们的耐性被痛苦消磨，我们的理想被惰性掩埋。

学会适可而止

贝蒂和她的朋友一起到海边度假，她们看到了一栋看起来环境很不错的家庭式院落，用木栅栏围成的围墙，各种漂亮的花朵伸到了围墙外面，大门敞开着。她们走进去一看，原来是个宾馆，她们决定在这里住下来。

负责接待的工作人员告诉她们说："这里只剩下5间套房，你们可以自己选择住哪一间，但你们只有一次选择的机会。"

贝蒂说："你都不让我们看，那我们怎么选择呢？"

工作人员说："当然，你们可以一间一间地参观，觉得哪一个房间令你们满意，就可以停留下来。每一间房门上都设立了告示牌，上面写明了房间的具体布置。一旦你们决定住哪一个房间，就不能再反悔。"

贝蒂和她的朋友觉得这是一件好玩的事情，她们决定进去试试。

在第一间房前，告示牌上写着："这个房间的床板都很硬，地毯也是旧的，而且没有上门早餐的服务。"贝蒂和她的朋友摇了摇头，毫不犹豫地走过去。

第二间房的告示牌上写着：“这里床不太硬，有半新的地毯，但没有上门早餐服务。”贝蒂和她的朋友也没有在这里停下脚步。

走到第三间房前，看到告示牌上写的是：“这里的房间很舒适，床很软，而且还有上门早餐服务，唯一不足的是地毯有些旧了。”这个看起来不错，可是后面还有两间房呢。于是，她们还是放弃了。

到了第四间房，这里的告示牌上的内容几乎是完美的，“这里不仅房间舒适，而且所有用品都是新的，并且，明早会有上门早餐服务，我们还会送您水果。”

这一次，贝蒂和她的朋友都高兴坏了。她们商量了很久，还是决定到第五间房看看。

于是，她们又来到了第五间房，走进去一看，她们却傻眼了，这一层空荡荡的，连一个房间也没有，告示牌上写着一行字：“这里没有房间，更不用说一个舒适的夜晚。您是又一个被玩笑捉弄的人。”

贝蒂和她的朋友以为宾馆的每一间房都比前一间房好，结果却得到一个最不好的房间。在她们一个劲儿往前冲，争抢着获取更好的房间时，却忘记了要适可而止。

成长悟语

我们渴望的总是太多，人就是太“贪心”，所以不甘心。每当遇到某种选择的机会，总以为每走一步都可能比前一步得到更多。很多时候，多走一步，不如冷静地站在原地多想想。

我们要学会适可而止，适可而止可能会让我们更加从容，不要总对一些人、一些事要求太高。“希望越大，失望越大”，何必让自己陷入一种窘迫的境地？

不识字的企业家

赛恩斯很小的时候得了脑炎，导致大脑发育有点迟缓。上学期间，他被同学们称作笨蛋，因此寡言少语，一直坐在教室的最后一排。他觉得老师也放弃了他，对他不屑一顾。

1963年，他高中毕业，各科成绩大多是C、D或是F。不过，他也有自己的骄傲——汽修和金工课，他的成绩都是A。当然，上大学无望，他选择了创业。

1973年，他用自己仅有的200美元开了一家小小的铁厂。经过几十年的努力，1999年赛恩斯荣获“国家蓝筹企业创新奖”。该奖用以表彰那些走出困境的小型企业。而赛恩斯的B&J机床公司年营业额达500万美元，他成功了。

但是事业上的成功，并不能弥补他文化水平低的创伤，“笨蛋”这个词，一直折磨着他，他希望自己能像妻子一样流利地阅读邮件。而他最希望的还是能和别人一样自由地参加当地一个高层管理人员联谊会——这是一个CEO们自我激励性的自发团体。在这个联谊会上，对手们放下了平时激烈竞争的状态，心平气和地互吐衷肠，倾诉着自己在创业路上遇到的各种磨难。

一开始，赛恩斯每次都小心翼翼，怕别人发现自己目不识丁，虽然有了成就，但他怕别人认为他骨子里还是个“笨蛋”。不过后来，赛恩斯在联谊会上，却大声地向大家说出了他的秘密。赛恩斯的坦率让一位CEO感到惊叹：“我知道他是高中毕业，觉得跟我们不能相提并论，有点看不起他，但是我现在觉得事业上的成就固然令人羡慕，而他的坦诚却更令我敬重。”

之后，赛恩斯聘请了家庭教师，每周五天，每天用一小时教他读书、写字。之后，他开始阅读了，虽然读得很慢，障碍还是很多，但他凭借边请教、边学习的办法，最终还是读完了一本书。

成长悟语

人缺乏知识和文化不可怕，可怕的是不思进取。不识字并不丢人，丢人的是对此听之任之。

甩面条

很多人喜欢吃意大利面，但是如何将意大利面煮得恰到好处，却是一门学问。有时候人们去小餐厅吃饭，会惊讶地发现这里的意大利面竟然使用普通的面粉冒充。当然除了成本的问题，“意大利面不好煮”则是另一个原因。

如果把意大利面做好了，那滋味真是美妙极了。先煮开一大锅水，然后把面条放进去，算准时间捞起来。再迅速放入冰水中浸泡一会儿，最后一步就是放在灼热的平底锅中爆炒一番。过程相当复杂，动作也要精准迅速。没有两三年的专业厨师经验，是不可能有这么高超的技艺的，也做不出这样好吃的味道。

据说，美国人学习煮意大利面的时候，有一种非常笨拙但是很有成效的方法，就是将面条放入锅中，在煮的过程中，不时捞出一根往墙上甩。如果面条掉下

来就说明火候不够，如果黏在墙上，那就可以吃了。

不得不承认，这个方法很笨，也很浪费。如果碰到一个“勤劳”的人，一会儿一根，一会儿一根，等到确认熟了的那一刻，估计锅里也剩不下几根了。但是这种方法却很精确，不至于让我们尝到半生不熟的面条。而且浪费仅限于初学阶段，经过这样扎实的训练，慢慢掌握煮面的要领，不久之后，一定能够一次就将面条煮好。

成长悟语

如果我们天资聪颖，勤奋可以发挥它的作用；如果我们智力平庸，勤奋可以弥补它的不足。

学习任何事情都是这样，一定要经过不断地验证和纠正，才能达到最终的成功。即便是笨方法，只要细心观察，谦虚学习，虽不能让你节省时间，走上捷径，但一定能帮助你达成最终的目的。

丢失的脚踏车

一个周末，威尔逊准备在家里聚会，午饭过后，他就兴奋地骑着脚踏车去附近的超市购物。到了超市门口，威尔逊把车停好，就匆匆忙忙走进超市开始选购食品和水果了。

威尔逊选好所有的物品就直接回家了，却忘记去取超市门口的脚踏车。直到第二天早上醒来，他才记起脚踏车还在超市门口。他开始担心脚踏车会不会已经被人偷走了。于是，威尔逊抱着试试看的想法来到超市门口时却惊喜地发现，脚踏车安然无恙地停在原处。

脚踏车没丢失，威尔逊觉得自己特别幸运。他路过一个教堂，决定进去祷告，感谢上帝保佑他的脚踏车没被偷走。可当他拜谢完上帝走出教堂时，却意外发现，原本停在教堂门口的脚踏车找不到了。

成长悟语

生活远比戏剧更精彩，充满变数。有些事情随时随地都有可能发生变化，有些意外是无法逃脱的，有些变化却是可以避免的。所以，不要太随意，也不要太刻意。

绅士和流浪汉的狗

一天下午，在英格兰的某个村庄的一棵大树下拴着一只流浪狗，狗的主人是个流浪汉。正在一旁晒太阳的主人看见一个浑身贵气、神气傲慢的绅士牵着一只干净漂亮的贵宾犬走了过来。那个绅士估计是在等某个人，一直不停地抬头张望。

流浪汉看到绅士站得离自家的狗不远，连忙跑过来好心提醒道："这位朋友，我家的狗性子很烈，很暴躁，你还是站开一点吧。万一我家的狗突然发起狂来，恐怕会伤到您跟您的爱犬。"

绅士斜瞥了一眼流浪汉，看他浑身脏兮兮的，撇嘴不高兴地说："我就爱站在树底下，不用你多管闲事。"

流浪汉叹了口气走开了。没过一会儿，只听见树底下传来一阵阵凄惨的狗叫声和那绅士歇斯底里的喊叫声。他跑出来一看，只见自家的那只狗正拼命地死咬着贵宾犬的脖子不放，而贵宾犬除了号叫，已经使不出来一丝劲了。他赶忙呵斥了一声自家的狗，狗听到主人的呵斥声，立马松了口，知道犯错了似的趴在地上不敢乱动。而那只贵宾犬却蜷缩在地上一动不动，没过多久便浑身僵硬了。

绅士一看爱犬就这样死了，气愤不已，一边不顾形象地破口大骂，一边扯着流浪汉的衣角扭送到了法官那里要他赔偿。

法官一看死的是绅士的狗，便问流浪汉："是你的狗咬死了这位先生的狗吗？"

流浪汉像没听见似的，一句话也没回答。法官连着又问了好几次，他就像聋子似的，一动不动地站在那里，什么也没说。

无可奈何之下，法官只好转过头来问绅士："这个人我说什么都没反应，应该是个聋哑人。你来说说到底是怎么回事吧。"

"不，法官大人，他会讲话。刚才他还一直在跟我说话呢。"

"哦，是真的吗？那他都说了什么？"

"他刚刚还让我别站在树底下，离他家的狗远点儿……"

"为什么？"

"因为他……"下半句话还没说完，绅士就已经意识到自己说了不该说的话了。可是前半句已经抛出来了，后面的话又不能不继续说完，他只好硬着头皮吞吞吐吐地说下去："说他家的狗很凶，小心被咬伤了。"

"是啊，他曾经好心劝过你，可惜你却不听，除了自己，你还能怪谁呢？"

成长悟语

对于聪明人来说，劝告是多余的；对于愚昧人来说，劝告是不够的。

所以，不要让骄傲支配了你。由于骄傲，你会在该同意的时候却固执起来；由于骄傲，你会拒绝有益的劝告和友好的帮助；而且，由于骄傲，你会失掉客观的标准。

奔向牦牛的**跳蚤**

跳蚤跟随着自己的寄生主人牧羊犬去山上牧羊。在那里它看到了一些奇特的生物——牦牛。

跳蚤之前从未看到过牦牛，它想：这种动物的毛像天鹅绒似的柔软，一定很暖和，我为什么不跳到它的身上呢？

于是跳蚤从牧羊犬的身上跳下来，然后一蹦一跳地钻进了牦牛的身上。

进入之后，它发现牦牛的身上的确和自己想象的一样暖和，这个冬天，自己不用受冻了，之前在牧羊犬的身上，因为狗的毛发稀疏，每到冬天自己都冷得瑟瑟发抖。

跳蚤不禁发出感叹：“真是好极了！我终于找到了自己最满意的寄生主人，我要在这些天鹅绒似的毛里幸福地生活一辈子！”

跳蚤高兴了一阵子之后，发现自己的肚子饿了，于是就打算到牦牛的皮上饱餐一顿。

但是，牦牛的毛实在是太厚了，跳蚤不能轻易地到达皮上，于是它奋力地分开毛层，一点点地往深处钻。

可是，费了很大的劲，累得满头大汗，还是没有到达牦牛的皮，于是它内心安慰自己说：“我应当再加把劲，毕竟第一次到这种动物身上居住，遇到障碍也是常事。”

之后，它终于到达了牦牛的皮。“我终于可以饱餐一顿了，太好了！”

可是等它吃饱之后，发现牦牛的毛发是那么的稠密，它想呼吸一些新鲜的空气都很困难，于是它打算从牦牛的背上跳下来，重新回到牧羊犬的身上。

可是，它需要再努力地从毛发的根处钻出去，这样才能顺利跳下去。

可是跳蚤实在没有力气了，最终它被闷死在浓密的牦牛毛里。

没有理智的决心，就等于是给自己蒙上眼睛找出路，可以勇往直前，却永远也到达不了目的地。

在下定决心之前，一定要对事物进行深入研究，然后再做出决断，那样事情就会好办得多。如果像跳蚤那样，凭着一股子冲动办事，后悔就晚了。

神奇的售货员

一提到美国的诺德斯特龙百货商场，人们就会想起“神奇的售货员”比利。

有一天，百货公司的经理检查新来的售货员的工作情况，当他走到比利面前时，他这样问道：“你叫比利对吗？你今天接待了几位顾客?”

“一位。”比利回答道。

“只有一位吗?这是不是有些太少了呢？”听了比利的回答，经理皱了皱眉，接着又问道：“卖了多少钱的货呢?”

比利回答：“五万八千多美元。”

经理大为惊奇，要比利详细解释一下。

比利说：“我先卖给那男人一枚鱼钩，接着卖给他钓竿和钓丝。然后我跟他又聊了会，教他该如何更好地使用它们，在聊天的时候，我了解到他打算到南方海岸去钓鱼。我就对他说去南方该有艘小船才方便，他觉得我说的有道理，就买了那艘6米长的小汽艇。他又说他的汽车可能拖不动汽艇。于是我建议他换一辆更大的汽车，他被我说服了，于是我带他到汽车部，卖给他一辆大一点儿的汽车。”

听了比利的话，经理惊讶之余感到非常兴奋，经理激动地说：“那人只是来买一枚鱼钩，你竟能向他推销那么多东西！”

比利答道：“不，其实是他老婆犯了偏头疼，他来为她买一瓶阿司匹林药片。我就跟他说：‘这个周六你可自由了，为什么不去钓鱼呢?’”

成长悟语

一个看似无关的细节，有可能会牵连出一系列的问题，事物之间的关联和环节简直超出我们的想象。而现在做出的一个小决定，到底能够带来多大的影响和效应，这个只有上帝才知道了！

试着把眼光放在别人不会注意的地方，或许你会有不一样的收获。

整洁是一种生活态度

小桑德拉每每向同学讲起自己的爷爷，都会毫不吝啬地夸赞爷爷家很干净。

爷爷独居在一栋别墅里，他每天的日程很固定，一大早到健身房锻炼，然后回家整理花园，打扫卫生。尽管房子很大，足有300平米的3层楼，也没请保姆，但还是特别干净，甚至没有灰尘，花园更是漂亮。

小桑德拉的同学说，你爷爷家一定很空，东西肯定特别少才好打扫吧。事实上，爷爷特别喜欢收藏一些艺术品来做装饰。而且爷爷每天都要把它们擦一遍。每个房间都整洁如新，厨房也是没有一点油迹，洗菜盆也是光亮如新。

桑德拉爷爷家的清洁工具也非常齐全，而且各自都有特定用途。

桑德拉的爷爷能够把家收拾得如此整洁，不只是勤快就能做到，勤快也会被劳累拖后腿。而爷爷正是把整洁当作生活态度，自然不会有关于打扫起来的负面情绪了。

这就是有些家就算请了专门的保洁员，也未必如爷爷家干净整齐的原因。因为这不仅是时间和体力的事。

小桑德拉经常问爷爷这样累不累，爷爷总说不累，每天如此才心安。

成长悟语

有谚语说：“清洁就是圣洁。”做到圣洁自然不易。不求圣洁，先做到整洁同样不错，因为这是让自己变得更加积极的生活态度。

怪物还是英雄

一天晚上，一只小蝙蝠和一只小老鼠在房梁上相遇了。

小老鼠指着小蝙蝠的翅膀说：“我知道你，你是一只丑得只敢在夜里出来的蝙蝠。我听我妈妈说起过，你们都是怪物！

长着翅膀却不是鸟，看着像老鼠又不是老鼠，还有一双招摇的大耳朵，真是丑死了！”小蝙蝠还是第一次听别人这样说自己，非常震惊。看看自己，似乎小老鼠说得一点也没有错，它伤心极了，一句话也没有反驳就灰溜溜地离开了。到家后，小蝙蝠一下子扑到妈妈怀里委屈地哭起来。蝙蝠妈妈急忙问它发生了什么，小蝙蝠抽泣着问：“妈妈，我们是不是怪物？小老鼠说我们是天下最丑的怪物！”

蝙蝠妈妈一听马上明白了，它一边安抚小蝙蝠一边说：“我们怎么会是怪物呢？其实，刚开始的时候，我们和它们一样，都是遍地爬窜的老鼠啊。”

听到这儿，小蝙蝠一脸难以置信的表情：“真的吗？”

“是啊，那时候，我们的祖先常常受到其他动物的欺负，特别是受到猫的欺负。为了对付猫，我们的祖先开始学习飞翔。”蝙蝠妈妈说。“可是没有翅膀怎么飞啊？”小蝙蝠晃动着自己的羽翼，非常困惑地问道。

“对啊，刚开始不知道多艰难呢！第一只老鼠从高高的峭壁上向远处‘飞’去，它拼命地挥动着四肢。但是，它并没有向前飞去，而是向山谷坠了下去，摔死了。活着的老鼠并不因为它没有成功而忘记它，而是把它当成了英雄，为它立下了石碑。后来又有第二只、第三只开始学习飞翔。但一只只都摔死了，它们都被活着的同伴厚葬了。在它们后面，无数老鼠跟着学习飞翔。它们知道，每一步尝试都面临着危险，但是，它们的尝试是具有重大意义的。它们相信，它们的尝试是不会白费的。”蝙蝠妈妈说着这些，心里非常难过。

“后来呢？”小蝙蝠不知道自己的祖先曾经有过这样悲壮的经历，它很想知道答案。“后来，它们的四肢长出了翼膜。终于有一天，有一只老鼠摸索到了飞翔的技巧。它能借助于自己舞动时翼膜形成的‘伞’平安地降落到地面上。于是，一只又一只的老鼠学会了平安降落的方法。后来它们又学会了滑翔。为此，它们付出了数不尽的生命。为了这一个小小的进步，它们用了100万年。后来，它们能飞出一段路程。又过了许多年，它们终于长出了结实的翅膀。”

“这时候，我们就不再是老鼠而成为真正的蝙蝠了，对吗？”

“是啊，尽管我们的翅膀没有羽毛，不能和鸟类相媲美，但是它已经能够保证我们在天空中自由飞翔了。我们再也不用担心被猫捕杀，更不用像老鼠那样抱头乱窜，而可以成为鸟类和兽类之间的一种特殊物种。所以，孩子，我们不是怪物，我们是能够突破自己、挑战自己的英雄！”

成长悟语

相信别人不如相信自己，相信自己不如战胜自己。不要因为别人片面的定义，而抹杀了自己真实的价值。你永远都不知道自己到底有多了不起，直到你肯去了解和改变！你永远都不知道自己能够做到哪一步，直到你学会了创造和坚强。

走向生活

曾经有一个初出茅庐的新闻记者接到了采访美国总统罗斯福的夫人——埃莉诺·罗斯福的机会。他非常忐忑，因为埃莉诺·罗斯福不仅政治角色显赫突出，而且还是一位极具社会影响力的女性。而他不过是报社的一名小小的实习生，经验不足，能力也有待提升。他很想推掉这个几乎不可能完成的任务，但是主编并没有同意。

无奈之下，他只好硬着头皮上。为了做好准备，他一早起来就急匆匆直奔图书馆，一头扎进书堆里。先是仔细筛选适合的材料，然后认真阅读、理解，将它们融会贯通。而且，在阅读的过程中，如果想到了好的采访话题，他就会做成卡片记录下来，再把这些问题依次排列，力图使它们中至少有一个不同于她以前回答过的任何问题。经过一番精心准备，他心中终于有了点底气。

采访的日子如期而至。谈话的地点选在一间布置得特别典雅的房间里。当这位小记者进去时，75岁的罗斯福太太已经落座。但她一看见记者进来了，马上站起身，满面慈祥地和记者握手。这个热情的举动让年轻的记者放松了不少。

双方落座后，记者就抛出了自己的问题："请问夫人，在您会晤过的人当中，您发觉哪一位最有趣？"他自认为这是一个非常有趣并能聊得起来的话题，而且他早就预估了一下答案，名字列了一大串。无论罗斯福太太回答是她的丈夫，还是丘吉尔、海伦·凯勒，或是艾森豪威尔，他都能就她选择的人物不假思索、接二连三地提出若干问题。毕竟，他做了非常充分的准备。

没想到，罗斯福太太莞尔一笑："是你，小伙子。"

"什么？"显然，这个回答让小记者始料未及，他还没有反应过来。

"对，我一定会选中你。"罗斯福太太坚定地答道。

小记者依然不敢相信自己的耳朵，好不容易，他终于挤出一句话，"夫人，我不明白你的意思。"

罗斯福太太感喟颇深地说道："和一个陌生人会晤并开始一种关系，这是生活中最令人感兴趣的那部分。小时候，我很害羞，做什么事都畏手畏脚的。为了挑战自己，我强迫自己欢迎他人进入自己的世界，强迫自己走向生活，终于体会到广交新友是多么使人精神振奋。"

有了这样一个轻松而独特的开头，小记者采访得很顺利，一个小时的采访转眼就结束了。这位小记者的采访报道见报后，一举获得了全美学生新闻报道奖。而罗斯福夫人提出的"走向生活"也成为这位小记者一生的座右铭。

成长悟语

你要学会主动走向生活，因为生活永远都不会主动来关照你，它只会关照那些能自己迈开脚走出第一步的人。

生活或许很陌生，但是，这并不影响它本身的美好，如果你不向它迈进一步的话，它又怎么能和你靠近呢？

哈桑的三位老师

哈桑背起行囊，出外寻找真理。

哈桑来到一个荒漠，迷了路，幸好遇到了一个乞丐，他本想借助乞丐走出困境，但是乞丐也迷了路。

乞丐建议他们结成一伙，共同寻找走出去的路。哈桑答应了，于是二人结伴一起探索出路。

戈壁荒无人烟，能标识的物体又少，就这样，一天天过去了，他们发现，两人似乎在原地打转。

他们两人的食物和水已经用尽了，哈桑感到无比的绝望，但乞丐说："明天会有奇迹发生，我们要心存期待。"凭着这句话，哈桑坚持了下来，最终找到了走出荒漠的路。

与乞丐告别之后，哈桑往前赶路，走着走着感觉口渴了，于是就走到了池塘边。

这时一只狗也口渴了，也来到了池塘边。这只狗把池塘里的倒影当作了另一只狗，于是对着自己的倒影龇牙咧嘴地狂吠，但池塘里的狗也跟着龇牙咧嘴，狗被吓跑了。

过了一会儿，狗又回来了，一通叫唤，又跑了。等狗第三次回来的时候，它实在太渴了，一头扎进了水中的倒影里，发现水中什么也没有，只有自己。

看到这一幕，哈桑明白了一个道理：不要遇事自己吓自己。

一天，哈桑来到一个小镇上，看见一个小孩拿着一支蜡烛，哈桑自诩学问高深，于是就问小孩："你是自己点燃蜡烛的吗？"

他回答："是的，先生。"

哈桑又问："蜡烛本没有光，后来又有了光，那你说光是从哪儿来的？"

男孩笑了笑，吹灭了手里的蜡烛，然后说："现在光没了，它去哪儿了？请你告诉我！"

从此，哈桑不敢再妄自尊大，这得益于自己的这三位老师。

成长悟语

学习并不是老师教授什么我们就学习什么，而是通过老师的引导去探索更深层的领域。老师就好比一个池塘，我们可以在池塘里学习游泳技巧，一旦熟练，我们就可以去海洋里实现自己的梦想。

第二十一篇

目标：明确接下来怎么走

过程与目的

不锈钢餐具的发明与使用是一个阴差阳错的创意。

布利阿里是一位机械师，他绝大多数时间都在琢磨枪支的性能和构造，但他最人的成就之一不是发明了什么武器，而是发明了与武器毫不相干的不锈钢餐具。

“一战”前，英国热衷于殖民扩张，英国在战场上的枪支，总是因枪膛磨损降低射程和命中率而被运回后方。军工生产部门命令研制高强度耐磨合金钢的英国机械专家布利阿里，专门研究解决枪膛的磨损问题。

布利阿里认为如果能找到具有相当硬度的材料，这个问题就可以迎刃而解。于是布利阿里和其助手搜集了国内外生产的各种型号的钢材，各种不同性质的合金钢，在各种不同性质的机械上进行性能实验，然后选择出较为适用的钢材制成枪支。

由于品种繁多，实验时间拖得很长，实验场地上很快被各种合金钢堆满了。

有一天，布利阿里的助手在清理场地时，发现了一块锃光雪亮的钢材，于是交给布利阿里做实验。布利阿里分析了这块钢材，发现它是一块不怕酸、碱、盐的不锈钢，但并不适合用在枪支上。

就在助手要将之抛弃的时候，他突然觉得这么漂亮的材料没有派上用场太可惜了。当他的视线落在实验室里那些暗淡无光的餐具上时，他的脑中突然灵光乍现，他想：“如果把这些材料用来做餐具，不是十分漂亮吗？”说干就干，他动手制作了不锈钢的水果刀、叉、勺、果盘及折叠刀等。

就这样，布利阿里成了一位不锈钢餐具推销商。数年后，不锈钢餐具开始进入家庭。

其实，这种不锈钢是德国的毛拉在1912年发明的，然而，毛拉却并不知道这种不锈钢有什么用途。当布利阿里获得极大收益的时候，毛拉不禁感叹："我把它扔到了垃圾堆，怎么没有想到它可以成为餐具呢？"

成长悟语

伟大的目标会让人失去"近视"的机会，从而使过程成为一种折磨。过程要比目标重要得多，譬如餐具的妙处胜过枪膛。

一个人总是关注于目标本身，而很少关心目标实现的过程，过程当中的许多本可以唾手可得的美妙之处，就会被无情抛弃。

放下争论，实践才有价值

在一次画展上，三个画家相遇了，他们之间开始了争论。

一个画作很少的画家说："你们作画好比作坊生产一样，一天批量画出好几幅。我作画的态度可是很严谨的。我作画的原则是：我的存在是为了艺术，我画出的每一幅作品都是艺术。"

另一个画作很多的画家不屑地说："我不赞同你的看法，

我一天作好几幅画。我作画不像你们这些画家，你们作画好像蜗牛爬行，实在画不下去，就拿‘严肃’说事，是倾尽心血之作。我觉得艺术是为人而存在的，没有人的存在，艺术就毫无价值。”

一个自由散漫的艺术家说：“你们说的这些话，对我来说，都没有丝毫的意义。我作画的原则就是自由，想画就画，没有什么拘束。我认为艺术就是一种偶然的状态。”

一个哲学家听见了他们的争论，说：“你们争论的焦点，似乎没有什么意义。世界上，每一个人对同一事物都有自己不同的看法和见解，你们始终停留在理论的层面去谈绘画，没有价值可言！只有实践，才有价值。”

成长悟语

不要在乎怎么去画，重点在你到底画出了什么。

事情的价值不在于争论出哪个方式更好，而在于你最终是否达到了自己的目的。

最美的玫瑰花

在美国西部，有一个美丽的小镇，这个镇上盛产玫瑰花。当地人非常贪心，通常一束玫瑰花的价格要高于市场价十几倍。但由于这里的玫瑰花色泽艳丽，清香扑鼻，不少人都慕名前来购买。

这天，小镇上来了两兄弟——洛克和杰克。兄弟二人约好了各自去不同的地方购买玫瑰花。

洛克问当地的居民："请问这里最漂亮的玫瑰花在哪儿，要多少钱一支？"一位老婆婆给他指了一个方向。洛克按照老婆婆的指示，顺利地买到了镇上最好的玫瑰花。

"兄弟，你运气真好，"花园的老板笑着说，"今天的玫瑰花开得最鲜艳，你买的那束绝对是我们这儿最好的！"

虽然花了不少钱，但洛克仍然十分高兴，因为他准备将这束花送给自己的未婚妻。多美的花儿，一路上洛克高兴得甚至哼起了歌。

杰克也顺利地找到了最漂亮的玫瑰花，并且和哥哥找到的是同一片花园。虽然花儿娇艳多姿，但杰克总觉得这些玫瑰花不是最好的。他在花园里转了半天，脑子里却总想着是不是还有比这些玫瑰花更漂亮的，最后他觉得这些花儿根本就很难看，甚至连普通的玫瑰花都比不上。于是杰克两手空空地回到了旅店，脸上满是疲惫的神情。

晚上，兄弟两个在旅店相聚了。杰克看着洛克手中的玫瑰花，心里特别不是滋味。两人各自睡下后，洛克捧着玫瑰花做起了梦，他梦到未婚妻爱丽丝嫁给了自己，还给了自己一个甜蜜的吻。而杰克一整夜都没有睡着觉，因为他的脑子里一直在想着那束最漂亮的玫瑰花……

成长悟语

用“最”做定义的时候，本身就具有十足的迷惑性。所以，当我们抬头找“最”的时候，根本就看不到它的尽头，而低头看的时候，它可能就在离我们脚边最近的地方。并不是因为它真的是“最好”，而是因为它在我们弯腰就能拿到的地方。

两个挖井人

为了解决镇子上居民们吃水困难的问题，年轻人索罗和迪诺结伴去打井。两个人来到距离镇子一公里左右的空地上，索罗二话不说，拿起工具甩开膀子干了起来。而迪诺却不紧不慢地坐在田埂上，一边抽烟一边四处打量着。

大汗淋漓的索罗看了一眼迪诺，没好气地说：“大家让我们俩来打井，把希望全部寄托在我们身上，你可倒好，跑到这里来躲清闲。”

迪诺胸有成竹地说："你先别冲我发火，要不我们来比赛，看谁先挖出水。"索罗听了，更加卖力地干起来，他想只要挖得够深，总会出水的。

这时候，迪诺抽完了一支烟，拿起工具在离索罗不远的地方也开始干起活来。索罗心无旁骛，埋头苦干，一心想先挖出水来，教训教训不紧不慢的迪诺。

可是迪诺才挖了没一会儿，就看到有水慢慢地渗出来了，这下，索罗可傻眼了。可他还是不甘心地说："小子，这次算你运气好，选到了有水的地方。"

迪诺笑了笑说："我的好兄弟，这可不是我运气好。瞧你，不管三七二十一就挖起来，也不看看你选的那块地方寸草不生，怎么可能会有水呢？"索罗环顾四周，果然只有迪诺打井的这里有一小块草丛。

成长悟语

不管前方有多少险滩、暗礁、荆棘、陷阱，你只要找准正确的道路，就能顺利走向前方。无论方向、地形多么复杂，只要找到北极星，你永远都能走对朝北的路。

铅笔的五大优点

莎士比亚曾经用一支铅笔来诠释一个人一生的哲学。

第一，无论你写下多少篇令世人欣赏的文章，得到多少追捧和荣誉，请你记得，在你的身上总有一只手来引导你，这只手就是“上帝”。

第二，自己并不是永动机，自己也并不完美，所以每过一段时间就会感到迷茫，就像铅笔的笔头会变粗无法再写一样。那时我们必须停下来，找一把小刀重新把自己“削”好。这个过程是疼痛的，但却是一种提高、一种磨炼，经得起这种磨炼的铅笔才能重新变得锐利，再次写出优美的诗歌，而经不起这种磨炼的铅笔就会被上帝抛弃。

第三，铅笔写错是允许橡皮擦掉的，也就是说没有什么错误不能被纠正，而每一次纠正错误都是为了让整篇诗词更美好，让一个人的一生更完美。

第四，也许每个人用的铅笔不太一样，有些外表高端华丽，有些则看起来碌碌无为，但是请记住，写出字的部分永远不是一支铅笔的外表而是它的“芯”。也就是说，一个人应注重内心而不是外表。再美的外貌，都将被削去。

第五，一支铅笔总会用完，一个人也终将会死去。但是，无论如何，一支铅笔总会写下些什么让人看到，一个人总会留下一些什么让人记住，这就是印记。所以，任何一个人都不该草草地对待自己的一生。

希望每一个人都做好自己，做好一支铅笔，写下一生的诗。

成长悟语

如果你不能飞，那就奔跑；如果不能奔跑，那就行走；如果不能行走，那就爬行。但无论你做什么，都要把握前行的方向。做一支写字的铅笔，哪怕自己会被消磨殆尽。

快乐的渔夫

一位渔夫正躺在沙滩的太阳伞下打盹儿，一位穿着时尚的旅游者在拍照时吵醒了渔夫。

旅游者说："天气这样好，您今天一定能打到很多的鱼。"

渔夫摇摇头。

"难道这个天气打不到鱼吗，还是您的身体不太舒服？"

"我的身体棒极了。"渔夫舒展着四肢，"而且我今天已经打过了。我的筐里有几只龙虾，还捕到了很多条大鱼，甚至连明后天我都不用出海，我正在享受生活。"

游客激动起来："可是你还有足够的时间再次出海。你想想，要是你每天出海三四次，你就能捕到更多的鱼。几年后，你就可以买车买船甚至可以自己当老板，你难道没有想过自己开一家熏鱼厂？

到时候你就不需要考虑天气的因素，随时都可以坐着直升机找鱼群，指挥着你的团队为你捕鱼。

如果还有机会的话，你甚至可以开一家海产品运输公司，无须通过中间商就直接把新鲜的海产运到其他国家，然后……”游客兴奋地为渔夫规划着美好的未来。

渔夫微笑着挥挥手打断游客的话：“最后呢？做到你说的一切又该做些什么？”

“最后……最后，你就可以逍遥自在地坐在喜欢的港口旁边休息，悠闲地躺在太阳下打盹儿，还可以无忧无虑地欣赏大海。”

渔夫撇撇嘴，然后继续躺下打盹，问了一句：“那我现在又在干什么呢？”

成长悟语

世上最可悲的事莫过于不知道自己想要什么，在一开始浪费时间争夺积蓄的一切，最后再去换取从一开始就能够唾手可得，却被自己的无知摒弃的事物。生命不可能有两次，但许多人连一次也不善于度过。

做不完**不等于**不用做

提杰想在自己家闲置的后院安装一个篮球架，但是又不知道后院的面积是否足够。父亲提议让提杰把后院的杂草全部清除，然后测量一下可以使用的面积。可是提杰去了后院看了看，就跑回来和父亲抱怨：“后院的杂草实在是太多了，没有几天的时间根本清理不完。”

在父亲的坚持下，提杰还是做了一下午的清理工作，虽然没能把草全部清除，但是提杰知道这个后院一定有足够的空间安放一个篮球架。经过几天的努力，后院还是有一些杂草没清理完，不过一个小型的篮球场已经完成了。

提杰喜欢篮球运动，父亲就带着提杰去图书馆看有关篮球运动的书籍。一进图书馆，提杰看到满满的书架都是和篮球相关的书籍，又开始抱怨：“这么多书，我肯定是看不完的！”

父亲反问提杰：“还记得你清理后院的杂草吗？很多事情，我们确实无法全部做完，但是做不完不意味着不需要去做。不动手做就永远没有开始，等到开始的时候你就会发现，有时候不需要全部做完，就能够达到我们的目标。”

成长悟语

人的一生不应该只有0分和100分。很多事情我们终其一生都无法完成，但是我们依然要去做，即使知道自己无法拿到100分，哪怕是80分、60分，甚至是10分，也不应该在百年之后让自己的一生全部都是0分的答卷。

苍蝇和蜜蜂

一窝蜜蜂和一群苍蝇生活在同一棵树上，只是蜜蜂为了保护蜂蜜把家建在树顶的枝丫上，而苍蝇则守着枯败的树根建了一个窝，因为这里常有动物的粪便，它们就是喜欢肮脏

的环境。

虽然是住在同一棵树上的邻居，但是蜜蜂从来看不起苍蝇，一是嫌弃它们好吃懒做的做派，二是觉得它们头脑蠢笨，经常毫无章法地乱飞，永远不能像蜜蜂一样富有组织性、纪律性，永远都做不了大事。要不怎么说是“无头苍蝇”呢？有一天，5只苍蝇和5只蜜蜂同时飞进了森林中一个废弃的玻璃瓶里。

这只瓶子非常奇特，瓶底对着有光源的一方，而瓶口则朝向暗的一方。

蜜蜂根据经验认定有光源的地方才是出口，所以它们不停地重复这种合乎逻辑的行为，一次又一次向底部进攻，又一次次被弹回来，最后碰得头破血流，倒地身亡。反观苍蝇倒是全部飞出去了。

为什么会出现这种情况呢？玻璃在蜜蜂的眼里是一种超自然的神秘之物，是它们从来没遇到过的不可穿透的“大气层”，而它们的智力越高，这种奇怪的障碍就越显得无法接受和不可理解。

它们每次朝光源飞，都用尽了力量，被撞后还是不吸取教训，爬起来后继续撞向同一个地方，同伴们的牺牲并不能唤醒它们，它们依旧朝那个有光源的方向拼命挣扎，最终导致死亡。

而那些“无头苍蝇”，由于对事物的逻辑毫不留意，全然不顾亮光的吸引，四下乱飞，结果误打误撞地碰上了好运气，这些“头脑简单者”在“智者”消亡的时候顺利自救。

成长悟语

从容思考，从速实行，方向永远比努力更重要。选对了方向，你的努力会成倍地收获；选错了方向，你的努力就是浪费时间。

雪的面目

在如火的赤道地带，小学老师黛西正卖力地给孩子们讲“雪”的形态，但不管她怎么解释，孩子们始终不能明白。

黛西老师说：“雪是纯白的。”

一个孩子就猜测：“雪是像盐一样的东西吗？”

黛西老师说：“雪是冷的。”

另一个孩子就猜测：“那么，雪是像冰激凌一样的东西吗？”

黛西老师说：“雪的质地是粗糙的。”

第三个孩子就猜测：“雪难道像沙砾一样？”

黛西老师解释了半天，始终不能让孩子们明白，雪到底是什么。期末考试的时候，试卷上的题目就是“雪”，结果有几个孩子这样写道：“雪是淡黄色、味道又冷又咸的砂子。”

黛西老师很无奈，觉得光靠言语无法表达清楚雪这种东西。她说：

“我们要认识雪，只有自己到有雪的国度；

我们要聆听黄莺的歌声，就要坐在黄莺栖息的树下；

我们要闻夜来香的清香，只有夜晚走到繁花满枝的庭院去。”

黛西老师带着孩子们不远万里，去了有雪的国度，让他们亲眼看一下雪。

现在，孩子们站在雪中，什么也不必说，就知道雪是什么样子了。

成长悟语

有一些事物的真相，用言语是无法表达的，对于没有见过雪的人，我们很难让他明白什么是雪。像雪这样的物质，有形有色，但是无法用语言表达出来，那么我们怎么知道雪到底是什么？我们只能自己去寻找雪，找到了，你就知道了雪的样子。这就是实践的伟大力量。

大仰角

1941年的深夜，美国洛杉矶的一个片场中，一群人正在忙着拍摄一部电影。

“停！”开拍不到10分钟，年轻的导演就急躁地大喊起来，他上下比画着，用生硬的语气冲摄影师大喊说：“大仰角，大仰角，这个镜头必须是个大仰角，明白吗？”

又是大仰角！就为了这个所谓的大仰角，摄像、演员、录音师、场工等都反复折腾了十几次，他们都累得筋疲力尽。可是这位年轻的导演全然不顾大家的情绪，一次次地大声喊“停”，一遍遍地向着摄影师大叫“大仰角”！

终于，扛着摄影机趴在地板上已经很久的摄影师对这个初出茅庐的小伙子忍无可忍，站起来大声吼道：“我趴得已经够低了，你难道看不见吗？！”

周围的工作人员都停下了手中的工作，幸灾乐祸地等着看好戏。年轻导演一句话也没说，只是镇定地盯着摄影师。突然，他转身快步走到道具旁，抄起一把斧子就朝着摄影师走去。

人们都被眼前这一幕惊呆了，谁都没有想到这位年轻的导演这么暴躁易怒。在周围人还没有反应过来时，只见他抡起斧子，用力向摄影师刚才趴过的木制地板砍去，不过五六下，地板就被砸出一个窟窿。

此时，导演平静地对摄影师说：“你站在里面拍，这就是我要的角度。”此时的摄影师已是满脸羞愧，他蹲在洞中，压低镜头，拍出了一个前所未有的大仰角，一个从未有人拍出的镜头。

成长悟语

如果你还没有达成目标，说明你还不够努力。你可以做得更好，你可以变得更优秀，你可以再往下走一步，你可以拥有自己最理想的“大仰角”！

每双脚都拥有舒适的权利

老罗布是镇子上远近闻名的鞋匠，经营着一家百年鞋店。出自他手里的鞋，不仅轻便舒适，而且与主人的脚贴合得天衣无缝，每个穿过老罗布做的鞋的人都赞不绝口。老罗布有两个儿子，从小就跟着老罗布学习手艺。二人学艺各有所长，大儿子天性敦厚，总是慢工出细活，一双鞋能反复修型打磨好几十遍，常常让定做鞋的客人等得不耐烦，却又对他的手艺无可挑剔。相比之下，小儿子对鞋子的耐心远不如对客人的耐心，他宁可每天站着在前厅接待客人，也不愿意抱着一双鞋在作坊里坐一整天。

老罗布去世以后，罗布兄弟共同经营着鞋店。在弟弟精明的商业头脑运作下，鞋店的名声越来越响。可是渐渐地，兄弟俩之间有了分歧。哥哥觉得弟弟没有把心思放在鞋上，店里的生意看似红火，但并不能长久。而且，他绝不能忍受人们穿着一双漂亮但不舒适的鞋走出店门。

于是，兄弟俩不欢而散，各自开了一间鞋店。这下，弟弟完全摒弃了祖辈传承下来的作坊式经营方式，他店里的鞋都是从成品市场批发来的，款式多，种类全，每双鞋都精致漂亮得让人挪不开步子。弟弟以为，这下他的生意可以越做越大了，再也不会有客人因为等不及鞋子做好而转身去别的鞋店买成品鞋了。

奇怪的是，哥哥的店里每天定做鞋的人依然络绎不绝，而来自己店里的顾客越来越少。终于，他坐不住了，来到哥哥的店里想问哥哥原因。

听了弟弟心中的疑惑，哥哥并没有说什么，而是起身带他来到贮藏室里。弟弟看到之后大吃一惊，在这里，他看到许多名流量脚后留下的木制脚模。哥哥说："每一双鞋都是按照客人的尺寸精心制作的，可以说，我们给予客人的双脚获得舒适的权利，而不仅仅是漂亮。"

弟弟转身惭愧地说："哥哥，我终于明白我们罗布家族百年鞋店的秘诀了！"

成长悟语

走得最慢的人，只要他不丧失目标，也比漫无目的徘徊的人走得快。

2和1的答案

杰瑞老师走进教室，在黑板上写上2和1两个数字。然后，他问学生："答案是多少？"

第一个学生回答："3！"

杰瑞老师问："你怎么算出来的？"

第一个学生："很简单啊！2加1等于3！"

老师摇摇头。

第二个学生回答：“2！”

杰瑞老师问：“你怎么知道这个答案的？”

第二个学生：“很显然啊！2乘1等于2！”

老师又摇摇头。

第三个学生回答：“1！”

杰瑞老师问：“你怎么得出的答案？”

第三个学生：“2减1等于1！”

老师再次摇摇头。

学生们见答案都不对，一时没了主意，3个答案怎么都不对？那么到底答案是什么？

老师说：“你们轻易就给出答案。可是你们得出答案之前，并没有问我这个到底是什么题目。是加法、减法、乘法或除法？你们没弄明白问题，又怎么能找到正确的答案呢？”

学生们恍然大悟，这件事情对他们以后的人生起了一个很好的警示作用。

成长悟语

没弄明白问题，又怎么能知道答案呢？

你想要嫁一个富有的丈夫，但你真正缺的却是一个温柔体贴的人，而这个人不一定富有；

你想要娶一个美丽的妻子，但你真正需要的是一个能够理解你的智慧女性，而这个人不一定美丽，在你搞清楚自己到底需要什么之前，别急着给自己要的东西下定义。

第二十二篇

自信：人之所以能是相信能

商场外的攀岩墙壁

安吉拉是一个不算太富有的商人，为了积累更多的财富，他在市中心租下了一整栋楼，准备开设一个大型商场。因为租金是从银行贷款来的，所以安吉拉特别谨慎。为了获得更多的利润，他一直在想着如何充分利用这寸土寸金的地方。

安吉拉在这栋准备装修为大型商场的楼房四周巡视了好久，发现大楼除正面外，其他三面的地面都留有一条绿化带，绿化带一直闲置着，没有人去关注和打理，实在很浪费。

安吉拉马上想到，除了大型综合商场正热门外，许多年轻人还很热衷于旅游、攀岩活动。而真正适合旅游、攀岩的地方不是距离太远、花费时间太多，就是消费太高。事实上，热衷于这些热门活动的人，并不是有时间并且又有钱的人。

想到这里，安吉拉决定在市内建一处人工悬崖峭壁，让爱好攀岩的人既能得到活动的乐趣，又不用花太多的时间和金钱。

于是，安吉拉将那栋楼的外墙修建成三面人工岩石墙壁，楼内做商场，楼外做攀岩活动场地。

这样一来，每平方米就可当两平方米用，这的确是一举两得的项目。

3个月后，一栋外面看起来像天然形成的悬崖、实际内部是商场的建筑物出现在市中心。

整个商场看起来像在山洞里，显得更加富有诗意和神秘感，市民们更愿意去“山洞”探秘，如此一来，商场的销售额迅速得到提高。

安吉拉这个创意一下子成了当地的热门话题。媒体不惜版面进行了大量的报道，越来越多的市民纷纷跑来一饱眼福。商场和攀岩场地的生意异常火爆。

成长悟语

不是一味地认可自己，而是有技巧地表现自己。有时候，获得和失去并不是对立的，获得并不一定以失去为代价。珍惜你现在拥有的，争取你应该得到的，不要犹豫。这个世界上没有什么事情是不可能的，当你认为可能的时候，事情就会朝着你所期待的方向发展。

信，然后坚持到底。

做自己的上帝

卡加拉是一个贫穷的妇女，她在一家工厂做丝绸纺织工作，由于老板经营不善，这家工厂效益一直不好。终于有一天，老板宣布，自己将变卖这家工厂，凡是在这家工厂工作的人都可以低价买下这家工厂——只要支付8万美元。卡加拉听后，抢先和老板签了合同。

可谁知，这合同背后却有一个天大的阴谋：这家工厂之前曾借了不少钱，现在工厂的法人是卡加拉，也就是说卡加拉要还清所有的钱，总计50万美元！卡加拉听到这个消息后，简直崩溃了，这么多钱她什么时候才能还清啊！

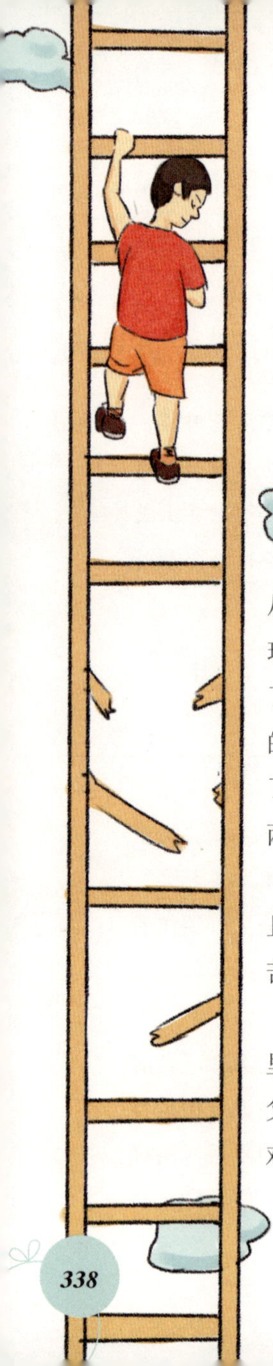

卡加拉甚至动起了轻生的念头。她去教堂真诚地祷告：“上帝，请原谅我的无知，我实在还不起这么多钱，希望您能给我一个机会。”可就在卡加拉准备离开结束自己的生命时，神父出现在她面前，告诉他：“坚持下去，上帝会照顾你的。”卡加拉心里一动，听到神父对她的鼓励，于是她打消了轻生的念头回到了家里。

第二天，她真诚地向所有的债主宣布：她一定会还所有的钱，只是时间问题，自己也是受害者，希望债主们体谅。从那以后，没什么学历的卡加拉开始认真学习管理工厂的知识，不断向老工人请教经验，甚至提拔了一位德高望重的车间主任为副总经理。经营工厂的日子非常艰难，但卡加拉想到神父的鼓励还是挺了过来。半年过去了，工厂的效益有了一些提高，两年后，工厂开始盈利了。

结果很好预料，卡加拉还清了所有的债务，并且经营着一家红红火火的工厂。卡加拉成为当地艰苦奋斗的典型。

之后，卡加拉回到了当初受到鼓舞的教堂里，她想要感谢在最困难的时候赐予她力量的神父。她对神父说：“神父，我非常感谢你和上帝对我的照顾。”

神父却说：“孩子，上帝把力量攥一半在自己手中，另一半放在了你的掌心。照顾你这么久的上帝，其实就是你自己。”

成长悟语

上帝对我们最大的帮助，就是给了我们一个可以自主选择的意识和自主行动的身体。这样，我们就可以用自己的身体经历痛苦、忧伤、灾难、悲剧，然后再用意识学会坚强、自立、振作、快乐。我们所经历的或许选择不了，但是我们学会的东西却一定能够选择。

所以，最可靠的上帝，就是我们自己。

年轻人和荒岛

布菲特和利亚德是两个年轻人，他们原本生活在一个临海的小镇，但一场海啸吞噬了他们的家乡。两个人只好漂泊海上，寻找新的求生之地。

不知道漂了多久，他们终于到达一座无人的荒岛。两个人都很高兴，但是上岛之后才发现这里虫蛇遍地，处处都潜伏着危机，条件十分恶劣。

布菲特说：“我们就在这里定居吧，虽然条件差点，但是我们可以改造啊。只要肯出力气，一定可以打造一个温暖的家。”但是利亚德并不赞同伙伴的观点，他不想再去花心思、花费力气打造一片新天地。于是，他辞别了伙伴，继续漂泊，后来他终于找到一座鲜花烂漫的小岛。这个岛上已有人家，他们的祖先正是18世纪海盗的后裔，经过几代人的努力，小岛终于建成了一座花园。利亚德认为这样的地方才适合生存，他留下来，当了一名小工，日子过得不好不坏。

多年后，利亚德乘船经过那座荒岛，想起当年的伙伴，就上岸来探访老友的踪影。刚踏上小岛，这里的一切都让他感到陌生，他甚至怀疑自己走错了地方，因为这根本就不像一座荒岛：高大的屋舍、整齐的田畴、健壮的青年、活泼的孩子……

他惊讶地参观着，四处寻找布菲特的身影。终于，他认出在樱桃树下休息的老人就是自己的老友。于是，他激动地上前打招呼，两个共患难的朋友紧紧拥抱在一起。也许是劳累的缘故，布菲特显得更为苍老，但是他的精神非常好。尤其当说起变荒岛为乐园的经历时，更是神采奕奕。

最后布菲特指着整个岛说："这一切都是我用双手打造出来的，这是我的岛屿。"利亚德大吃一惊，他没想到当年的计划真的能够变成现实，心里很是愧疚，但是嘴上还在硬撑，他轻声嘟囔："为什么上天这么厚爱你，当时让我留在这个岛上，也许会比现在更好。"

成长悟语

别试想如果当初你也这么做了，你现在是否会获得比别人更大的成就。当你已经开始这么想的时候，你就得问问自己——我当初都干什么去了！世界上关于"当初如果……现在应该……"的说法，只不过是为自己的懒惰和无知找借口罢了。

棕榈渔网

从前，有三个人住在一座闭塞的岛上，与世隔绝。

这座小岛上没有食物，他们只能吃四周浅海里的鱼。这里的鱼都属于同一种类，个头非常大，一条就足够一个人吃一天。

但是他们显然无从了解人类先进的捕鱼技术，只能跳进水里用手去抓鱼，这非常辛苦，还好他们基本上每人每天都能抓到一条，不至于挨饿。

三个人中有一个精力特别旺盛，除了捕鱼，他还想做几件好看的棕榈叶衣服，还想盖一个遮风挡雨的住所。

但抓鱼几乎占用了全部的时间，哪还有时间干别的事情。一定要想办法缩减捕鱼时间，他的大脑飞快运转着。

突然，他想到自己经常被沙滩上的棕榈叶划伤，为什么不用它来捕鱼呢？

第二天，其他两个人准备去捕鱼的时候，发现这个人在沙滩上忙活，好奇地问：“你干什么呢？”

“我要用棕榈树叶做个工具帮我捕鱼。”聪明人回答。

他们一脸不屑，嘲笑说：

“那你这个工具要是不好用，可别哭着来跟我要鱼吃。”

这个人并没有被吓倒，反而干得更起劲了。他找来一些柔软的棕榈树皮，把它们搓成一股股绳子，又将这些绳子横横竖竖织成一张网。

在织的过程中，他又在捆网结的时候把棕榈叶穿进去，露出锋利的叶尖。

一天下来，一张结实又厉害的渔网终于织成了。他拿着渔网朝海浪冲去，几分钟后，他就捕到了一条鱼。

其他两个人不再笑了。在接下来的一小时里，这个人又捕到了第二条鱼。两个伙伴惊叹不已。

从此以后，他们三个人再也不用花一天时间去捕鱼了。他们腾出了更多的时间忙别的事情，盖房子、做衣服、养动物、游戏，生活比原来丰富精彩了很多。

成长悟语

生活之所以一成不变，是因为你根本就没想着去改变。一旦开动了你的智慧，生活就会丰富起来！不要说什么是办不到的事情，你今天的想法很可能成为明天的希望和现实。

命运之神的眷顾

毕业于名牌大学的艾克已经成了一家公司的总经理。凭借着自己过硬的专业知识和踏实肯干的作风，公司成立还没几年，他就拥有了不少稳定的客户，业绩也在稳步增长。艾克对自己的公司很满意，他正在考虑扩大公司的规模。

有一次，艾克的大学同学找到他，希望艾克能传授自己一点管理经验。艾克热情地将同学请到了家里。当看到艾克奢华的住所和高品质的生活后，同学由衷地佩服起他来。此时艾克习惯了别人的恭维，爽朗地笑道："这都是靠我自己的努力奋斗、聪明才智、独具慧眼，才能抓住机遇，获得今天的成就。"

对现在的艾克来说，一切都太顺风顺水了。他似乎已经忘记了自己的成功也离不开公司全体员工的努力，经商在艾克看来，似乎是一件非常简单的事。

之后，他在采购时，并没有亲自审核，而是随便让一个负责物资采购的人去了市场。谁知，这位负责人只是购买了一些价格昂贵、中看不中用的设备。有些办公桌椅根本无法投入使用，打印机用了两次就坏了。开电话会议的设备在使用时突然停止运转，这让艾克损失了几百万的合同。

在接下来的过程中，艾克似乎一直不顺利，公司的业绩也明显下滑，一些固定的客户都离他而去了。朋友见到艾克这样，纷纷表示同情和不解。艾克灰头土脸地说道："别提了，不知为什么，最近的运气差得很！"

"别放在心上，"朋友安慰他说，"如果命运不愿意看到你幸福，至少它会教你变得谨慎小心。"

成长悟语

自信不代表你可以自大。在一般情况下，人们总爱把成绩归功于自己的才干，如果失败，那就把责任推到命运之神身上。命运之神对谁来说都是一样的，他会因为你的努力而赋予你成功，也会因为你的自大而给予你教训。

死于特长的章鱼

章鱼是海洋里最难对付的生物之一，它们力大无穷、狡猾多疑，连鲨鱼见了也让它们几分。

章鱼有一个最显著的特长就是身体柔软，它可以把身体塞进任何狭小的空间。章鱼经常藏进死去的贝壳或海螺壳里，这样食肉鱼类就伤害不到它了。同时，这对章鱼来说也是一种捕食技能。它先不动声色地在贝壳里藏好，等小鱼小虾靠近时，猛然伸出触手将猎物牢牢缠住。章鱼有八条触手，每条触手上有300多个吸盘，每个吸盘的拉力是100克，因此，章鱼能缠住比它重几十倍的生物。章鱼捉住猎物后，会把毒液注入猎物体内，这时猎物就会被麻痹，乖乖成为章鱼的美餐。

这能攻能守的技能似乎让章鱼独步天下，可这项特长又是章鱼的死穴。

人们最初想捕捉章鱼时，发现这几乎不可能实现。但人们了解到章鱼的这个特长后，就想出了抓到它们的办法。捕捞者先找来很多小瓶子，用绳子把这些瓶子拴在一起，然后把成串的瓶子放到海面下。章鱼见到这些晶莹剔透的小瓶子，都争先恐后地钻进去。此时，捕捞者把绳子提出来，一瓶瓶的章鱼就成功抓到了。

成长悟语

是什么囚禁了章鱼？是瓶子吗？不，囚禁了章鱼的，是它们自己，而且正是它们那些自身熠熠闪光的特长。其实，在这个世界上，有多少人像章鱼一样，本来有着令人羡慕的特长，却不加珍惜，自命不凡，固执己见，结果囚禁了自己，葬送了未来。

战胜自己内心的敌人

布鲁斯病了，医生说是绝症，无法治愈。

布鲁斯痛苦极了，毕竟他才35岁，正是人生的好时候。但是最让布鲁斯伤心的是，他的三个儿女还小，妻子身体也不好，如果自己死了，谁来照顾他们？

布鲁斯告诉自己，他不能死，他一定要坚持活下来。他开始接受治疗，虽然医生说没有什么效果，治疗也很痛苦，但是布鲁斯还是坚持了下来。几个月过去了，布鲁斯的身体状况真的有所好转。

布鲁斯开始经营一家咖啡馆。由于他觉得生命的每一天都来之不易，所以他很努力，而咖啡馆的生意也越来越好了。很多人喜欢到布鲁斯的咖啡馆喝一杯咖啡，因为布鲁斯不屈的精神是那么值得尊敬。

七八年过去了，布鲁斯活了下来，医生都觉得他是一个奇迹。

布鲁斯的咖啡事业也由最初的一个小咖啡馆变成了如今的咖啡连锁店。

他的“布鲁斯咖啡连锁店”遍布整个城市的街区，总资产也达到千万。

布鲁斯的儿女们也长大了，有了自己的事业和家庭。布鲁斯感觉自己也要好好享受生活了，于是把生意交给助手经营。

每天，他和妻子到河边散散步，下午去咖啡馆坐坐，喝一杯咖啡，日子惬意极了。

可是好景不长，布鲁斯的病又犯了，这次他没有像之前那么幸运，在几个月后，他去世了。

成长悟语

意志并不仅仅是精神领域的一部分。由百折不挠的信念所支持的人的意志，比那些似乎是无敌的物质力量更具有强大的威力。而当意志一旦松动的时候，垮掉的就不只是精神。

被上帝照顾的老人

艾德退休后回到乡下老家居住，没了忙碌的工作，艾德总是感觉生活很空虚。

一天，他出去散步时，发现了一块长满野草的荒地，而且这块地就在他家隔壁。

艾德找到荒地的主人决定买下这块地，尽管很多人都不理解他的行为，但他还是坚持要买下那块无人问津的荒地。

荒地的主人很爽快地答应了，并且以最低的价格达成了交易。

从此，艾德的生活开始变得忙碌起来，似乎又回到了上班时的状态。

他每天早上6点就起床开始干活，先是将荒地的杂草除去，接着又是松土，然后种下种子。

不久后，种子发芽并长成幼苗，艾德又给幼苗浇水、施肥、捉虫。

几乎每天都忙到太阳下山后才收工回家，真正做到了日出而作，日落而息。

这样的日子不知不觉过去了半年，在艾德辛苦的汗水浇灌下，这片原是杂草丛生的荒地已经变成了一个鲜花争艳的花园了。

这个美丽的花园吸引了无数的路人，所有的人都赞不绝口。

有一个年轻人路过花园，看到如此美丽的景色，忍不住上前对艾德说："先生，上帝真的很照顾你，让你的花园如此好看，我非常羡慕。"

艾德听完了年轻人的话，微笑着答道："年轻人，也许上帝真的很照顾我，但你却不知道这是我辛苦了半年的收获，而且我每天早上6点就开始努力地工作，直到傍晚才收工呢。”

年轻人再也没有说出话来，满脸羞愧地离开了。

成长悟语

上帝负责照顾我们的心灵，我们负责照顾自己的身体。

生活并不会因为你的身体虚弱、疲惫、衰老而变得更坏，它只会因为你的懒惰、放弃、自卑而变得更糟。

拿破仑的孙子

在美国纽约的大街上，亨利像往常一样排队领着救济金。这时候，排在他后面的一个落难友人对他说：“我看到一本杂志说拿破仑的一个私生子流落到美国了，这个私生子又生了好几个孩子，他们的全部特征都跟你很像——个子矮小、讲一口法国口音的英语。”

“我倒确实符合这些特点，但这是真的吗？”亨利半信半疑，但他还是愿意把这一切当成真的。可以说这是现在唯一能让他感到振奋的事了。

原来在美国这个由移民组成的天堂里，也有着无数的清贫者，已经30岁的亨利就是其中之一。

他整天只能靠救济金勉强度日。自从知道自己有可能是拿破仑的孙子后，他想要给自己一次彻底的改变。

以前，因为个子矮小而充满自卑，而现在的他却因此自豪起来，“我爷爷当年就是靠这种形象指挥千军万马的”；以前总觉得自己英语发音不标准，像一个令人讨厌的乡巴佬，现在却觉得自己带一点法国口音的英语发音实在是悦耳极了。他甚至下决心开创一份属于自己的事业，“我爷爷能指挥千军万马，我一定也能白手起家”。

尽管在创业的过程中他遇到了无数难以想象的困难，但他却仍然毫不灰心地坚持下去。他对自己说：在拿破仑的字典里找不到“难”这个字。现在的亨利已经成了一家公司的董事长，并且在他经常闲逛的那个公园对面盖了一栋30层的办公大楼。

之后，有人让亨利去调查一下自己的身世，证实一下自己是否真的是拿破仑的孙子。

但是，他却说：“我的身世如何，现在还有知道的必要吗？”

成长悟语

人能在这个世界上成功的最主要因素，不在于你身边的谁是什么人，而在于你自己是什么人。

你可以借用别人的影响力，成为自己在战场上百无禁忌的后盾，但是，真正挥剑杀出一条胜利之路的人，只有你自己。

裁缝山姆的绝技

从前，有一个裁缝叫山姆，他有一个神奇的宝贝——一根长长的细线。那根线细虽然只有头发粗，但是人踩上去却不会断。

有一天，山姆去散步时看到一个很忧愁的孩子。于是停下脚步，问：“孩子，你小小年纪怎么如此不快乐呢？”

“我是专门走钢丝的，但是刚刚有人把我的钢丝抢走了，我没法再走了。”

“没关系的，我帮你。”说完，山姆从口袋里取出一根很长很长的线来，“来吧，孩子，在这根线上面走走看。”

“这根线这么细，苍蝇在上面跳还行，”孩子说，“我这么重，踩上去肯定会跌得很惨。”

“不会的！这线最结实了，它可是我爷爷的爸爸传下来的。”山姆说。没过多久，他就爬到了旁边一座楼的屋顶上，把这根线穿过街道上空牵到了对面的一个屋顶上。

“山姆先生，要不你先试试看？如果你踩上去线没断，那我就上去。”孩子朝着空中喊道。

山姆听完，张开双臂，迈开步子轻盈地走了起来。街上的行人都停下来，为他精彩的表演鼓掌。可是，山姆不习惯听到掌声，别人一鼓掌，他脑袋就开始发晕。果然，他失去了平衡，像折了翅膀的鸟跌了下来，吓坏了抬头张望的行人。

成长悟语

有自信是件好事，但过分、绝对的自信，就可能会有很大的失败在等待着自己。这就好比戴上一条华贵的钻石项链会显得十分美丽，但是全身都戴上钻石项链则会显得不伦不类。

第二十三篇

语言：说话产生的力量

语言的**力量**

克里夫是一个快乐的邮差，他为人们寄送信件，同时也传递着快乐。

在他的口袋里面总是放着一些小字条，上面写着“你今天会很快乐”“微笑一下，好运来到”“好心情胜于一切”。每送一封信，他都附赠一个承载着快乐的字条。

平静的日子没过多久，战争就爆发了。克里夫失去了邮差的工作，于是他就去了战地医院做志愿者。看到医护人员们那么忙碌，受伤的战士们那么痛苦，他想给他们带来一点快乐和希望。像以前一样，他把一句充满力量的话语写在了墙上：

“这里不会有人死去。”

大家都说这样做没有丝毫意义，一句标语能起到什么作用？

可是就是这样一句看似疯话的标语，潜移默化地融入了人们的心里。医护人员在这句话的暗示下，鼓足干劲医治伤员，希望这句话能够成真。战士们也受到这句话的鼓舞，产生了坚强的毅力和活下去的信念。

这里成了一家充满希望和活力的医院。

成长悟语

永远不要忽视自己语言中的力量，有时候一句话能够创造一个奇迹。如果是这样的话，那么，我们就需要谨慎且慷慨地表达自己。因为一句鼓励的话语，就有可能给对方一份珍贵的礼物，它在我们的生命里，虽微不足道，却往往重如千钧。

说话的艺术

汉德森先生的玫瑰花盛开了。

邻居布莱克太太带着孩子们去欣赏玫瑰花。她让孩子们在院子里玩，自己和汉德森夫妇在门廊下喝着咖啡。

突然，只听见汉德森先生大喊：“你看那些小鬼真没规矩，把我的玫瑰花都折了。我得去教训教训他们！”

布莱克太太听了这话很尴尬，说：“不好意思，我去教训他们吧！”

汉德森太太小声说：“你不要误会。那些玫瑰花有刺，又刚喷了农药，老汉德森是怕那些花刺伤到孩子们！”

果然，院子里汉德森先生急切的声音响了起来：“不要伤到手，我给你们折几枝！”

成长悟语

一个人说的话，可以表现出爱，也可以表现出恶。既然让对方觉得自己被爱着，又何必让他觉得自己是被憎恶着呢?

你要做的不仅仅是要表达出自己的想法，关键是让对方接受你的想法。

不要让人生兜圈子

安娜是一个舞蹈家，因此舞鞋是她必不可少的伙伴。无论哪一次演出，她都必须亲自准备舞鞋。但是，事有例外，一次她在外地参加演出，自己的舞鞋却落在了家里，而化妆间里其他的舞鞋尺码都不太适合她，所以她不得不叫助理去临时帮她买一双。

她再三叮嘱助理：“亲爱的，千万不要黑色的，记住，白天鹅不能穿黑色的舞鞋，千万不要忘记呀，35码，一定不要买黑色。”

演出就快开始了，助理急匆匆地赶了回来，把舞鞋交给了安娜。当她打开鞋盒后，安娜差点昏过去：舞鞋竟然是黑色的。

安娜生气地责怪助理："上帝啊！你没有脑子的吗？我千叮万嘱要你别买黑色的舞鞋，可是你却偏偏买了一双黑色的，这是为什么啊？"

助理也感到很内疚，小声地反驳道："你一再强调黑的，黑的，时间又这么紧迫，我急匆匆地走进商场时，脑中只有印象最深的两个词：35码、黑色，于是我就专门找黑色的舞鞋。"

安娜觉得有些道理："是啊！如果我言简意赅地说'请为我买一双35码的白色舞鞋'，相信你也就不会买错了。"

成长悟语

有一些人在交代别人做事的时候总是说，你不许做这个，不许做那个，却从来不告诉他人，到底应该怎么做。

与其给对方一个"否定"答案，不如给他们一个"肯定"的回答——亲爱的，我想这样做或许会更好，因为……

鼓励更胜于惩罚

雅各布7岁了，他喜欢在院子里踢足球。

一天，在他玩得尽兴的时候，一不小心把球踢到了邻居米琪阿姨的窗户上，把窗户上的一盆花弄到了地上打碎了。他害怕极了，因为他知道米琪阿姨可不是一个温和的人。

米琪阿姨听见了声音，发现了窗户的异常，走出房子查看，她发现了雅各布，立马明白发生了什么。

米琪阿姨问他：“是你打碎了花盆吗？”

雅各布低着头，显然很害怕的样子，之后，他怯生生地说：“一只野猫从窗外经过，不小心把你的花盆撞到了地上。”

显然，米琪阿姨发现雅各布说的不是事实，因为猫根本爬不到二楼的窗户上。

米琪阿姨说：“猫打碎了花盆，我也没法逮到它了，就这么算了吧！我再买一个花盆把花种上就好了！”

之后，米琪阿姨邀请雅各布到家里玩，并拿出那个打碎花盆的足球递给雅各布，说：“这个足球还给你，因为你运用神奇的想象力，杜撰了一只打碎花盆的猫，以后，你一定可以写出有趣的侦探小说。”

接着，她又拿出一个新足球，递给雅各布：“这个新足球奖给你。因为你做错了事情，没有直接跑开，而是勇敢地面对错误。我觉得你以后会是一个敢于担当的男人。”

最后，米琪阿姨对雅各布说：“我要对你表示歉意。因为知道邻居有一个调皮小男孩，却还把花盆放在那么高的地方，一旦掉下来，砸到人就不好了！”

雅各布最终向米琪阿姨坦白了自己的错误。

成长悟语

鼓励，有时候是最好的惩罚。因为这不仅让对方意识到了我们对他的爱，也能够让对方接受自己的错误并学会真诚地改正。

与其在错误上纠结，不如在好的结果上纠正。

不要告诉别人你更聪明

一位年轻的纽约律师赶去最高院出庭诉讼。

法官对年轻律师说："海事法追诉期限是6年，对吗？"

年轻律师愣了一下，看看法官，然后率直地说："不。法官，海事法没有追诉期限。"

法庭内立刻静默下来，气氛相当凝重。

年轻律师坚信自己是对的，而法官是错的。让他意外的是，法官并没有纠正自己的错误，反而脸色铁青。

年轻律师犯了一个"比别人正确的错误"，居然当众指出一位声望卓著、学识丰富的人的错误。在法官看来，律师当众否定了他作为大法官的权威、智慧和判断力。尽管法律站在他这边，但他却铸成了一个大错。

一个蔑视的眼神，一种不满的腔调，一个不耐烦的手势，都有可能带来难堪的后果。"科学家永远不会打算证明什么。他只打算发掘事实。"指出错误不是科学实验，完全可以更高明一些。

苏格拉底也在雅典一再地告诫他的门徒:“你只知道一件事,就是你一无所知。”要知道,人性中也有不积极的一面,比如武断、偏见、固执、自负、嫉妒,不是每个人在任何时候都乐于改变自己对事物的看法。指出对方的错误要顾及他的接受程度,哪怕你是对的。

安慰

一天,大哲学家西多斐尔碰到了一位刚被丈夫抛弃的贵妇。为了安慰对方,西多斐尔说:“夫人,不要太过悲伤,英国的王后要悲惨得多,她曾经被逐出国,在海上九死一生,最后还要目睹丈夫上断头台。”

“我为她感到很难过。”说完,夫人又念起了自己的苦经来。

西多斐尔又说:“还有玛丽·斯图阿德,她一片痴心地爱着那个著名的男中音音乐家,而她的丈夫当着她的面把音乐家杀了。她的至亲好友——伊丽莎白女王又把她关在牢狱里,整整18年啊!最后还砍了她的头。”

贵妇终于抬了起头,说:“那真是残酷极了。”不过,刚说完,又低下头来哀叹自己的命运。

两番劝慰都没起作用,哲学家又道:“拿波里的美丽王后耶纳被人捉住而掐死的事,你一定听说过的吧?”

贵妇点点头,说:“我有些印象。”

看到对方好像听进去了一些，哲学家紧接着说：“我再告诉你一个死于非命的女王的故事：她刚吃过晚饭就被篡位了，后来孤苦伶仃地死在一个荒岛上。”

不过，这次贵妇只是淡淡地说：“这些事我全知道。”

“还有一位命苦的公主呢！我要把她的遭遇告诉你，我还劝过她呢！和所有美丽的公主一样，她也有一个情人。有一天，她在卧室和情人幽会时被国王撞见，国王感到大为厌恶，顺手就打了青年一巴掌。气盛的青年便拿起一把钳子砸破了国王的头。公主吓昏了头，情急之下，纵身从窗户跳下去，跌坏了脚，到现在走路还是瘸的。那个青年自然被判处死刑。你想想，眼睁睁地看着情人被父亲杀死，公主是怎么样的心情。很长一段时间，我常到牢里去看她。她自始至终只和我提到她的苦难。”

听到这里，贵妇反问：“那么，你为什么不允许我想自己的痛苦呢？”

哲学家说：“因为不应该呀。这么多地位显赫的女人都经受过这么多苦难，你再灰心绝望就不应该了。你得多想想别人。”

贵妇阴着脸说：“如果我受到那么多美丽的王后或公主的遭遇，当你在安慰她们时，对她们讲我的苦难，你认为她们会听吗？”

不久，哲家学唯一的儿子死了，他难过得痛不欲生。那位夫人就整理了一份名单交给了哲学家，上面都是死了儿子的帝王。哲学家看后，认为很正确，但他的悲痛并不因此而减少。过了3个月，他们重新见面，很奇怪地发觉彼此的心情都还不错。于是，他们叫人立了一座美丽的塑像，下面题着：时间啊，只有你能使人安慰，而不是暂时的言语。

成长悟语

当灾难不是发生在自己身上的时候，我们永远都感受不到别人的痛苦。与其用一些不痛不痒的话来安慰别人，不如让他们自己在时间中逐渐自愈。

一条腿的鹅

希伯来是一个地道的法国富商，他最爱吃的是鹅腿。为此，他专门请了高级的私人厨师，这位厨师的拿手好菜就是酱鹅腿，做得肉质松软、肥而不腻、鲜嫩可口。然而，苛刻的希伯来从来没有给予过厨师任何鼓励，厨师非常郁闷。

一天，希伯来又在家设宴招待合作伙伴。他点了数道菜，自然包括酱鹅腿，而且他还极力向朋友们推荐这道菜。厨师奉命行事，然而，当希伯来挟了一个鹅腿给客人后，却找不到另一条了，他悄悄问身后的厨师说：“另一条腿到哪里去了？”厨师说：“咱们这里养的鹅都只有一条腿！”希伯来感到诧异，但碍于客人在场，不便问。

饭后，希伯来便跟着厨师去查个究竟。时值夜晚，鹅正在睡觉。每只鹅都只露出一条腿。厨师指着它们说：“你看，就是只有一条腿。”

希伯来听后，便大声拍掌，吵醒了鹅群，鹅一下子都站了起来。希伯来说：“鹅不全是两条腿吗？”

厨师说：“对！对！不过，只有鼓掌拍手，才会有两条腿呀！”

成长悟语

要使人们始终处于施展才干的最佳状态，有效的方法之一就是表扬和奖励。对方要的不一定是奉承后的虚荣，而是赞美中的肯定。

告诉他我自己的观念

费舍尔是法国的一名动物保护专家。一天，正当他在非洲参与动物保护工作时，当地的武装巡逻队正好抓获了3名偷猎者。

令人振奋的是，这3名偷猎者中，有一名是早已被巡逻队员注意的偷猎者的“队长”。这个人不仅凶悍，而且十分狡猾，两年来总是让巡逻队的人头疼不已。这下总算抓到了这个“大人物”，巡逻队员们恨不得每个人都上去揍他一顿，但这个人竟然丝毫不惧怕，而是镇定地望着他们。令人遗憾的是，这个国家的法律并没有规定偷猎者要坐牢，巡逻队员费劲辛苦抓来的这几个人，只能分别被关押在黑屋子里。

“让我去跟这个人沟通吧，说不定我能帮上什么忙！”费舍尔说道。但巡逻队员哪里听他的话，队员们每天结伴找到“队长”，将他揍得鼻青脸肿，但这个偷猎者仍然不惧怕他们，任凭他们怎么打骂，他还是坚持以后会接着偷猎。几天后，竟然有“队长”的同伙来到巡逻队，企图用金钱来“救出”他们的同伙。巡逻队员得到好处后，也真的想放走这些偷猎者。费舍尔再次跟巡逻队去交涉，最后他终于得到许可：可以与“队长”在黑屋子里同住10天，但10天后，这名“队长”将恢复自由。

费舍尔得到许可后，拿着自己早已准备好的书、图片和录像机住进了

黑屋子。这10天里，他与“队长”同吃同睡，外面的人除了送饭、放风，什么也不管。10天后，“队长”从黑屋子里被放了出来，但曾经凶悍狡猾的他却一反常态，与大家握手道别，还保证以后再也不干偷猎的勾当。而事实也证明这名“队长”果然信守承诺。

当人们问费舍尔那10天究竟发生了什么时，他答道：“要让他改变，不是简单地用武力来使他屈服，我只是每天都告诉他我自己的观念，一遍一遍说服他，他的观念改变之后，行动自然会跟着改变。”

成长悟语

请记住，当你想要成功说服某人的时候，你不是在说服他的身体，而是在说服他的脑袋。唯一能够进入脑袋从而改变行为的东西，就是无形的观念。让对方主动接受你的观念，而不是被动承受。

疯子的智慧

聂鲁达是克里特岛最出色的手艺人，他能制造出会唱歌的鸟，还能制造出会写字的小猫。

这天，克里特国王把聂鲁达召进宫，让他制造一个真正的人，这个人必须有血有肉、会唱歌跳舞、能陪人交谈。这可难坏了聂鲁达，会唱歌的鸟和会写字的小猫都是利用齿轮装置完成简单的动作，而会交谈的人需要的可没这么简单。

聂鲁达回家想了一天一夜，也没想出该怎么制造人。克里特国王残暴专断，常常因为一点不顺心就把奴隶投进狮子笼。聂鲁达知道，如果自己制造不出像真人一样的人，被投进狮子笼就是自己逃脱不了的命运。他问遍了克里特岛的能工巧匠和以智慧闻名的人，可大家都不知道怎么解决聂鲁达的困境。甚至有人说："你干脆从悬崖直接跳进大海算了，免得到时候被国王折磨，生不如死。"

聂鲁达觉得这或许是个不错的建议，就离开城邦，朝郊外的山上走去。他走到山脚的岔路口时，遇到一个人，那个人是克里特岛最著名的疯子，因为整天胡言乱语被大家驱赶出了城邦。

疯子躺在路边，主动向聂鲁达打招呼："嘿，这位神情恍惚的人，你是被牧神潘的笛声迷惑了吗？朝山上走干什么？"

聂鲁达知道眼前这位是被克里特驱赶的疯子，在他那里不可能得到什么帮助。然而，自己已经是要死的人了，和他说说自己的遭遇也没什么不好。聂鲁达坐下来，向疯子诉说自己的不幸。

疯子听完，哈哈大笑说："这么小的问题就难住你们了吗？全克里特岛人都是傻瓜吗？"

聂鲁达听疯子这么说，仿佛一瞬间看到了希望，他急切地问："那我该怎么解决呢？"

疯子说："你回去找到国王，对他说你可以制造出和真人一模一样的人，但前提是，原材料必须由国王提供。要制造出有血有肉、会唱歌跳舞、能陪人交谈的人，需要维纳斯诞生时的大海泡沫、塞壬鸟的喉咙和雅典娜头盔上的猫头鹰。如果国王能把这些东西找来，你就给他制造和真人一样的人吧。”

聂鲁达听了疯子的话，兴高采烈地来到王宫，把需要的原材料告诉了国王。国王立刻派勇士出海寻找这些东西，勇士们在大海上漂流了3个月，无功而返。是啊，谁知道大海上的哪堆泡沫才是孕育维纳斯的呢？谁真的在某个迷雾笼罩的岛听到过塞壬鸟的歌声呢？谁又能见到雅典娜并向她索取宠物呢？

国王找来聂鲁达，对他说自己没办法找到这些原材料，只好放弃制造一个真人的计划。

成长悟语

回击别人的最好方法，就是把他对你说的话再对他说一遍。你要做的就是用对方的矛盾来攻击他自己。

失败的绞刑

1825年，沙皇尼古拉一世登基。当时的俄国正处于内外交困之际，新皇登基不久国内就爆发了一场叛乱。叛乱领导者是自由分子，口号是实现俄国现代化，希望俄国的工业和国内建设赶上欧洲其他国家。最后，叛乱被尼古拉一世残酷镇压，其中一名领袖李列耶夫也被判处死刑。

行刑这一天很快到来，李列耶夫被反绑着推上绞首台。绞刑开始时，李列耶夫使劲地挣扎着，至死都不肯屈服。这时，怪异的事情发生了：绳索突然断裂，李列耶夫猛然摔落在地上。在当时，这被看作是上天意旨的体现，这样的犯人应该被赦免。李列耶夫因此保住了一命，他站起身后，向着人群大喊："你们看，俄国的工业就是如此差劲，他们不懂得如何做好任何事，甚至连制造绳索也不会！"

信使很快将绞刑失败的消息报给尼古拉一世，尽管很懊恼，他还是打算提笔签署赦免令。

"事发后，李列耶夫有没有说什么？"沙皇询问信使。

"陛下，"信使回答，"他说俄国的工业如此差劲，连一条绳索都造不结实。"

"既然是这样，"沙皇说，"让我们来证明事实与之相反吧。"于是他撕毁赦免令。

第二天，李列耶夫再度被推上绞刑台。这一次绳索没有断。

成长悟语

如果你想要在言语上逞强或者征服别人，你说得越多，出现纰漏的可能就越多。另外，话一旦说出口就无法收回，那么由此造成的失误也就很难避免。控制自己的言语，尤其应避免讥讽别人的言语。从讽刺人的话语中得到的暂时满足远远不及由此引出的灾祸。

第二十四篇

决断：善待你的选择

6便士的惩罚

乔叟出生在一个普通家庭，虽然家里经济条件有限，但是父母都很爱他，经常给他一些零花钱。有一天，放学比较早，天气还很燥热，他走到超市花6便士买了根雪糕，吃着就上了回家的公共汽车。到下车买票的时候，他才惊觉身上没有一分钱了！最后的6便士已经变成了肚子里的冰水。售票员当然不会就此原谅他，而是将他狠狠批评了一番。最后，他被汽车带到了位于郊外的终点站。

时间已经很晚了，这里人烟稀少，一片寂静。小乔叟不仅责怪自己的糊涂，又为那位售票员没有一点儿同情心而愤愤不平。不过小男孩终究好奇心更盛，他很快就被路边的乡村风光吸引住了，心想这不正是一次奇异的冒险旅程吗？

可是，他走了一会儿之后，时间越来越晚，夜色由浅变浓，直到最后如黑布般遮蔽了整个天空。四周漆黑一片，伸手不见五指，小乔叟越走越害怕。再加上偶尔飘过来的面包和土豆沙拉的香味，让他又饿又累，想起父母担心的样子，想起做不完家庭作业后的惩罚，想起这漫漫长路，他沮丧极了，甚至怀疑能否回到温暖的家。他越想越怕，孤独得想哭。不知道走了多久，他只记得记忆中这漫长的一路充满了黑暗、悔恨、恐惧、绝望。当翻过一个小山坡，城市阑珊的灯火乍然出现在眼前时，他终于流下了泪水。

后来的生命中，乔叟经历过各种跌宕起伏的场面，直面过无数灯红酒绿的诱惑，在那些时刻里，他总会记起这个漫长的黑夜，记起那6便士的惩罚。他常说：“善待自己的每一个硬币，不仅仅是因为小时候一次小小的教训，而是因为那一段长长的路只能靠自己走完。”

成长悟语

善待自己的选择也就是善待自己，因为你永远不知道什么时候会遇到一个“6便士的惩罚”。你可以随便做一些决定，但这是否意味着你已经设想了这之后可能会需要你独自走完的“黑暗长路”？

重新选择机

弗兰克是个一心一意扑在实验室里的发明家，他经常发明出许多违背常理的东西，因此被人们称为科学怪人。

经过一个月的实验与研究，弗兰克又发明出一台重新选择机，对这台机器提问过去没有发生过的假设，机器就会告诉你如果那样做了，会有什么样的结果。

弗兰克高兴地围着机器跳来跳去，忘了自己已经一个月没有洗过澡、换过衣服。他问重新选择机：“如果当初我和别人一样离开实验室，进入科技公司工作，现在是什么结果呢？”机器计算了一下，回答：“你会因为冲撞上司而被解雇，现在正在大街上乞讨。”

弗兰克心满意足地笑了，感谢自己当初坚持留在实验室的决定。他继续问重新选择机：“如果当初我和大学同学茱莉亚在一起了，现在会怎么样呢？”机器很快计算完毕，说：“茱莉亚会因你的漠不关心而出轨，你现在正因过失杀人在监狱里服刑。”

弗兰克吸了一口冷气，“好险，幸亏我没有答应茱莉亚的告白。”他更加得意自己的发明了。

忽然，他灵机一动，既然机器可以计算受过去影响的现在，那是不是可以计算受现在影响的将来呢？于是，他满怀期待地问：“重新选择机，我发明了你，将来会怎样呢？”机器计算完回答：“你会投入大量资金加大生产，但是我并不受欢迎，你将因高额负债自杀。”

成长悟语

决定你的，不是你拥有的能力，而是你的选择。

你的选择可能通向任何路程，但是那条路可能好也可能坏，而你却无法知道，也可能无法避免同样的结果。

只吃得下**两个苹果**

一位富翁坐拥亿万财产，却依然觉得闷闷不乐。一天，他来到上帝面前，问："上帝，人的欲望是什么？为什么我有这么多钱还是不快乐？"

上帝没有立即回答，只是说："你先回去吧，明天中午的时候再来，记住不要吃饭，也不要喝水。"

虽然不明白上帝的意图，富翁还是照办了。第二天，他如约来到上帝面前。

"你现在是不是又饿又渴，非常难受？"上帝问道。

"是的，现在你给我一头牛我都能吃下，给我一池水我也能喝光。"富翁舔着干裂的嘴唇回答道。

上帝笑了笑："那么你现在随我来吧。"

走过很长一段路后，二人终于达到了目的地——果林。上帝递给富翁一只硕大的口袋，说："现在这个林子里的果子随你挑，但你必须把它们带回来才可以享用。"说罢转身离去。

天快黑的时候，富翁扛着满满的一袋水果，步履蹒跚地来到上帝面前。

"现在你可以享用这些美味了。"上帝说道。

富翁一把从袋子里拿出两个大苹果，大口大口地咀嚼起来。一转眼的时间，两个苹果便下肚了。富翁的肚子终于有了鼓胀的感觉。

“你现在还饥渴吗？”上帝问。

“不，我现在什么也吃不下了。”

“那么，这些你千辛万苦背回来却没有被你吃下去的水果又有什么用呢？”上帝指着剩下的几乎是满满一袋的水果问。

富翁顿时恍然大悟。

成长悟语

对于我们每个人来说，其实真正需要的仅仅是两个足够充饥的“苹果”，而剩余的欲望只不过是些毫无用处的累赘罢了。你可以不用选择那么多，你可以适当精简一下人生。

佩妮的丈夫

佩妮又是一个人守在餐桌旁，她的丈夫在外面跑业务，不到深夜是不会回来的。她现在一个人太寂寞了，觉得自己的婚姻是不幸福的。

丈夫是一个事业心强的男人，一心扑在事业上，根本没时间陪自己，生活中基本上都是自己一个人，她开始后悔自己当初的选择。

当初，佩妮是小镇里最美丽的姑娘，追求她的人很多，其中有两个男孩追求得最为热烈，一个是很有事业心的老实人，另一个则是浪漫极了的诗人。

几经考虑，最终她选择了那个颇具事业心的男孩。现在想来，如果她选择了另一个男孩，现在的日子是不是不会这么寂寞，至少两个人可以厮守在一起。

一次，佩妮在咖啡馆偶遇她年轻时的另一个追求者。他这几年的生活没什么变化，只是娶了妻子，又离了婚。

对于这个消息，佩妮很震惊。她觉得他应该生活得安逸舒适，却不知，他的妻子经常为了他的不长进而跟他吵架，最终离婚了事。现在，他也没什么正经工作，为了生存，连房子也卖了。

面对他这样的境遇，佩妮没说什么，只是安慰对方尽量找到自己想要的生活。

回家的路上，她似乎不再害怕一个人的寂寞，至少她觉得丈夫出去打拼，他们才能有经济实力保住这个温暖的房子。

她曾经以为事业心强到不顾家的男人，不是一个合格的丈夫，那么一个没有进取心的男人，更不是一个合格的男人。

她觉得，她既然选择了，就没有对与错。

成长悟语

人生的选择很难，对与错实际上只在一念之间。我们既然选择了，就要按着选择的这条路一直走下去，不要回头。遇到困难，不要以为当初选择的路不对，你要知道，也许当初选择另一条路，遇到的困难可能更多。假如再给你一次选择的机会，也许你依然不会去选择另一条路。那么，就请善待自己现在的选择，善待自己的选择便是善待了人生。

硬币与花瓶

安德鲁·卡内基无疑是个人奋斗史的传奇。他征服了钢铁世界，跃居世界富豪首位，死后将全部财产捐赠给慈善机构。很多人将他奉为奋斗的楷模，然而，卡内基成功的真谛并不是每个人都能掌握的。在一次商业性质的聚会中，卡内基曾讲过这样一个故事。

卡内基旅居印第安纳州期间，寄住在一位友人家里。一个夏日的午后，卡内基和友人在书房聊天，友人的妻子在厨房清理餐具，友人的孩子在客厅玩耍。

突然，客厅里传来孩子尖锐的哭声，卡内基和友人跑到客厅一看，孩子的胳膊卡在了一个花瓶里。

友人的妻子也从厨房跑到客厅，看到孩子的状况急得不知所措。她用力把孩子的胳膊往外拔，但瓶颈很窄，孩子的手怎么也拔不出来。

孩子的哭声越来越大，唯一的办法就是把花瓶打碎。但这是一只价值不菲的花瓶，不过为了救孩子，只有放弃花瓶了。

友人让花匠拿来铁锤，小心翼翼地敲打花瓶，终于，花瓶裂开一道道口子，最后碎了开来。

孩子的手腕已经卡红了，友人的妻子心疼地看着孩子，诅咒那只该死的花瓶。

然而，孩子的手始终紧握着，这让卡内基迷惑不解。他弯下腰问孩子：“亲爱的，你的手受伤了吗？”孩子睁大眼睛摇摇头。卡内基继续问：“那你为什么紧握着拳头呢？”孩子慢慢张开手，他手中有一枚硬币。

原来孩子把手伸进花瓶是为了拿这枚硬币，而他的手卡在花瓶口也是因为他攥着这枚硬币而不肯松手。为了一枚硬币打碎一个价值不菲的花瓶，这让卡内基陷入了沉思。的确，有时候我们会被小的利益迷惑，失去大的利益。要想获得大的利益，就必须放弃阻碍我们的小的利益。

成长悟语

利益不是别的东西，只是我们每一个人视为幸福所必需的东西，长远的利益才能更好地满足我们的需求。所以，当我们为了眼前的“一枚硬币”而放弃了整个价值不菲的“花瓶”时，是否有人知道我们失去了更多呢？

咖啡与杯子

哈伯德教授是一位优秀的导师，他不仅在专业研究上指导学生，更在人生的方向上给予学生诸多引导。

这天，几个学生来拜访哈伯德教授。

詹妮弗是社会福利机构的工作人员，她抱怨福利机构的工作过于烦冗，接受帮助的人素质欠佳，她每天都陷于琐事与争吵带来的烦躁中。“你们看，”詹妮弗抓着自己的头发说，“它们都长成一捧枯草了，我却没有时间打理。”

贾斯帕是一家精密仪器公司的绘图员，他每天做的事情就是伏在绘图板上绘图。精密的测量和计算伤害了他的眼睛，也伤害了他的大脑，他说：“我觉得整个世界都被刻度一点一点地切分掉了，连吃牛排时我都会计算，怎样切分才能趋近零误差。”

鲍勃抱怨公司老板的苛刻吝啬，朱利安抱怨客户的难以应付，全职妈妈劳拉也抱怨丈夫的不体贴。整个客厅里弥漫着烦闷抑郁的气氛。

哈伯德教授没有说话，他端来咖啡，同时带来几个杯子。杯子有玻璃的，有塑料的，有水晶的，有金属的，有陶瓷的，有木质的，材质不一。大家纷纷拿起杯子喝咖啡，这时导师才慢慢开始发话。

“你们拿的杯子都是精致的、昂贵的，而粗糙的、廉价的杯子却无人问津。其实你们想要的是咖啡，杯子对你们来说并不重要，不是吗？”

听了导师的话，学生们豁然开朗。

成长悟语

生活就像咖啡，工作就像装咖啡的杯子。杯子的好坏或许会影响你品尝咖啡的兴致，但如果把注意力都放在杯子上，咖啡的美味岂不是要错过了？所以，不要太在意杯子的好坏，把注意力放在品尝咖啡上吧。

水的形态

公开课上，教授以水的形态来比喻一个人的一生。

“一个人就像一杯水，太自私的人内心就会阴暗寒冷，然后就会冻结自己，成为一块冰。一块冰虽然看起来很美丽，但是却无法行动，那么，这个人的一生也就只能站在脚下的地方了。

“如果是一个平常人，也就会像一杯平常的水一样成为液态。这杯水可以随着管道流进江河湖海，然后顺着整个流域走到它心中想去的地方。

“但这不是最完美的，当一个人无私的时候，内心就会像火焰一样，把一杯水变成水蒸气，成为云朵，它将飞起来，它不仅拥有大地，还能拥有天空，它的世界将和宇宙一样大。”

教授讲完自己的言论后，台下一片掌声，这也正是这个教授想达到的效果。可是这一次出现了小插曲，掌声过后，一个学生举手提问道：“教授先生，水的形态都是由外界决定的，

您瞧，我们给水降温它就成冰，给水加热它就变成水蒸气。试问，如果我们想要走得更远，外界的影响是不是占有绝大部分的原因？”

教授没想到会有学生对自己的言论提出这样的疑问，一时不知道该如何回答。突如其来的意外让整个教室都安静了下来。

几十秒的时间，对在场学生来说不算久，因为他们在等待教授精彩的回答；几十秒的时间，对教授来说实在太久，因为他没想出如何回答。

“抱歉，教授，我不该这样问，我明白您的思维了，如果一个人连外界环境都战胜不了，那还谈什么发展，更别说能走多远了。”提问的学生居然自己回答了这个问题，教授再次茫然了几秒钟，站起来给了这个学生真诚的掌声。

成长悟语

与其寻觅一个能够给我们幸福感的人，不如自己做一个感知幸福的人；与其遇到一个优秀的对象，不如让自己变得更优秀来吸引对方；与其为了不可知的未来忧虑，不如从现在开始就好好努力。忧伤的时候，真正能够给自己力量和安慰的还是我们自己。

所以，与其期待环境，不如期待自己！

随遇而安

大卫是加州中学的高一新生。开学伊始，学校体育社团进行新生纳新，大卫兴冲冲地递交了校篮球队的申请书。虽然他对自己的体能和速度充满信心，但是由于身材矮小，他还是落选了。心灰意冷的他给远在英国出差的父亲打电话倾诉，父亲意味深长地说，大卫，你已经是一个成年美国公民了，在你成长的路上，会遇到很多疑惑，我给你讲一个故事吧，希望这个故事会对你有所启发。

从前，有一个国王，他有好几个出类拔萃的儿子，大家都争相向父亲表现自己的智慧，希望以后能够继承父亲的王位。一天，国王带领这些儿子到很远的山上去打猎。他们齐心协力，收获颇丰。在他们凯旋的时候，发现来回必经的一条河已经涨满了水。河水汹涌澎湃，根本不可能渡得过去。他们个个都急得像热锅上的蚂蚁，心急如焚地想办法，无论如何要在天黑之前渡过河去。国王平静地看着他的儿子们，发现只有他最小的儿子好像并不着急，而是四处走走看看，像是在考虑其他的事情。过了一会儿，小儿子从不远处的果树上摘下一些野果给父亲送过来。国王欣赏地问他："天快黑了，你为什么不去想办法过河，反而要去摘果子呢？"小儿子泰然自若地告诉父亲："既然已经无法过河了，为什么不先尽情地在这儿度过一个晚上呢？等明天河水落了，不就很轻松地渡过河了吗？"国王非常满意他的回答，通过这件小事，他已经在心里决定要将王位传给这位最小的儿子了。

大卫听了父亲的故事，恍然大悟。既然篮球队不行，自己可以申请去橄榄球队。由于他出色的身体素质和速度，大卫顺利地成为加州橄榄球队的一员。3年后，大卫更是拿到了职业橄榄球队的邀请合同，成为北美家喻户晓的橄榄球明星。

成长悟语

剔除了不适合的，才能知道哪些适合自己。这不失为一种选择方案。

多数人都没有办法第一次就确定自己适合的东西，最合适的往往都是在碰撞和磨合中得来的，看似浪费时间的决定或许正是一条通往成功的捷径。

第二十五篇

感恩：回报所有的施予，包括痛苦

一头母熊的故事

有一年春天，猎人德维带着儿子去山上抓岩羊。儿子喝了山涧里的水之后竟然生病了，所以德维只能和儿子在山上暂住，7天的时间，他们吃掉了身上带的肉干。初春的森林还没有野果，德维知道这样下去一定会被饿死，至少虚弱的儿子会先死掉。

一天傍晚，正当德维想怎样才能打到猎物时，运气来了。他发现岩洞边走来了一只瘦弱的熊仔。这只小熊也饿得走不动，它只是待在原地发出微微的喊叫。德维刚刚拿起猎枪，就听到一只成年熊的低吼。猎人的经验告诉他，这时枪口不能指向熊仔，否则母熊会发疯，于是便放下枪。

母熊转身，慢慢地走开，也许同样是缺少食物引起的虚弱，它走得很慢。可是德维看着它走的方向，突然明白那是儿子躺着的地方。德维赶快拿着枪跑到儿子的身边。在离父子两人十几米远的地方，母熊停下来看了一会儿，又慢慢走开了。母熊回来时，带着熊仔，还是站在十米远的地方着看德维和儿子。

德维再次明白了母熊的意思：它们要饿死了，想吃掉德维和儿子。可是父子两人也没食物，想吃掉它们。德维没把握能一枪打死母熊，如果硬拼，母熊一定会在他装子弹的空隙扑过来。德维可以一枪打死熊仔，但母熊也会一掌打死自己的儿子。

人和熊就这样对峙着，谁也不动。

母熊的眼睛一直盯着德维的枪。德维实在受不了这种压力，他举着枪，走到一旁的悬崖边上，把枪扔下山崖。母熊见到这个情景，不知为什么用头不停地撞击地面，好像正在感激德维一样。

原本德维以为母熊会离开，可是母熊却不走，也不上来扑杀自己。德维想，母熊一定是想要一点食物让熊仔能够活下去。德维没有办法，他闭着眼，用刀把左小臂齐肘砍断扔了过去，然后，他眼睁睁看着熊仔撕咬自己的手臂。

让德维想不到的是，母熊居然走过来舔他的伤口。这时候，德维还以为母熊是想吃掉自己，之后就痛得晕过去了。

德维最后被母熊的吼声惊醒，他正惊奇母熊为什么不吃掉自己的时候，母熊疯狂地奔向悬崖扑了下去，它摔死在悬崖下的岩石上。

德维哭了，为了母熊无声的报恩。

成长悟语

草木为了感激春的到来而吐露新芽，鲜花为了感激夏的到来竞相开放，硕果为了感激秋的到来挂满枝头，雪花为了感激冬的到来把大地银装素裹。自然界尚且如此感恩，人更应该具有感恩之心。

魔鬼和天使

德芙是一家普通公司的普通员工，踩着高跟鞋挤地铁，窝在狭窄的写字间里打字，冲咖啡，送资料……德芙的唯一乐趣就是下班后去一家小酒吧喝酒，和吧台的侍者聊天，倾诉工作中的烦恼。

这天，德芙又向吧台的侍者抱怨她的一个同事如何在背后算计她，如何挑拨她和上司的关系，如何使她的工作不顺利。侍者给她拿了一杯白兰地说：“这么说，你工作中的天使终于出现了。”

“天使？”德芙用力撩起眼前的头发，睁大眼睛看着侍者：“你居然说她是天使？我冲进工作间揍她一顿的心都有，你居然说她是天使？”

侍者笑着说：“那你觉得什么是天使呢？画上长着羽毛翅膀的美人？侍奉耶稣基督的修女？还是在路边免费送你一只红丝带的慈善机构工作者？”

“难道不是吗？天使不就是传播爱与幸福的吗？起码不会背后算计你吧？”

侍者摇摇头说：“有时候天使会以另一副面孔出现。”

“魔鬼的面孔？”德芙笑着讥讽他。

侍者停下手中的活儿，严肃地对德芙说：“有时候我们的路过于平稳或过于平庸，就会忘记出发时的目的地。这时候，上帝就会派一位天使来提醒你，打起精神来，该向着最初的目的地前进了。”

德芙陷入沉思，回想起自己大学毕业时的规划，想起工作后消极怠工的心态，想起自己每天浑浑噩噩唯一的追求就是在这个小酒吧喝一杯酒。她觉得自己确实该打起精神来，向着最初的梦想努力改变。

她举起杯，对侍者也是对自己的内心说：“敬出现在我生命中的天使。”

成长悟语

不要以对方做的事情的好坏来判断他对你的价值，而是要以他做的事情带给你的影响来判定他存在的意义。他给你带来的痛苦是否成为你成长的动力？他给你造成的阻碍是否让你跳跃得更高？他给你留下的伤痕是否让你汲取了教训而不再受伤？

试着感谢这个人，因为他让你不必再畏惧和他一样的人。

只要一个小红果蛋糕

在法国巴黎有一家久负盛名的高级法式糕点店，凡是来巴黎观光的游客基本上都会来这里品尝一番。

一天，一个衣衫褴褛的老太太来到了这家糕点店，她佝偻着腰，拄着一根脏兮兮的拐杖在柜台前来来回回地踱步。最后，她只选了一个小红果蛋糕。要知道这是一家只卖高级点心的店铺，很少接待这样寒酸的顾客，也基本上没有哪个顾客单买一个小红果蛋糕。因此，小伙计在接待老太太时，心里有些不耐烦。当老太太向他询问蛋糕口味时，他并没有热情地解答，只是含糊地给出了一个没有参考价值的答案。现在他又开始为包装一个小红果蛋糕犯愁，因为他从来没有这样卖过。

此时，目睹了这一幕的店主发话了："等一会儿，让我来接待。"说着，店主详细地向老太太介绍起小红果蛋糕的独特口味，并且亲自把蛋糕装在一个精致的纸盒中，还在纸盒外系了一个红色蝴蝶结。然后，把包装好的蛋糕递到老太太手中。在接过钱的同时，店主又深深地鞠了一躬："感谢光临！"

待老太太出了店门后，小伙计不解地问店主："以前咱们店里来过好莱坞的大明星，NBA的球星，还来过很多官员、学者、富商，您都是让我们伙计来接待，今天您为什么要亲自接待呢？"

店主淡淡一笑，回答道："的确，往常不管光顾的顾客多么尊贵，都是由你们和经理接待。但是，今天这位顾客的情况不同。"

"有什么不同呢？"小伙计越来越不明白老板的话了。

"平时来我们店里光顾的大多是有钱人，所以他们来我们店一点儿也不奇怪。可是今天这位老太太她生活并不宽裕，或者说，很拮据，但是为了品尝一下我们店里的小红果蛋糕而把自己的一分钱、两分钱，甚至是把自己仅有的一点儿积蓄都倾囊而出了。你没看到，刚刚她递给我的钱都是零零碎碎的吗？恐怕再也没有比这更难能可贵的事了吧？对于这样的顾客，作为店主的我亲自来接待是理所当然的！”

成长悟语

如果有人在自己的能力范围内帮你做一些事情的时候，这份感谢很平常。但是，如果有人超出能力范围却仍然能够帮你做一些事情的时候，除了感恩，还要尊重和珍惜这份心意。

能力范围内外的区别，证明了他对你的善意轻重。

失而复得的幸福

从前，有一个善良的人，他生前总是想尽办法热情地帮助别人，所以死后，他到了天堂，成了一个天使。

但他仍然时常到凡间帮助别人，希望人人都能感受到幸福的味道。

一天，他遇见一个苦恼的铁匠，铁匠向天使哭诉说：“我的大锤被偷了，没有大锤我用什么打铁呢？不能打铁我怎么赚钱呢？”

天使非常同情他，就赐给他一把结实的铁锤，铁匠很高兴，感谢天使让他感受到幸福的味道。

有一天，他遇见一个在异乡漂泊的男人，男人沮丧地对天使说：“我的钱被骗光了，没有办法回家，回不到妻儿身边了。”

天使就给他足够的钱做路费，男人很高兴，当他们一家团聚时，他觉得自己格外幸福。

又一天，他遇见一个演员，长得英俊潇洒、仪表堂堂，而且才华横溢、演技卓越，他的妻子貌美而温柔，但他却过得不快乐。

天使问他："你为什么不快乐呢？我能帮你什么吗？"

演员对天使说："我什么都有，只欠一样东西，你能够给我吗？"

天使回答说："可以。你要什么我都可以给你。"

演员直直地望着天使："我要的是幸福。"

听到这个答案，天使犯难了，他深思了一会儿，说道："我明白了。"

刚说完他就把演员所拥有的才华、演技、容貌、财产甚至他妻子的性命统统拿走了。

一个月后，天使再回到演员身边，那时他饿得半死，衣衫褴褛地躺在地上挣扎。于是，天使把他的一切还给他。然后，又离去了。

半个月后，天使再去看演员。这次，演员搂着妻子，不停地向天使道谢。因为，他得到幸福了。

成长悟语

最美妙的感觉不是已经拥有，而是失而复得。得到后却失去的东西最让人怀念，而失去后又重新得到的东西最值得珍惜和爱护。

珍惜并感恩上帝给你的第二次机会！

比金子还重要的东西

有一个五人探险队，其中四人经常出现矛盾，而他们的矛盾也总是由队长来调和。

有一次，探险队去了一个热带雨林。不幸的是，还没有走出雨林，队长就因为突发疾病丧生了。临死前，他把行李中的一个箱子给了四个队员，并告诉他们里面是比黄金更重要的宝物，只要四个人能够走出热带雨林，并把箱子交给他的好友，他的好友会付与宝物同等价值的报酬给他们。

四个人约定轮流抬箱子，时间均等。所以，开始的时候，谁都不愿意多抬一分钟。

路越来越难走，箱子也越来越沉重，四个人的粮食和水快要没有了。他们感觉自己的力气越来越少。但是，谁都不肯倒下，因为倒下就意味着自己的报酬会被他人分割，这只箱子像兴奋剂一样支撑着他们的身躯！四个人再累也互相监视着，不准任何人单独乱动这只箱子。在最艰难的时候，他们想到了未来的报酬是多少……

四个人终于走出了雨林，他们抬着箱子找到了队长的好友，好友拿出钥匙打开箱子，四个人都惊呆了，因为箱子里只有几块没用的石头。四个人开始为自己受到的愚弄而诅咒队长。

这时，队长的好友开口了："我想他没有欺骗你们，回想一下你们走出热带雨林的过程吧，你们四个人如果没有这只箱子，怎么可能坚持下来？队长给你们的是生命，这难道不比黄金更加珍贵？"

善意的谎言是美丽的。当我们为了他人的幸福和希望，适度地撒一些小谎的时候，谎言即变为理解、尊重和宽容，具有神奇的力量。

如果有人为了帮助你而撒谎，那么是时候给对方一个拥抱了。

为他人弯腰，拾起善意的心情；为他人着想，换来真切的感激。

聪明的猴子

非洲的塞伦盖蒂大草原广阔无垠，食草动物众多，猛兽也多。它的北边就是撒哈拉沙漠，所以一旦旱季来临，饮水就成了这片草原上所有动物的难题。

这一年的冬季，降雨量非常少，塞伦盖蒂大草原异常干燥。为了生存下去，所有的动物都开始四处寻觅水源。终于，经过艰难的长途跋涉，它们找到了一个日渐干涸但仍有水的小湖。

斑马、长颈鹿、角马、猴子陆陆续续到了那里。可是它们走到湖边的时候，绝望地发现湖面上很多鳄鱼正紧紧盯着它们，胆小的斑马一下就变得惶恐不安起来。其他动物也开始焦躁。但是，走了那么远的路才找到这处水源，大家又不甘心放弃。

最先冒险的是长颈鹿。它小心翼翼地走到水源边，低下头谨慎地喝了一口，满足地感叹了一句：“水真甜啊！”接着又谨慎地观察了一下四周，鳄鱼们还没有靠近。于是，它又开始放心地低头喝水。其他长颈鹿看没发生意外，也都鼓足了勇气相继靠近，然后低头饮水。突然，一只鳄鱼发起了攻击，一只比较瘦小的长颈鹿成了牺牲品，别的长颈鹿纷纷后退。

动物们目睹了鳄鱼的凶残，都心有余悸，一时不敢再靠近水源。可是，太久没喝水了，再加上太阳的炙烤，一些动物开始倒下了。无奈之下，大家只好再次选择冒险。斑马、角马、羚羊都先后靠近湖边喝水。于是，这个湖边上演着一场场生与死的较量。越来越多的动物在饥渴难耐之下选择了冲锋，在艰难的喝水过程中，有的不幸落入鳄鱼口中，有的幸运地从鳄鱼的大嘴中逃脱，成功地奔向了岸边。

与湖边激烈相争的场面相反，岸边的猴子刚开始一直在观察，并不轻举妄动。当它们发现越来越多的动物成了鳄鱼口中的美食时，果断放弃了这种直接喝水的方式，而是采取了一个巧妙的饮水方式——在离湖不远的岸边挖了一个比较深的洞，因为洞的地势比较低，湖水就会被引过来，这就足以让猴子们生活下去。

成长悟语

当已经看清了别人的经验和教训，我们完全没有必要重蹈覆辙。与其说我们是在防止犯错，不如说我们有权不坚持谬误。

同样的，感谢那些犯错的人。如果没有他们向我们提供失败的教训，我们将一事无成。因为我们思考的轨道是在正确和错误之间二者择一，而且错误和正确的选择频率相等。

“一无所有”的阿尔瓦

阿尔瓦曾是一位富可敌国的珠宝商人，控制了整个国家的珠宝贸易。不过在最近的一次出航中，他的商船被蛮横的海盗洗劫一空，他自己也险些被杀死。为了归还顾主的订货款，他只好变卖所有的财产作抵押。几天时间里，阿尔瓦已经从首富变成了一个一无所有的人。难过的他无法接受这个现实，一蹶不振，精神恍惚，难以入眠。

这一晚，连续失眠一周的阿尔瓦终于有了倦意。迷迷糊糊中，他梦见自己见到了上帝，并向上帝倾诉自己的不幸遭遇：“亲爱的上帝，为什么让我遇上这种倒霉事呢？现在我觉得活着都没什么意思！”

上帝并没有正面回答阿尔瓦的问题，只是对他说：“拿张纸来，把你剩余的资产一一记下来。”阿尔瓦深深地叹息道：“还有什么可写呢？现在的我已经一无所有了。”

“没有关系，让我们试试看，你的妻子和父母还在你身边吗？”“你的孩子呢？”“你的朋友呢？”“你的信誉呢？”“你的健康呢？”上帝一口气问出了好几个问题，并对阿尔瓦说：“这些都是你的财富，现在，把你拥有的资产列举出来吧！”

父母康健，我还有机会好好照顾他们；

顾家而贤惠的妻子，相伴相扶30年；

体谅我、愿意帮助我的三个乖巧的孩子；

尊重我、理解我，并乐于帮助我的好友；

从来都是诚信经商，口碑很好；

良好的健康状况；

国家稳定、社会非常有秩序；

……

写着写着，阿尔瓦脸上露出了笑容，他感慨地对上帝说：“我原来拥有这么多财富，但是我好像从来没有想过这些，甚至从来没有思索过。是的，我并不是一无所有，事态并不如我想象的那般严重。如果我能获得一些自信，或许我真的能够重新再来！”

成长悟语

每个人都是百万富翁，最贵重的东西往往放在你的身边，因为它只能贴着真实的地面；最廉价的东西反而浮在空中，因为它没有什么实质内容。但是，我们往往只知道抬头渴望，而不知道低头感恩。

感谢那些曾经陪伴你的人

有个人因为海难，在一个孤岛上独自待了4年，之后他很幸运地被救了，终于回到了社会中。这个人就是伯纳德哈斯豪夫，他向记者谈及了自己的那段经历。

没出海难之前，他与妻子结婚10年了，生活平淡而幸福，可是有时候总觉得妻子有很多缺点，不够完美，于是，两人经常为一些小事而争执。

在经历了那次海难后，他流落到了那个荒岛上，那里除了丛林和椰子树，什么都没有，刚开始他很害怕，怕自己回不了家，怕自己就这样死去。时间越长，他越感到无边的孤独和绝望。而这才是他最应该害怕的。岛上只有他一个人，丛林中一点风吹草动，他都会被吓得心惊肉跳。那个时候，他发现独自一人时，太多的东西都要自己承担。

但是，他不得不学会适应一个人的生活——只有椰子和他的生活。他说自己必须要接受自己，哪怕是缺点。他当时非常怀念与妻子在一起的时光，哪怕他们吵架和闹别扭的日子，也是那么的美好。他觉得两个人在一起，缺点并不算什么，共同分担生活中的压力才是最重要的。

在伯纳德哈斯豪夫回到文明世界见到妻子的第一眼，他就跟她说："感谢你一直以来陪在我身边，驱散了我一生的孤独。"

成长悟语

当我们遇到生活的困境，没什么大不了的，不要为之沮丧。只要你回过头来，你会发现，始终有一个人陪伴在你身边，支持你、鼓励你，驱散你心中的黑暗。这样一来，即使我们失败了，我们也没有遗憾。

第二十六篇

成长：成熟不是年龄问题而在于理解

年轻夫妇的**典范**

本森最近和太太关系紧张，起因是生育孩子的问题。本森不想要孩子，因为他觉得目前的生活状态不适合要孩子。可是，妻子认为有了孩子，家庭才完满。为了这件事，他们两人最近经常争吵，本森痛苦极了，他很羡慕自己的邻居麦迪逊夫妇。他们是那么恩爱，生活中似乎没有什么烦恼。

麦迪逊先生在一家银行工作，每天开车出门，他的太太就站在门廊下温柔地注视着他离去，而麦迪逊先生经常买一大束花回家，麦迪逊太太微笑着捧着花，幸福极了。这真是年轻夫妇的典范啊！本森有时候也买花给自己太太，可是她每次都很冷淡地说："没事不要买花，很贵的。"本森虽然觉得太太说得很对，可是他内心为太太不懂情调而失落。

一天，本森在自己院子里修剪草坪，结果，他隔着篱笆听见麦迪逊太太在打电话，他本想走开，可是他听见的内容令他停下了脚步。麦迪逊太太对着电话说："你今晚

回家，还是在外面玩？我不管你的私生活，但是你也没必要管我，我待会儿也要出去会朋友！我们只是名义上的夫妻罢了，不要太认真了！”

本森震惊了！

成长悟语

当你认为对方十分独立的时候，你认为他可以一个人面对所有的问题，但你没有看到他的脆弱。

当你认为对方十分坚强的时候，你认为他什么痛苦都能够承受，但你没有看到他的眼泪。对自己说，你看到的东西永远都没有那么全面。

换一种方法计算

果园里有一棵苹果树。春天，它迎着纷飞的蝴蝶开出几十朵花；秋天，这几十朵花结出了10个苹果。苹果树高兴地想让全世界都知道：“快看哪，我结了又大又甜的果子。”

可是果子成熟时，苹果树却遭遇了不幸，它这10个苹果被人摘走9个，只有一个不太大的幸存下来。苹果树的心里一下子失去了平衡，它愤愤地计算：“我今年结了10个果子，被人摘走9个，自己只得到了10%。明年我可不结这么多苹果了。”

于是，第二年，苹果树拒绝蜜蜂为它授粉，它只在风的帮助下结出了5个苹果。秋天，苹果树被人摘走了4个苹果，它这样计算着：“今年结了5个苹果，被人摘走4个，那我自己得到了20%。我比去年多得了一倍！”这样算着，苹果树不禁为自己的聪明叫好。

此后的几年，苹果树的果子越结越少，最后它一个果子也结不出来了。

其实，这棵自以为聪明的苹果树大可以这样计算：第一年结了10个苹果，被人摘走9个，自己得到1个。第二年结100个苹果，被人摘走90个，自己得到10个。第三年结1000个苹果，被人摘走900个，自己得到100个……累积下去，苹果树每年得到的苹果会越来越多。

然而，苹果树只会它自己那一种算法，所以最后它一个苹果也没有得到。

成长悟语

其实，得到多少果子不是最重要的，最重要的是，苹果树在成长！等苹果树长成参天大树的时候，那些曾阻碍它成长的力量都会微弱到可以忽略。所以，不要太在乎果子，成长才是最重要的。

兄弟俩**爬楼梯**

艾比和艾达是两兄弟，他们住在一栋大厦里。一天，他们俩结伴去郊外爬山。

傍晚回家时，浑身酸痛的他们沮丧地发现大厦居然停电了！

兄弟俩郁闷极了。因为很不巧，他们住在这栋大厦的最顶层，而更令人恐怖的是，这栋大厦一共有80层。

虽然两兄弟都背着大大的登山包，但除了爬楼梯，别无选择。

哥哥艾比对弟弟说："我们爬楼梯上去吧。"于是，兄弟俩就背着一大包行李开始往上爬。

好不容易爬到了20层，这两兄弟已经累得上气不接下气了。他们决定先把登山包放下，等明天来电了再来取。

放下沉重的包后，他们顿时感觉肩上的重量轻了很多，爬起楼梯来也轻快了很多，两人心情也放松了不少，一路上有说有笑的。

但是等他们爬到40楼的时候，两人实在累得不行了，一屁股瘫坐在地上。

弟弟艾达抬头看了看，发现才爬完一半的楼梯，便开始埋怨哥哥道："都怪你，提议去爬山，如果我们今天没有外出，说不定就不会遭这份罪了。"

哥哥则怪弟弟没有注意看今天大厦贴的停电通知。两个人开始互相指责、互相埋怨。他们一边吵，一边往上爬，不知不觉中又爬了20层。

这时候，他们连吵架的力气都没有了，只好安安静静地继续往上爬。终于，80楼到了。哥哥长吁一口气，兴奋地说："艾达，拿钥匙来！"

弟弟愕然道："钥匙不是一直在你手里吗？"

艾比这才反应过来——钥匙放在登山包里，而登山包被留在了第20层……

成长悟语

每个人都拖着一块长木板，有些人认为它是负担，在别人负重前行的时候，就将木板锯短，这样，就可以更轻松地上路了。多聪明的行为啊！最终，等到要过一条河的时候，发现别人的木板都成了过河的桥，而自己的短木板根本搭不到河对面。

不曾痛苦地拖着木板的人，就过不了之后竞争的河。我们在最初放弃的东西很可能成为未来的致命伤。

爱德华的脚印

爱德华是一个刚从事神职工作不久的神父。工作第一天，主教就让他负责去城里传播教义，而其他人则留在教堂里负责日常事务。爱德华认为这是主教在为难他，因为这份工作十分辛苦。

一天，主教发现爱德华一直没有出门，以为他生病了，就走进爱德华的房间看他。但是，他却看到爱德华一直在整理一大堆穿坏了的鞋。主教疑惑地问："我的孩子，今天你不打算出门传播教义了，为什么会在这里整理这些鞋呢？"

"没有办法，神父每年只需要两双鞋，而我一年的时间居然穿坏了十双鞋。"爱德华口气中带着一点不悦。主教马上明白了他话里的含义。

主教示意爱德华和他一起出去，两个人走到了教堂后面的田地里。主教对爱德华说："你沿着这条路走到头，然后沿着田地再走回来。"

当爱德华走完了之后，主教指着路让爱德华看："你去的时候没有脚印，但是你回来的时候却留下了脚印，你知道为什么吗？"

"因为去的路是干的，而田里都是泥。"爱德华回答说。

主教说："很好，那你觉得是路好走还是泥地好走？只有在泥地里，才能留下足迹。现在，如果在整个城市里询问神父的名字，我的孩子，你猜他们知道谁的名字多一些？"

成长悟语

如果上帝让你面对他人不曾面对的逆境，吃常人不曾吃过的苦，不要企图逃避，也不要抱怨或者推托，这些烦恼是人生留给你的礼物，只有经历过、面对过，才能留下回味，拥有积淀，最重要的是你会留下常人不曾留下的脚印。

你要做的不是感慨痛苦，而是在痛苦中学会成长。

一只手也可以鼓掌

一位只有一条胳膊的老人推着一个患有小儿麻痹症的女孩在散步，他们是邻居也是最好的朋友。因为两个人的身体都无法像正常人一样，所以他们更能了解对方的心思。

老人性格乐观，而女孩却非常悲观和忧郁，老人为了让女孩高兴，一边推着她走一边为她讲述自己年轻时的故事。两个人走到一所幼儿园前，幼儿园的孩子们正在唱歌，清脆悦耳的歌声吸引了他们的注意。

当孩子们唱完的时候，老人示意女孩一起鼓掌，女孩吃惊地问："鼓掌？但是你……"老人笑了笑，一只手解开自己的衬衫，然后，用手不停地敲击着自己的胸膛，那种"鼓掌"的声音，就像在打鼓，但却敲进了女孩的心里……

女孩看着老人对命运的不屈，不禁为自己这么多年的自暴自弃感到悔恨。知道自己得了小儿麻痹后，她幼小的心灵中就有了自卑的阴影，随着年龄的增长，自卑感越来越重，甚至没有听取医生的劝诫做复健运动。

"相信我，孩子，只要努力，一只手也可以鼓掌，而你也一定能站起来！"老人继续鼓励女孩。

那天晚上，女孩让父亲写了一张字条，贴到了墙上，上面是这样的一行字："一只手也可以鼓掌！"

从那之后，她开始配合医生做康复运动，无论多么艰难和痛苦，她都咬牙坚持着。有了一点进步，她就加强对自己的要求，以求更大的进步。无论有没有人在她身边督促，她都不曾懈怠，她甚至常常自己扔开支架，试着走路。蜕变是痛苦的，但终能破茧成蝶。她坚持着，相信自己能够像其他孩子一样。她要行走，她要奔跑……

11岁时，她终于扔掉支架，她又向另一个更高的目标努力，她开始锻炼打篮球和参加田径运动。

1960年罗马奥运会女子100米决赛，当她以11秒18第一个撞线后，掌声雷动，人们都站起来为她喝彩，那一届奥运会上，她共摘取了3枚金牌，也是第一个黑人奥运女子百米冠军。现场所有人都齐声欢呼着这个美国黑人的名字——威尔玛·鲁道夫。

成长悟语

每个人都是被上帝亲吻过的天使，每个人都有飞翔的潜能。只是有些人的翅膀并不明显，需要自己去寻找、去发现。这些人其实是上帝的宠儿，因为上帝很早就教会了这些人，如果有一天，飞翔的翅膀折断了该怎么办。

我们的肉体会随着时间的改变而衰老，但是，灵魂却应该更加健康和年轻。

空手而归的渔夫

格鲁是远近闻名的打鱼好手，可是他出海打鱼总是一根筋，所以总是空手而归。

一年秋天，正是螃蟹最肥的时候，市面上的螃蟹价格飙升，格鲁准备出海打螃蟹回来卖个好价钱。可是出海以后，他发现由于时间比别人晚，螃蟹已经没有了，海里最多的是大马哈鱼，格鲁认为即便抓大马哈鱼价格也不会太高，于是就放弃了大马哈鱼，空手而归。但是等到格鲁上岸才发现，由于过多的人打捞螃蟹，螃蟹的价格并不像一早那么高，而且还在不断降低，反而数量稀少的大马哈鱼价格居高不下。

第二天，格鲁出海的时候就想多打一些大马哈鱼，但是船行驶到海中才发现，因为今天的潮汐改变，大马哈鱼的数量非常稀少。格鲁打捞了半天，螃蟹倒是比昨天多了很多，但是格鲁没有打捞螃蟹，因为他感觉一定会像昨天一样，螃蟹价格越来越低，最后格鲁再次空手而回。等到了岸上，格鲁又恼又气，因为很多人都以为今天的螃蟹价格不景气而没有打捞螃蟹，这导致当天的螃蟹价格非常高。

晚上，格鲁躺在床上，想着这两天自己的行为，十分后悔。于是他发誓，明天出海，无论是遇到螃蟹还是遇到大马哈鱼，都打回来！可是第三天出海，什么都没有，只有一些龙虾，于是，格鲁再一次空手而归……

成长悟语

每一个人都会给自己定下一些规则，遵循规则并不是坏事，但是一味地墨守成规，最后往往会被规则所拖累。规则给予人们的应该是一种指导，而不是一种束缚。

一份正经工作

在法国香榭丽舍大道，有一个沿街卖唱的年轻人。他每天沿着香榭丽舍大街散步，手中提着一把小吉他。有先生、太太叫住他唱歌时，他就在路边找地方坐好，不紧不慢地唱歌；没有人请他唱歌，他就拎着小吉他慢慢在梧桐树荫里散步。

一个来法国打工的菲律宾妇女常常经过香榭丽舍大街，她也常常看见卖唱的小伙子在大街上散步。这天，妇女在一个公交站前等车，与小伙子相遇了。

她问："你每天在这里唱歌，挣得应该不多吧？"

小伙子凝神想了想，说："是的，不算多。但足够我的基本生活开销。"

菲律宾妇女说："你为什么不去做一份正经工作呢？像别人那样上班，或者做生意。"

小伙子似乎没有明白她的逻辑，说："我在这里唱歌很好啊，我过得很快乐，为什么要换工作呢？"

妇女说："可是，你不想让你的家人过得更好吗？拿我自己举例，我十年前就离开菲律宾来到法国，辛辛苦苦打工赚钱，然后把钱寄给家里，现在我的女儿在菲律宾最好的小学上学。你不觉得，做一份正经工作，能让家人过得更好吗？"

听了她的话，小伙子显得有些惊异："你已经离开菲律宾十年了？你的家人不想念你吗？我每天在这里唱歌，虽然挣得不多，但每天都能和家人在一起。我觉得，无论物质条件如何，一家人幸福快乐地在一起才是最重要的。你赚钱的目的不就是希望全家能够幸福快乐地生活在一起吗？可是你离家人那么远，家人又怎么能感到幸福呢？"

成长悟语

人生就像是一个圆圈，有些人走了一辈子都没有绕出这个命运之轮，我们不知道的是，在这个圆上，每一个小点都有一条能够让自己成功的切线。这个成功不一定是大成就，而是无愧于灵魂的欣喜。

危险的资格

一个社会学家为了研究东西方思维的差异而辗转于各个国家。

一次，他来到了一个城市，在乘坐电车的时候他发现，电车行驶的时候门是开着的，进站出站时车还没停稳，就有人跳上跳下，不过，出了问题得自己负责。

当然，这样跳上跳下的人基本上都是身手敏捷的年轻人，老人家就只能等车子完全停止后再慢慢上下车。当这位社会学家第一次看到这一幕时感到非常惊讶："他们不觉得危险吗？"

纵然身手敏捷，但是这些跳车的人也不是万无一失的。一天，有个年轻的女孩子跳下车时就不慎摔了一跤，周围的人只是惊讶地叫了一声，却没有人向她表示同情和帮助，而车上的车长不但没有停下车将她扶起来，反而还大声斥责："技术这么差，跳不好就乖乖等车子停好再下！你根本就没有跳车的资格！"

骂完随即拉一拉铃，让车子继续往前开。对于这位社会学家来说，这实在是无法想象的事情。

成长悟语

人需要对自己的行为负责。跳车要有资格，玩刺激也要有资格，而资格就是自己对危险的把握。

生命是自己的，危险是客观存在的，寄希望于别人就等于把生命交给了别人，这是对自己生命所有权的转让，这种转让往往是不可靠的。只有自己把握了危险的程度，才能保证不会陷入危险之中。

第二十七篇

失败：摔倒也是生命的礼物

请把失败卖给我

洛克·伍德是个著名的印象派画家。他跟很多知名的人一样，也是经历过一段黑暗的奋斗史才取得了如此大的成就。可是洛克·伍德这段黑暗史却有一些跟别人的不同之处，就是他出卖过自己的失败。

那是1947年，洛克·伍德作为一个无名的落魄青年，除了内心怀揣对绘画艺术的梦想之外，他一无所有，靠在街头给人手绘素描人像而生活，他常年租住在汽车旅馆内，因为这里价格便宜。他每天都会去街角绘画，但总是感觉自己的画失败不堪。奇怪的是，一个商人定时会来收购自己“失败的作品”，钱不多，几美元或者10美元就可以买一幅作品。就这样，几年下来，这个商人也收集了他上千幅失败的画作。

有一天，这个商人又来了，但是没有买他的画作，而是告诉他自己打算在华尔街举办一个画展，专门展出他这几年的“失败画作”，希望他能参加，并告诉他，自己已经在报纸上刊登了这个消息，并告诉人们自己的目的是从失败的画作中找出好的作品与劣质作品的区别。洛克·伍德对此很是纳闷，觉得举办这样的一个画展，没有什么意义，也不会取得成功。

出乎人的意料，这个画展举办得很成功。观众从各地纷至沓来，观看这些劣作究竟不好在哪里。洛克·伍德也参加了这个画展，他一幅幅地看着自己的画作，仿佛看到了自己的成长历程，也明白自己失败到底在何处。

成长悟语

一个人成功的经验，往往成为很多人借鉴的范例。可是，他们往往忽视了失败对于成功的重要性。失败就是层层阶梯，只有走到最后一步才能接近成功。

没有最好，**只有更好**

卡莱尔是英国19世纪著名的历史学家，他最为著名的作品是《法国大革命史》，然而，这部巨著的诞生却是异常的曲折起伏。

早在卡莱尔年轻的时候，他就醉心于研究法国历史，并立志要编写一本关于法国大革命的史书。为此他移居法国多年，潜心研究法国历史，深入社会调查，分析法国大革命的影响与意义。那个时代打字机还没有发明，卡莱尔每天都要仔细地将研究记录下来。直到卡莱尔中年的时候，他才彻底写完了《法国大革命史》。

为了让史书更加严谨，卡莱尔赶回英国，第一时间将手稿交给他最为信任的好友米尔去完善。然而令卡莱尔意想不到的是，悲剧接踵而来。就在米尔拿到手稿的第二天，其女佣在打扫书房时，误将《法国大革命史》当成了废纸，扔到火炉里烧了个一干二净。得知这一悲剧，卡莱尔立即返回法国住地，希望在法国的书房里可以找寻到之前的笔记与草稿。但糟糕的是，法国房东刚刚把书房租给其他人使用，原来书房里的东西被清扫得干干净净。这就意味着，卡莱尔历经十余年奋笔疾书的心血就此化为乌有。

此时，卡莱尔绝望的心情没有谁能够真真切切地体味，从大喜到大悲，这或许是人世间最为痛苦的感受。为了排解心中的烦忧，卡莱尔回到了故乡，每日做些简单的农活，闲下来就回忆年轻时的生活。这天，卡莱尔喝着红酒，翻阅着少时写的日记。老师对他的评语吸引了他的注意——“小卡莱尔，这篇日记应该写得更好，重写一次吧，你肯定会将它写得更加出彩！没有最好，只有更好。”凝视着老师的评语，卡莱尔热泪盈眶，他终于振作起来了。

第二天，卡莱尔回到了法国，他另起炉灶，重新开始了这部巨作的撰写。这一次他对自己更加严格，收集到的资料、素材也更加繁多，直至卡莱尔暮年，他才完成了今天我们读到的这部《法国大革命史》。这部《法国大革命史》无论从文字措辞上还是内涵深度上，都达到了卡莱尔创作生涯的巅峰。

成长悟语

我们最大的弱点在于放弃，成功的必然之路就是不断地重

来一次。重来一次并不是失败，而是站在成功之上再获得更大的成功。到了这个阶段，要战胜的已经不是事情或理想，而是自己备受打击和疲惫的心。

商人施密特

施密特是个非常有头脑的商人，他在亚洲收购了一大批珍贵木材，准备运到欧洲贩卖。

谁知这个时候爆发了“一战”，整个欧洲沉浸在混乱与灾难中。

生存成了战争中最严峻的问题，人们纷纷把财产换成黄金囤积起来，根本没有人问津艺术品与奢侈品。

施密特的这批珍贵木材就成了负债，几乎使他倾家荡产。

不幸中的万幸是在战争中这种一夜破产的事情太多，没有人会像平时那样精神崩溃甚至结束自己的生命。施密特和许多破产的人一起熬了过来。

战争过后，有人劝施密特把木材低价抛售，然后倒卖食盐和钢材，甚至有人邀请施密特一起投机金融。

施密特拒绝了这些好意，他认为，自己还是应该把希望寄托在那批木材上。

施密特将房屋抵押给银行，贷到一笔数目不小的资金。他建了一座木器加工厂，聘请当地手艺精湛的工匠，对这些木材进行加工。

他把一些珍贵的檀木加工成发梳，镶嵌翡翠、玳瑁、珍珠等装饰品，配上精美的包装，销往欧洲上层阶级。

随着战后经济复苏，贵族们又有了享乐的心情，施密特的发梳很快销售一空，并接到很多高级定制的单子。

后来形势得到了彻底的逆转，施密特不仅制作发梳，还制作家具和工艺品。印度紫檀木的梳妆盒，缅甸花梨木的餐桌，以及各种惟妙惟肖的根雕和装饰品。

施密特很快就收回了房子，财产比战前翻了一倍，并且随着生产规模的扩大不断增加。

他很庆幸自己没有因为第一次的失败而转向其他生意，在这批木材上再次投入精力与资金，终于获得了成功。

成长悟语

不要急于离开跌倒的地方。在跌倒之后，回头看看为什么跌倒，再向前看看哪条路平整。

失败不可避免，但是我们能够避免以后的失败，同时，也能从失败中找到正确的路。

为什么会责备

托尼和母亲在超市里买东西。托尼喜欢上了一件玩具，他害怕母亲因为价格太贵而不买，于是就把玩具偷偷地放在了自己的衣服里，直到走出超市的时候报警装置响起，母亲才发现托尼的行为，只能一边向超市负责人道歉，一边替托尼解释。

从超市出来后，母亲仍然不停地责备托尼：“你怎么可以偷东西？如果你喜欢完全可以告诉我，真是不明白平时你在学校都学了些什么，就算是不在学校，难道我就没有教过你不能偷东西吗……”托尼低着头听着母亲的责备，他感觉自己很丢脸，不是因为偷东西，而是因为路上的人都在看母亲责备自己。

两个人上了地铁，母亲不再说话。这时托尼看到一个人正把手伸进旁边女士的衣服口袋，托尼意识到这是小偷，于是他大声喊叫，让那位女士注意到自己的钱包将要被小偷拿走。女士反应过来后马上捂住自己的衣服口袋，小偷则趁着所有人惊讶的片刻下了地铁。女士转过头来向托尼和母亲致谢，并夸耀托尼是个善良勇敢的孩子。托尼反而奇怪地问身旁的女士：“您为什么不责备那个小偷呢？”女士无奈地说：“责备有什么用，那种人已经没有挽救的余地了。”

托尼奇怪地问母亲为什么自己犯错会得到那么多责备，小偷反而没有人去责备他。母亲回答说：“因为我没有放弃你啊！你没听到刚才那个阿姨说‘那种人已经没有挽救的余地了’吗？意思就是说她已经放弃小偷了，她已经觉得小偷无药可救了。任何责备都不能让他重新改过。而你就像一张白纸一样纯洁，出现一个小污点还可以轻易擦去。所以，妈妈一定要责备你，快快地把污点擦去，这样你又是干净透亮的了！”

成长悟语

责备是一种不放弃的爱，每一句责备的话语背后都有一双满含期待的眼睛，每一双满含期待的眼睛背后都有一颗充满关爱的心。我们不要总是在意话语的冰冷而忘记了关爱的温暖。

失败者的心态

在《圣经》中有这样一个故事，故事大意是这样的：

一个有钱人要出远门，就把自己的钱分给了三个仆人，让他们去做生意。他给了第一个仆人五千枚银币，给了第二个仆人三千枚银币，给了第三个仆人一千枚银币。后来，主人回来了，他看到第一个人用五千枚银币又赚了五千枚，他非常高兴，就把这加起来的一万枚银币全都送给了第一个仆人。第二个仆人赚的钱也翻了一番，赚了三千枚，主人也把这加起来的六千枚银币送给了他。可是拿到一千枚银币的这个仆人，他心里非常不平衡，心想为什么主人给了别人那么多却给自己这么点。他认为主人不公平，而且非常吝啬，付出一点却期待更多。他越想越生气，甚至怀疑这是主人的圈套，所以他就把钱埋在了地里。他见到主人以后，对主人说："你是一个不愿播种却想要果实的人，你是一个给予很少却要求回报很多的人，我就知道这钱你肯定会要回去的，这是你给我的一千枚银币，现在全都还给你。"主人听了，非常失望，他认为第三个仆人是一个懒惰又心怀怨恨的人，于是就把收回来的一千枚银币给了第一个仆人。他说："有的，还要加给他，叫他有余；没有的，连他所有的也要夺过来。”

这就是所谓的“贫者愈贫，富者愈富”，在经济学中，这种现象叫作“马太效应”。也就是说，一个人的心里存有什么样的想法，他就会看到什么样的东西；他所看到的，最后也会变成现实。

成长悟语

我们在面对不公平的时候，要想到自己在这种境况下能做什么。我们多少要改变一下自我，就算没有大的改变，至少在做事情的时候，也不要刻意地去感受所谓的不公平。我们都知道作用力与反作用力，若一个人抱怨世界不公平，这个不公平也会反过来强加于你。

先赔后赚的盖密尔

盖密尔15岁就来到伦敦闯荡，他在码头、餐馆等地方打工，赚了不少钱。盖密尔20岁时，在伦敦闹市区租了一间房子卖水果，他的水果是全伦敦价格最低的。

由于客人都被盖密尔的水果店吸引走了，同行开始调查盖密尔水果价格低的原因。原来盖密尔是零利润出售，也就是说他不仅赚不到钱，还必须搭上房租、水电费。大家都觉得，盖密尔一定是疯了，做这种赔本的买卖，他们还预言，盖密尔这种做法支撑不了多久。

果然，半年后，盖密尔的水果店关张了，他又在原址开了一家帽子店，价格同样是全市最低。买帽子的小姐、太太们几乎挤破了盖密尔店的门槛，眼红的同行们在一旁说风凉话："盖密尔真是个傻瓜，难道他来伦敦就是为赔钱吗？与其如此，还不如直接把钱送去孤儿院呢。"大家纷纷等着盖密尔的帽子店关张，果然，半年之后，盖密尔的帽子店关张了。

这下盖密尔该消停了吧？不，盖密尔仍旧在原址开了一家干洗店。不用问，盖密尔家的干洗价格是全市最低的。干洗店的同行们看着自己日益冷清的生意，便诅咒盖密尔："老天爷，快让他把积蓄花光，离开伦敦吧。"半年后，盖密尔关掉干洗店，开起了一家食品店。

盖密尔主打中国什锦，这在伦敦几乎是第一家。盖密尔的店里每天顾客盈门，短短3个月过去，盖密尔在伦敦开了五家分店。有人眼红盖密尔的生意，也学他做中国什锦，但根本没人问津，铺子过不了多久就关张了。原来，经过盖密尔之前一年半的赔本经营，在大家心中留下了这样的印象：“盖密尔家的东西是全伦敦最便宜的。”

就这样，盖密尔用赔钱的方式获得了信誉，然后凭信誉赚到了更多利润。

成长悟语

盖密尔的零利润经营方式貌似很傻、很愚笨，但他经过了聪明的市场运作和对人性的精确分析，却成了绝妙的智慧体现：眼前的损失是暂时的，个人的品牌和实在的长期回报才是真理。

100分的挨骂答卷

特瑞大学毕业后被分到一家律师事务所做实习律师。但是，他常常因为经验不足被资深律师责备，这让特瑞感到深深的失败。

后来，特瑞把自己的处境告诉了大学导师，导师对他说：“你知道吗，每一届学生去那个事务所实习都会挨骂，我最好的学生在两年的实习时间内被骂过70多次！这就像一份实习答卷，挨骂就是在得分！”

特瑞听了导师的话信以为真，他认为自己并不是老师最优秀的学生，但也不至于最差，所以在两年的实习期间，自己应该会受到100次的责备吧。

于是特瑞找来一大张白纸，在上面画上100个格子，他告诉自己：这就是自己的实习答卷，挨骂一次，就得一分，但是要记下时间和原因，等自己挨骂100次的时候，就是自己满分毕业的时候！

把自己犯错时受的责备当成是一种得分游戏后，特瑞的心情大不一样。

虽然每一次挨骂时心情依然不是很好，但是，当他填写自己挨骂的时间和具体原因时，心里反而有一种“考试得分”的快感，特瑞发现原来失败和挫折以及受到的责备也是可以玩的。而且，他从中也意识到自己身上的缺陷，并极力改正。

随着特瑞认真地填写这一张“毕业答卷”，他发现自己挨骂的频率越来越低，自己几乎很少在同一个地方犯同样的错误。就这样，两年的实习期，100个格子填了60多个。

最终，这张本以为会提前得到100分的“挨骂答卷”，以65分的成绩毕业了。

特瑞拿着这张答卷询问导师的时候，才知道导师当年仅仅是开个善意的玩笑，但是这张答卷却被导师留了下来，把这个方法教给以后的学生。

成长悟语

“挨骂答卷”的成绩优异与否并不重要，重要的是，我们要意识到，自己注定会经历失败、痛苦，还有别人的责骂、批评。

但是，就算结果注定是一个悲剧，我们也要声色俱佳地将它演好，不要失去了一场戏剧原有的壮丽。我们势必要经历一些不理想的结果，但这并不重要，重要的是，如何创造一个理想的过程！

在失败的地方发现弊端

罗伊·道密尔的一生绝对称得上是一部精彩的励志传奇。罗伊年轻时，只带了5美元从匈牙利来到美国，而20年后，罗伊·道密尔已经成了家喻户晓的千万富翁。

罗伊到美国后，通过几年的勤奋工作积攒了一些积蓄，他用这些积蓄买下了一家濒临倒闭的玩具工厂。

当时很多人都不看好罗伊这一举动，认为他是在拿钞票打水漂，而罗伊却不这么认为。

他仔细调查了玩具厂濒临倒闭的原因，原来是制造玩具的成本太高了。

这家工厂的制造成本高并不是制造玩具的原料贵，而是工人的工钱高，工钱高是因为在一定的时间内生产不出相应数量的玩具。

罗伊根据这一情况改造了工厂的布局，他把原材料放在工人顺手的地方，工人需要时伸手就可以拿到，不用再费时间去找。

同时，罗伊规定工人工作时不许吸烟，但每隔两个小时可以休息15分钟。

因为罗伊发现，很多工人吸烟时会降低工作效率，吸烟还会营造闲谈的气氛，很多时间就在闲谈中浪费了。

并且，有时候烟灰掉在正在制作的玩具上，造成了玩具的烧损。

罗伊实施了这两项措施后，工厂的生产效率大大提升，产量增加了50%。

一个濒临倒闭的玩具工厂就这样成了美国的玩具业制造龙头。

此后，罗伊继续收购濒临倒闭的工厂，有人问他为什么不自己开设，而是收购将要倒闭的工厂，罗伊回答："因为这些工厂倒闭的原因就摆在那里，我只需要把问题解决掉，就能扭转倒闭的劣势。如果我自己开设工厂，要对该行业摸索很久才能发现这些问题，那样风险太大了。在失败的地方才能一眼发现弊端，这是风险最小的，因此最易取得成功。"

成长悟语

与其重新开始一条不熟悉的新路，不如在失败的地方解决问题。解决问题的关键不在于是否有新方式、是否有创意，而在于是否有心去发现问题的症结，并坚持处理问题。

选定一把，然后让它成为支撑自己事业的工具，也让它成为自我休憩的场所。

唯一能够进入脑袋从而改变行为的东西，就是无形的观念。